讲给孩子的

资治通鉴故事

马东玉 赵德祥 邓丽萍 著

团结出版社
UNITY PRESS

图书在版编目（ＣＩＰ）数据

讲给孩子的资治通鉴故事 / 马东玉，赵德祥，邓丽萍著. — 北京：团结出版社，2020.5
ISBN 978-7-5126-7531-5

Ⅰ．①讲… Ⅱ．①马… ②赵… ③邓… Ⅲ．①中国历史－古代史－编年体－少儿读物 Ⅳ．①K204.3-49

中国版本图书馆CIP数据核字(2019)第256343号

出　版：团结出版社
　　　　　（北京市东城区东皇城根南街 84 号　邮编：100006）
电　话：（010）65228880　65244790 （出版社）
　　　　　（010）65238766　85113874　65133603（发行部）
　　　　　（010）65133603（邮购）
网　址：http://www.tjpress.com
E-mail：zb65244790@vip.163.com
　　　　　fx65133603@163.com（发行部邮购）
经　销：全国新华书店
印　装：三河市腾飞印务有限公司

开　本：170mm×240mm　　16 开
印　张：17.25
字　数：190 千字
版　次：2020 年 5 月　第 1 版
印　次：2020 年 5 月　第 1 次印刷

书　号：978-7-5126-7531-5
定　价：48.00 元

写在前面的话

有人说："历史就是讲故事。"乍一听这话不怎么科学，那些研究史学理论的人更不会认可。但史学理论再高深，抽掉历史上的事，那些理论也是空洞的。

小朋友都爱听故事，我们这些中老年人都有过爱听故事的儿童时代。一句歌词说："我们坐在高高的谷堆旁边，听妈妈讲那些过去的事情。"儿时的心灵像一张白纸，那些优美的故事写在这颗圣洁的童心上，成为儿时的精神家园、精神世界，对将来的世界观形成起着重要作用。从古到今的爱国和抗敌英雄们，童年时都爱听爱国英雄故事。

记得一个小朋友上了电视节目，手拿《资治通鉴》，讲述这本书对他的影响。举出书中所写《淝水之战》，苻坚拥有几十万大军，进攻只有几万军队的晋朝，本可以胜利，但他狂妄自大，不听忠告，阵前指挥错乱。而弱势的东晋政治清明、上下团结，又能做到知己知彼，最终大败苻坚，是中国历史上著名的以少胜多的战例。小朋友说："书中的历史故事既能让治国治军者耳聪目明，也能让一般人受到教育，如何做人。"

《资治通鉴》的作者司马光从童年时便爱学习，善于动脑，聪明机智。上面那位小朋友在电视节目上说："司马光一生做过引人注目的两件大事，一件是家喻户晓的'司马光砸缸'救出邻居小朋友的故事。这件事让他少年成名，传之四方，当时就有人把此事绘成图画，被人广为传颂。而另一件大事便是编写《资治通鉴》，这部史书撰述上起公元前 403 年（周威烈王二十三年），下至公元 959 年（后周显德六年），包括十六朝的历史，总共 294 卷，300 多万字。司马光用了十九年的时间，完成了这部历史巨著。"

和其他历史学家一样，写史以"鉴前世之兴衰，考当今之得失"为目的。而司马光写《资治通鉴》，有更深的政治功用。这是因为司马光看到自己所处的北宋虽是个大一统国家，但并非富庶之国，政治积弊浓重，王朝统治乏术，边患层出。他和同僚们希望总结十六朝一千多年的历史经验教训，找到解决现实问题的办法。司马光从宋英宗开始编写，到宋神宗元丰七年（公元1084年）才完成。宋神宗取"鉴于往事，有资于治道"的宗旨，为这部通史起名《资治通鉴》。

司马光所著的《资治通鉴》影响之大，引起后人的赞颂，以为做皇帝不读《通鉴》，想治国不知如何治，想防乱不知怎么防；做大臣的不读《通鉴》，就不会有"事君"和"治民"的智慧；做"人子"的不读《通鉴》，不仅做不出可以"垂后"的事，而且有辱没祖宗的危险。

《资治通鉴》还有一个显著特点，就是充满了智慧，往往是小故事闪着大智慧的光彩。这与作者司马光的人生智慧结晶分不开，后代评论《资治通鉴》的作者都发现了这一特点。

这本书为孩子们讲故事，在取材方面，也注意选取智慧方面的内容。期望孩子们，能喜爱历史故事，从历史故事中吸取智慧，陶冶身心，成为对国家、社会、人民有贡献的人才。

目　录

写在前面的话

"天欲其亡必令其狂"

其文出自《老子》，后成为中国的古训，即太狂妄了必然要失败。在三家分晋的历史过程中，势力最大的智家因族长智瑶的狂妄自大，最终被韩、赵、魏三家消灭。

三家分晋是《资治通鉴》的开篇，写的是春秋末年晋国被韩、赵、魏三家瓜分的事。这个事件是中国历史上极为重大的史事，是春秋与战国的分界点，也是中国奴隶制社会瓦解、封建社会确立的历史标志。春秋五霸之一的晋国灭亡了，战国七雄由此事件产生了韩、赵、魏三雄，七雄兼并的战国序幕自此揭开。

晋国在春秋时代是一个称霸大国，至周灵王时国内发生了公室与卿大夫争权的斗争。斗争数十年晋悼公死后便形成了智、韩、赵、魏、范、中行六家公卿专政的局面。周敬王二十三年（公元前497年），智、赵、魏、韩联盟对范和中行两家发动军事进攻，经过七八年战争将对手消灭。

智家的族长智瑶很聪明，有治国的才能，但却专横跋扈，残暴不仁，不把盟友韩康子、魏桓子和赵襄子放在眼里，有时还故意折辱他们。韩、魏、赵三家族长畏惧智家的势力，总让着智瑶。

智瑶得寸进尺，向韩康子索要土地，韩康子自然不愿给他，可是他的谋臣段规却说："智瑶贪婪凶狠，如果我们硬性拒绝，他一定会派兵攻打我们，以我们的力量，肯定要失败。我们先答应他的条件，然后再想办法对付他。"

智瑶得到了韩氏一大块好地，非常高兴，转身就向魏桓子索要土地。魏氏也不想给，他的家臣任章说："韩康子不是给了他一大块好地吗？韩家肯定心里怨恨但没有对抗他的实力。我们也答应他索地的要求，《周书》上说'将欲败之，必故辅之；将欲取之，必故与之'。意思就是要打败敌人，首先要让敌人骄傲自大。要夺取敌人的利益，先给敌人一点好处。我们答应给智瑶土地，他必然更加自大，然后我们就可以联合盟友把智氏彻底打败。现在我们拒绝智瑶的要求，就将单独做他进攻的靶子！"魏桓子听了家臣的劝告，也给了智瑶一大块土地。

智瑶连续得了韩、魏两家大片土地，又向赵襄子索要土地。赵襄子不给他，智瑶怒气冲天，便逼迫韩、魏两家派兵一同进攻赵家。赵襄子明知不是对手，便同谋士商量，按照已故父亲的遗言，投靠先祖的故地晋阳（今山西太原西南）。

智瑶率三家之兵包围了晋阳城，引水淹城逼赵襄子出降。大水淹得晋阳城墙只剩下几尺高，守城士兵和百姓的锅灶都泡在水中，青蛙四处乱跳，但守城的士兵和百姓毫无动摇之心。智瑶巡视被水围困的晋阳城，命魏桓子为他驾车，韩康子居右护卫。智瑶得意地说："今天我才知道水也可让人亡国啊！"听了这话，魏桓子用臂肘碰碰韩康子，韩康子也会意地踩了一下魏桓子的脚背，因为既然晋水可以灌淹晋阳，那么汾水也可以灌淹魏的都城安邑，绛水也可以灌淹韩的都城平阳。

此事之后，智家的谋士绨疵对智瑶说："韩魏两家要背叛我们了！"智瑶追问缘由，绨疵说："他二人在车上的表情和动作我看得一清二楚，咱们用晋水灌淹晋阳城，现在城墙就要被淹没了，城内的粮食也已吃完，正杀马为食，指日就要破城了。唇亡齿寒，我们攻破了晋阳，韩、魏两家也感到了危迫。他们面有忧色，互相递眼色，这不是要反叛是什么呢？"

第二天，智瑶把绨疵的话告诉了韩康子和魏桓子。二人一听赶紧解释说："这是离间小人在替赵氏游说，使主公您对我们产生怀疑而放松对赵氏的进攻。不然的话，我们两家难道对眼前就可以分得的赵氏的土地不感兴趣，反而要去干危险万分必不可成的反叛事情吗？"等二人走出去，绨疵进来说："主公为什么把臣下的话告诉他二人呢？"智瑶惊奇地反问："你是怎么知道的？"绨疵回答："我刚才看他们神色慌张，不敢看我。我想他们一定是知道了我向主公揭穿了他们的反叛阴谋啊！"

可是，这时的智瑶志得意满，完全听不进别人的劝告，反而认为绨疵多事，于是把他派去出使他国。

赵襄子派人出城秘密会见韩、魏二人，对他们说："臣听说唇亡则齿寒。智瑶与韩、魏三家攻赵，赵灭后就该轮到你们两家了。"韩、魏二人说："我们也知道会这样，但我们的力量不及智家，怕尚未发动进攻就会大祸临头啊！"来人说："不发动一定会被灭，发动尚有胜利的希望！"于是，赵、魏、韩三方约定了起事的方案。

当夜，赵襄子按三方约定派人袭杀了智氏的守城官吏，使大水决口倒灌智氏的军营。智氏军队大乱，韩、魏两军趁机从两侧杀出，赵襄子大开城门，从正面攻击智氏军队，被围的赵氏军队出城作战如狼似虎，大败智瑶军，趁势杀死了智瑶，进而把智家诛灭。只有智果一家逃出，改姓辅氏才得以幸免。

周威烈王二十三年（公元前403年），韩、赵、魏三家被周天子正式封为诸侯，晋国灭亡，历史上称之为"三家分晋"。

三家为争取人民的拥护，废除落后的井田制，实行土地改革，取消野蛮的奴隶式劳役剥削制度。同时在法律上实行改制，把法律条文铸在鼎上，史称"铸刑鼎"。这些措施都标志着由奴隶制向封建制的过渡，所以"三家分晋"是中国历史进步的表现。

军事家吴起的曲折人生

吴起是中国古代著名的军事家，与孙武并称"孙吴"。他一生统军作战少有败绩，被称"常胜将军"。

吴起是卫国人，却去鲁国任官，娶的妻子又是齐国人，现在的小朋友很难理解。原来当时的国家和现在大不一样，在西周消灭商朝分封诸侯国时，鲁、卫、齐三国原是一大块土地，地处现在的山东。现在一提山东，还称"齐鲁大地"呢。这三国封给了最亲密和功劳最大的人：卫国是周武王弟弟康叔的封地；鲁国是周公长子伯禽的封地；齐国原是吕尚（又称姜尚、姜子牙）的封地。鲁、卫、齐三国毗邻，是周王朝的统治中心和控制东方的大本营。

吴起年轻时有大志，爱读兵书，喜欢交游，自诩为姜太公，认为自己如果被任用，将是"王霸之才"。

他在卫国未能如愿被任用，便去了鲁国。此时鲁国国君为穆公，穆公对国相公仪休言听计从，吴起便去找公仪休表达自己的政治和军事谋略。公仪休认为吴起是难得一见的人才，便把他推荐给了鲁穆公，吴起便成为鲁国的下大夫，但未得到重用。

当时，齐国的田氏正在谋取齐国的君位，他怕齐国的盟友鲁国阻挠，便先发制人，兴兵攻打鲁国，企图在夺取王位之前先征服鲁国。鲁穆公很着急，向公仪休问计，公仪休便请鲁穆公拜吴起为大将。正在穆公迟疑未决之时，鲁国大臣又向鲁穆公报告，说吴起的妻子是齐国人，有临阵投敌的可能。

吴起听到了这种议论，便把心一横，一剑砍下妻子的人头，献给鲁穆公，以此表达对鲁国的忠心，鲁穆公马上任命吴起为大将军。

吴起不愧为著名军事家，他率领远不及齐国强大的军队，利用自己的军事天赋，接连打败了齐国进攻的大军，使他们退回了齐国。吴起因此得到了鲁穆公的重用。

吴起作为一个卫国人在鲁国得到宠信，反对他的人更多了起来，他们千方百计地向国君说吴起的坏话。有的说："当初吴起投奔曾参，母亲去世了都不回家奔丧，曾参因此把吴起逐出师门。如今，他为了在鲁国做高官，不惜杀害自己的妻子，这么一个无情无义之人，怎么可以信任呢！"有人说："我们虽然侥幸打败了齐国，但齐国比我们强大太多倍，得罪了强国，麻烦从此便多起来了。如果别的诸侯国也认为我们有称霸的野心，一起来找我们的麻烦，我们又要如何应付呢！"

鲁穆公禁不住周围小人的谗说，对吴起便疏远了。吴起看到这种形势怕早晚被害，他打听到魏国君主魏文侯正在广招贤才，就找了个机会逃去魏国。

魏文侯见到打败齐国的大将吴起前来投靠自然高兴，但又听说此人的品行有问题，只好找来李克问计。

李克想了想说："吴起杀妻求官的确涉及了个人的品行，但要说带兵打仗，就连齐国的名将司马穰苴也不是他的对手。现在，我们要的正是吴起这样的将军之才呀！"

魏文侯听了李克的谋划，任用吴起为大将军。随后，魏文侯命令他率兵进攻秦国，一下子就夺取了秦国五座城池。吴起率领的军队战斗力极强，这是因为他有不同于一般将领的治军之法，他与士兵同吃同住，爱兵如子。有的士兵长了毒疮，吴起还用嘴帮他吸出毒液，治好了士兵的毒疮。士兵们见到这样爱护自己的将领，打起仗来无不奋勇当先。加上吴起用兵如神，所以才能不断取得胜利。

魏文侯死后，魏武侯即位。一次，君臣乘船顺流而下，看到两岸风光魏武侯十分感慨："如此险固的河山，真是我们魏国的至宝啊！"

吴起听了则说："一国至宝应该是国君的德政，国君不施德政，恐怕船上这些人也会成为敌人，山河再险要也保不住江山！"

魏武侯听后深表赞许。

之后武侯任田文为相时吴起很不满，他直接找田文比功劳："统率三军作战，使秦国不敢侵犯魏国，使韩国、赵国对魏国屈服，你能比得上我吗？"田文说："比不上你！"吴起反问："既然比不上我，你的官位为何在我之上？"田文温文尔雅地回答："如今国君年幼，大臣们不能齐心归附，百姓们也不能信服国家。要做好这些事，是你去做好呢，还是托付给我去做好呢？"

吴起认真想了想，回答："这些事比带兵打仗还重要，我不如你做得好！"二人谈话后魏国的将相和好，文武相得。

但是，到公叔取代田文任魏相以后，公叔与吴起因故产生了矛盾。公叔对吴起却不像田文那般客气，他使出离间诡计，让魏武侯不再信任吴起。

吴起见状怕由此引来杀身之祸，只好从魏国逃去了楚国。

楚悼王早就知道吴起是个难得的人才，现在他到了楚国，当然要重用他。于是，楚悼王把吴起请进宫内，任命他为相国，这个职位正是吴起多年的愿望。如今他实现了人生最高理想，自然要大展宏图。

于是，吴起在楚国实行了与"商鞅变法"齐名的"吴起变法"。

当时，各诸侯国的新兴地主阶级多实行变法，哪个诸侯国变法彻底，哪个国家便富强，这是关乎国运的头等大事。当时魏国有"李悝变法"；韩、赵、魏、齐也纷纷变法。楚悼王也想变法，却没有变法人才；加上楚国的守旧势力顽固，也阻挠新政策的制定。

吴起一任国相，便不顾旧贵族的反对，大刀阔斧地实行了变法改革。他的主要做法是：

一、废除旧贵族的世袭权利。楚国的大权被旧贵族垄断，造成"上逼主而下虐民"（《韩非子·和氏篇》），使新的政策很难实行，国王的话也多被旧贵族否定。吴起变法之始，首先宣布子孙三代以上封君封侯的收回爵禄；三代以上的王公贵族也一律废去族籍；强迫被剥夺权位爵禄的旧贵族迁往边远地方"实广虚之地"（《吕氏春秋·贵卒》）；收回旧贵族的土地，将其分配给有军功的值得信任的官吏。

二、裁减闲散衙门和冗闲官职官员，让这些被裁减的官员自谋生计，节省下来的俸禄用来奖励有功的战士。

新法实行后，楚国的军事力量日益强大，在吴起的率领下取得了一系列的胜利。楚国也由原来的弱国变得强大起来，当时的诸侯国再没有敢欺侮楚国的。

吴起的变法成功打击了楚国的旧贵族，顽固势力没有一刻不想翻案复辟，对吴起更是咬牙切齿。

周安王二十一年（公元前 381 年），楚悼王去世，旧贵族趁机作乱，冲进宫中，逼杀吴起。吴起怕被他们杀害，就伏在楚悼王的尸体上以求避害，按楚国规定，动国君的尸体要判死刑。可是，旧贵族怨恨吴起到了极点，不管规定和法律，用乱箭射死了吴起，楚悼王的尸体上也中了箭。楚肃王即位后，那些射杀吴起的人，也因为射中楚悼王的尸体而被灭了族。

　　吴起是中国古代著名的军事家和政治家，他杀妻求官的行为的确应该被批判。但他对中国历史和社会的进步有贡献，更是优秀的军事理论家，他在军事上留下了《吴起兵法》（又称《吴子》），这部兵法与《孙子兵法》齐名，是我国军事和文化宝库中的佳品。吴起按他的兵法指挥作战，还没有失败的记录，他被人称作"常胜将军"，这说明他的军事理论有着极强的实践威力，绝不是纸上谈兵。

商鞅说："有能把木杆由此 扛到北门的赏五十金。"

在战国初期的各国变法中，秦国的"商鞅变法"比较彻底，所以秦国才能由偏于西方的弱小国一跃成为强国，最终打败了六国，实现了中国历史上的第一次统一。

商鞅原名公孙鞅，卫国人。年轻时喜爱法家的主张，曾经在魏国的国相公孙痤手下做侍从。商鞅在魏国得不到重用，公孙痤死后他就投奔了秦国，原因是听说秦孝公胸怀大志，正广招天下贤才。

商鞅一到秦国，便发生了他与旧贵族大臣激烈辩论的事件。

商鞅在受诏对话时，提出只有变法才能使国家富强，并谈了自己的变法主张。在座的官员多为旧贵族，甘龙便代表他们反对变法，强调老百姓只想过安定的日子，他们不会赞成变更法令。商鞅说："老百姓看的是眼前利益，国家做什么，一开始他们不会理解，但等到事情有了结果，百姓得到了实惠，他们就会支持国家的做法，开始时官员们必须先做出榜样，颁布出好的法令，才能使百姓信服，国家强盛。"

秦孝公是一位有作为的国君，听后便表示支持商鞅的变法主张，任命他为左庶长，让他大胆变法。

商鞅的变法主张很快便制定了出来，主要是以下几个方面内容：

一、宣布"废井田，开阡陌"，对土地"民得买卖"。就是废除旧的奴隶制下的国有土地制度，实行土地私有制。

二、废除世卿世禄制度，剥夺旧贵族的特权，实行军功授田制度。旧贵族的土地在"国有制"的庇护下，得以世袭。变法条文规定废除这种制度，就是从旧贵族手中夺回土地，重新按作战的功劳分配土地。这就比较彻底地否定了旧的奴隶制，使封建地主阶级得以发展。

三、建立统一的法令制度。编制户籍，建立统一的行政区和行政机构，把全国分散的乡和邑统一为 31 个县，设置县令和县丞管理地方。统一度、量、衡。

四、重农抑商，奖励耕织，实行富民政策。

新法公布后，百姓多不相信。原因很简单，旧贵族每每失信于民，造成百姓不再听信官府的政令。再是新法的条文内容打击了贵族，有利于平民百姓，让百姓更不敢相信。

商鞅认为，政府施政首先要取信于民。老百姓对政府不信任了，那什么事情也做不成。于是，他让手下扛一根木杆靠在都城南门边，下令说："谁能把这根木杆扛到北门，就赏他十金。"

很快，南门外围过来一大群人。人们议论纷纷说："这么一根木杆，谁都能扛得动，政府哪会给十个赏金！"因此，大家只是议论，没有一个人上前扛木杆。

商鞅见状又大声说："有能把木杆由此扛到北门的赏五十金！"

这时围观的人更多了。终于，有个年轻人跑出来说："我来试试！"说完，扛起木杆，大步向北门走去，人们也都蜂拥而随。那人到达北门，商鞅立即命人赏予五十金。

这件事传扬出去，一下子轰动了秦国，老百姓皆赞扬商鞅的言出必行。

于是，秦国的变法也很快推行起来。

商鞅变法沉重打击了旧势力，也因此发生了一系列尖锐斗争。新法推行，都城有千余人反对，商鞅毫不客气，把他们迁到秦的边地。公子虔、公孙贾鼓动太子反对新法，商鞅宣布"法不阿贵""罚不讳大"，严厉处罚了公子虔和公孙贾，砍掉了他们的双脚，并在脸上刺字涂墨（即用刖刑和黥刑）。

反对新法者将受到严惩，这使新法可以在全国推行。在新法的推动下，秦国变得愈加强大。农业得到很大发展，将士作战勇猛，军事力量强大，国库积累也逐年丰厚。同时，秦国的民风也随新法的实行变好，人们不再偷盗打斗，崇尚为国家战斗，即使在闹市丢了金子也能顺利找回来。

商鞅的变法使秦国强大了，但也得罪了贵族。秦孝公死后，贵族们联合起来诬陷商鞅"谋反"，对他施以车裂之刑（五马分尸）。商鞅虽被害死，但实行了近十年的变法并未终止，秦国因此越来越强大，最终打败了六国，实现了大一统。

嫉贤妒能，害人害己

　　这里说的是孙膑与庞涓的故事。他二人的斗争关系到战国中期魏、齐、赵等强国的战争，决定着当时历史的走向，是战国时期的大事。孙膑和庞涓的故事也是家喻户晓，小说、戏剧、小人书皆热讲"孙庞斗智""围魏救赵""桂陵之战""马陵道""孙膑减灶灭庞涓"等。俗话说"一山不容二虎"，孙、庞二人是同门师兄弟，是能力不相上下的军事家，二人各为其主，必然势同水火，有你无我。

　　"既生瑜何生亮"是《三国演义》的故事，在《三国志》陈寿的笔下，便是周瑜与诸葛亮密切合作打败了曹操，英雄可以做"一个战壕的战友"。

　　不管怎样，是庞涓先嫉妒孙膑，用计害得他成为残废，孙膑逃离后与庞涓成了敌人，二人在战场上一次次血战，庞涓不敌，终于败死。

　　孙膑和庞涓同时跟鬼谷子王禅学习兵法。王禅是卫国人，精通兵法和奇门八卦，著有《鬼谷子》兵法十四篇传世，后人称他王禅老祖，与老子、张三丰一样都是被神化的历史人物。传说中，他的弟子除孙、庞二人之外，还有苏秦、张仪、毛遂、乐毅、范雎、邹忌、郦食其、李斯，商鞅也曾跟他学习过一段时间。这些学生都是战国时期的传奇人物。

　　孙膑是孙武的后人，孙武的《孙子兵法》在世界上的兵书中也是数一数二的。传说王禅对孙、庞二人的态度不一样，他更喜不爱张扬的孙膑，不大喜欢庞涓的聪明外露。所以，总是把真传绝学教给孙膑，而对庞涓有所保留。后来的小说故事还说王禅私下送给孙膑一部未传世的"天书"，让庞涓知道了。所以庞涓十分嫉妒孙膑，对老师也很不满意。但这个说法得不到历史考证，大多是写书的人编造出的历史情节，更不见《资治通鉴》有此记述。

　　《资治通鉴》上只说二人学成后庞涓先去了魏国做将军。一当上将军，他马上产生了害死孙膑的念头，原因是"自以能不及孙膑"，因嫉妒孙膑才打算害死他。于是，庞涓假惺惺地把孙膑召到魏国，孙膑没有害人之心，对同门师兄弟更是毫无防备，便应召去找庞涓。一到魏国，庞涓便向魏王诬告孙膑是齐国派来的奸细。魏王便对孙膑施以膑刑（挖掉膝盖骨），又在他脸上刺字，使他成了残废。

不久，齐国派使臣来到魏国。孙膑想办法见到了齐国使臣，劝说使臣帮助自己逃离了魏国。孙膑来到了齐国，受到齐国大将田忌的赏识，将他推荐给了齐威王。齐威王发现孙膑确有政治和军事才能，就拜他为师，将他留在身边，朝夕问计。

公元前 354 年，魏国以庞涓为大将，率军进攻赵国，包围了赵都邯郸。赵国派人向齐国求援，齐威王答应了赵国的请求，打算任命孙膑为将军解救邯郸之围，也好让孙膑在齐国建功立业。但孙膑以自己是残疾人不堪为大将，齐威王只好改任田忌为大将，孙膑为军师随行出谋划策。

田忌打算派精锐之师迅速赶往邯郸，解除魏军的包围。但孙膑却提出，魏国的大军都在攻打赵国的战场上，现在国内的兵力空虚，我们不去邯郸，直接进攻魏国的都城大梁（今河南开封）。庞涓看到老巢危迫，肯定会回头急救。这样，不仅解了邯郸之围，我们还可以在半路上打魏军的伏击，这是一举两得的事。

田忌认为孙膑的计谋的确巧妙，便挥师杀向大梁。当部队行进至桂陵时（今河南长垣县西北），孙膑让大军停下，向田忌说："桂陵是魏军由邯郸去大梁的必经之路，我们埋伏在这里以逸待劳，可以一举打败魏国军队。"

周显王十六年（公元前 353 年）十月，赵国抵不住魏军的攻势，宣布投降。正当魏军准备接纳赵国的献俘时，突然得知大梁被攻打的消息，赶忙退出对邯郸的战斗，回军救大梁。

当魏军长途跋涉，经过桂陵时，齐军突然对魏国疲惫的军队发起凌厉的攻势。魏军无还击之力，当即大败，死伤两万余人，使其元气大伤。

但魏国毕竟是强国，虽经历桂陵之败，但在几年后又恢复了元气。又于公元前 340 年举兵攻韩。韩国遭受攻击，向齐国求援。齐威王任命田忌为主将，田婴为副将，孙膑仍为军师，率军直攻魏都大梁。

庞涓见齐国军队又来攻打大梁，十分气愤，正想借机报桂陵之仇，便亲率十万大军迎击齐军，企图大败齐军。

孙膑见状向田忌说："魏军抱必胜之心而来，不把我们放在眼里，我们正可以利用庞涓的骄傲心理，不断表示怯弱，引诱他中计。"田忌听从了孙膑的计谋，假装败退。在撤退过程中又不断制造军士逃亡的假象。第一天埋下可供十万人吃饭的灶坑，第二天命士兵合锅做饭，只留下五万人吃饭的灶坑，第三天只留下三万人用的灶坑。庞涓看到齐军锅灶日减，认为齐军胆怯，三天就逃了大半，便丢下辎重和步兵，用轻骑日夜兼程，企图一举歼灭齐军，擒获孙膑。

　　没想到的是，孙膑在马陵道设下了埋伏。当魏军赶到马陵道时，齐军万箭齐发，魏军顿时大乱。庞涓见大势已去，便拔剑自刎，死前还叹息道："到底让孙膑这小子出头了！"齐军大败魏师，俘虏了魏国大将太子申。

　　"孙膑减灶灭庞涓"之后，魏国从此一蹶不振，衰弱下去；齐国则威震天下，形成了"诸侯东西朝齐"的局面，孙膑与庞涓的斗争影响如此之大。

燕昭王买骨求贤才

周慎靓王五年（公元前 316 年），燕国因王位继承问题发生了内乱。齐宣王趁火打劫，派大将匡章率十万大军攻占了燕国首都蓟城，杀死了燕王子之，抢走了大量的金银珠宝。

战后，燕国一片混乱，百姓流离失所，急需要一位贤明的君王领导全国百姓恢复和发展。经过商量，把在韩国做人质的燕公子姬请回来做燕王，他便是燕昭王。

燕昭王的确是位贤明的君王。战后的燕国十分困难，他能以身作则，与百姓同甘共苦，吃穿也很简单，取消了原来对君王的一切特供。他知道要让战后的燕国富强起来，必须招揽能人，与他们一同治理国家。

经过走访，他听说有个叫郭隗的人很有本事。于是亲自去他家里，请他出山。燕昭王说："齐国太可恨了，趁内乱进攻我们，使我们燕国遭受灾难，这仇我是一定要报的。但是，我们燕国力量微弱，要想报仇很难。我听说先生您是一位很有本事的人，现在求先生出山拯救我们的国家和人民。"

郭隗听完燕王的话，说："大王托我的事我是不敢推辞的，您先让我给您讲个故事吧！"

于是，郭隗便讲了个国王买马骨的故事。大意是说：古时候一个国王要得到一匹千里马，就让手下拿上千金去寻找购买。当那人找到了那匹千里马时，马已经死了。于是手下就花了五百金，买回了那匹千里马的头骨。国王一见自然很生气，不仅斥责他，还要重重地惩罚他。那人并没有害怕，他向国王解释说："如果天下人都知道您用五百金买了一个千里马的头骨，那些有千里马的人一定会自动把马送给大王。"没过多久，他的话果然应验了，真的有人不远千里向国王献来三匹千里马。

燕昭王听完这个故事觉得有道理，就问郭隗："再请先生讲明白，告诉我您给我讲这个故事的意思是什么呢？"

郭隗说："我的意思是，您就是故事中的那个国王，而我就是故事中那匹死掉的千里马，真正有才能的人就是那三匹活的千里马。大王想求贤才就从我做起，因为大家知道，我没有很高的才能，但是大王却对我非常好，那么大家会认为他们到燕国来会得到更好的待遇，因为他们比我聪明得多。"

燕昭王明白了郭隗的意思，于是把他召进宫中，给他最好的食物，穿华丽的衣服，赐给他很高的官位，还拜他为师。郭隗又给燕昭王出了一个主意，让他建造一座"黄金台"，向天下人宣布，凡是有才能的人来到燕国，都可以得到很高的报酬，同时获得高位。

燕昭王筑"黄金台"招揽天下人才的消息传了出去，很多有才能的人便争着前往燕国。其中有齐国著名的阴阳五行家邹衍、魏国的军事家乐毅、赵国的剧辛、卫国的屈景、周王统治下的苏代等。

这些名人中邹衍是最先到的，燕昭王迎接他时，亲自用衣服裹着扫帚，在车前为邹衍清道。入座时，以弟子礼请邹衍上坐，并为邹衍修建了一座碣石宫，供其居住和讲学。

燕昭王对邹衍的做法，实现了他对"千里马"的重视，郭隗讲的故事得到了验证。于是，才有后来的名将乐毅等人前来燕国。

乐毅是魏国名将乐羊的孙子，他熟读兵法，是真正难得的"千里马"，但却得不到重用，这才投奔了燕国。燕昭王拜乐毅为亚卿，把国家大政和军队的训练全交由他去做。燕国在乐毅等人的努力下，果然不断强大起来。

燕昭王密切关注齐国的动向，他看到齐愍王骄傲轻狂，不得人心，国力明显下降。便打算派兵攻打齐国，一雪当年之耻。

乐毅向燕昭王建议，齐国是东方强国，以我们一国之力，要打败齐国并无十分把握。齐国这些年树敌很多，我们借机联合受过齐国欺侮的国家，一起攻打齐国才有胜利的把握。

燕昭王十分赞同乐毅的主张，让乐毅和其他几个大臣分别前往赵国、韩国和魏国。这三个国家受过齐国的欺侮，一听说联合攻打齐国，都表示赞同。秦国听到联合攻打齐国的消息，也主动请求派兵参战。

14

周赧王三十一年（公元前284年），讨伐齐国的战争开始了。燕昭王拜乐毅为上将军，由他指挥燕国的军队；赵国也拜乐毅为相国。乐毅率领燕、赵、韩、魏、秦五国联军，浩浩荡荡杀向齐国。

　　齐湣王不甘示弱，也组织全国的兵力对抗五国联军。齐军和联军在济西（今山东阳信县一带）展开大战，结果齐军大败。乐毅指挥联军乘胜追击，一举攻克包括齐国首都临淄在内的七十多座城市，齐湣王也在逃亡中被杀。

　　燕昭王屈身礼士，最终实现国富兵强、报仇雪耻的愿望，使弱小的燕国跻身战国七雄的行列。他求贤才的故事不断被传颂，唐代诗人陈子昂曾写《燕昭王》慷慨记其事：

> 南登碣石馆，遥望黄金台。
> 丘陵尽乔木，昭王安在哉？
> 霸图今已矣，驱马复归来。

赵武灵王胡服骑射

赵武灵王即位时，赵国还是个弱小的国家，不断遭到大国的欺侮，同时也受到北方少数民族的侵扰。赵武灵王看到北方的"胡人"（即少数民族）作战用骑兵、弓箭，与中原的战车、长矛相比更加机动灵活；与此相配合，他们穿着窄袖短衣，骑马射箭和狩猎作战更加方便。赵武灵王便提出了"着胡服""习骑射"的主张，希望自己国家的军队强盛起来。

他把自己的想法与大臣肥义商量。肥义听后认为这种做法虽然很英明，但只怕大臣们不会同意。

赵武灵王说："穿胡人的衣服肯定会遭人耻笑。但是，正确的做法聪明人一定会支持，反对我的也一定是些蠢人，蠢人再反对我也要坚持下去。"

第二天上朝时，赵武灵王穿着胡人的服装走进王宫，大臣们见了无不吃惊。他不慌不忙，把自己的想法向大臣们详细说明，可大臣们仍然不接受。

赵武灵王的叔叔公子成激烈反对胡服改革，干脆不再上朝。赵武灵王知道这个皇叔影响力很大，便派人去做说服工作。派去的大臣传达大王的话说："我正要仰仗皇叔带头，完成胡服改革，但得不到您的支持我感到十分忧虑。古人说，普及教育要从平民做起，推行政令上层应带头奉行。因此，期望皇叔您支持我的做法。"

公子成反驳："中原之国是圣贤教化、行礼作乐的地方，边陲的胡人无不景仰。如今大王反而向他们学习，抛弃圣贤礼俗，老臣不能从命！"

赵武灵王又亲自上门去做公子成的思想工作，他诚恳地说："我之所以这么做不是图新奇，更没有丢弃祖宗的教化，我只是想让赵国更加强大。您想啊，咱们赵国的东面是强大的齐国和中山国，西面是韩国和秦国，北面是燕国和东胡。

这些国家都想吃掉我们。我们处在强敌的包围圈里，不精通骑马射箭，我们用什么办法保卫自己的国家？靠什么保卫自己的疆土？"

公子成听了这番话，低下了头。赵武灵王又说："您只是为了保持传统，而把国家强盛的大事放到了一边，您难道忘记了中山国曾派兵攻打我国的都城，引水淹我们的国土吗？"

公子成这才明白了赵武灵王的良苦用心，表示支持他的改革。第二天早朝，公子成也穿上了胡服，大大方方地上朝。

在公子成的带动下，文武百官全都改变了服饰。接着，赵国的士兵努力学习骑射，不久就有了一支强大的骑兵。以后的两年，赵国便用这支骑兵打败了中山、林胡、娄烦，将它们收入赵国的版图，使赵国也成了战国七雄之一。

完璧归赵

周赧王三十二年（公元前 283 年），赵王得到了楚国的和氏璧，这是一块天下闻名的宝玉。秦昭王知道后极想得到它，就派人对赵王说，秦国愿意用十五座城池来交换和氏璧。

赵王知道秦昭王反复无常，根本不会用十五座城池交换和氏璧。他之所以这么说，只是想借机占有和氏璧罢了。但是，秦国力量比赵国强大，得罪了秦昭王打起仗来赵国一定会吃大亏。

赵王对此事很头疼，和大臣们商量多次也没有好办法。这时有人向赵王推荐了蔺相如，说他很有才能。于是，赵王把蔺相如召进宫中。

赵王和蔺相如商讨对策，也和先前的大臣们一样，并没有两全其美之计。但是蔺相如最后说："如果大王相信我，就派我做使者，拿着和氏璧去秦国。如果秦国给我们十五座城池，我就用和氏璧交换，如果秦国不给我们那十五座城池，我会想法把和氏璧完完整整地带回来。"

赵王也再无更好的办法，便同意蔺相如带着和氏璧前往秦国。蔺相如把和氏璧交到秦王手上，他只是反复端详，摆出爱不释手的样子。秦昭王自己看完后，还把它传给嫔妃们看。嫔妃们看完后，又传给大臣们看。和氏璧被传来传去，秦昭王就是不提那十五座城池的事。

蔺相如看出秦昭王既想占有美玉，又不想拿城池交换。就对秦王说："有件事我必须对大王说清楚，这块玉虽然天下闻名，但它却有一处瑕疵。请您把它交给我，我来指给大王看。"

秦昭王听说和氏璧上有瑕疵，也没考虑蔺相如说的话是真是假，就让人把玉交到蔺相如手上。蔺相如接过和氏璧，后退了几步，把身子靠在了宫殿中的一根大柱子上，对秦昭王说："秦国是一个大国，说话是要讲信用的。大王您派人到我们赵国，说是愿意用十五座城池交换和氏璧，赵王听后马上派我带着玉来到秦国，可见赵王是十分有诚意的。但是我刚才看大王的行为，根本没有交换的意思。没有别的办法，我只好这么做。和氏璧现在就在我的手上，您如果要强迫我的话，我就会把和氏璧和我的脑袋一起砸向柱子。"说完，蔺相如抱着和氏璧做出要冲向柱子的样子。

秦昭王见状很着急，赶忙说："先生何必如此心急，我秦国一向说话算数，决不会欺蒙赵国和先生！"说完他命人拿来秦国地图，在上面画出了十五座城池，说这是划给赵国的。

蔺相如看清了秦昭王的真面目，知道他又在欺骗自己。他向秦昭王说："大王！赵王将此事看得极为庄重，我来秦国之前赵王斋戒五天，举行了一个盛大的仪式才把和氏璧交到我手中。所以，为表示诚意，大王也应该斋戒五天，并举行一个交接仪式，那样我才能把和氏璧交给大王！"

秦昭王听后，生怕蔺相如砸碎和氏璧，赶忙答应了他的要求，五天后再接受和氏璧。蔺相如回到住处，让随从装扮成商人，带着和氏璧偷偷回到了赵国。

五天后，秦昭王按照蔺相如的要求，举行了交接仪式。当他向蔺相如索要和氏璧时，蔺相如说："和氏璧已经让我送回赵国了，因为秦国从不讲信义，您也不会例外！现在就请大王处罚我吧！"

秦昭王听后非常生气，大吼："你说秦国不讲信义，但你所要求的我都做到了，可是你却把和氏璧送回了赵国，这难道是讲信义吗？"

蔺相如镇静地回答："我这么做也是迫于无奈，秦国远比赵国强大，如果大王给了我们十五座城池，赵国是不敢不给大王和氏璧的。"

秦昭王没有得到和氏璧，但他却非常欣赏蔺相如的才干和胆识，所以不但没有杀他，还盛情款待了他一番。蔺相如回到赵国，赵王也嘉奖了他，并封他为上大夫。

田单复国

周赧王三十六年（公元前 279 年），燕昭王去世，太子继位，称为燕惠王。燕惠王一直和乐毅有矛盾，如今做了燕国的大王，自然对乐毅不好。

齐国的田单听到了这个消息很高兴，打算使用反间计离间燕惠王和乐毅的关系。他派人去燕国散布谣言："齐王死了，但仍然有两座城池没被燕国攻占。乐毅和新立的燕惠王有矛盾，害怕被杀不敢回国。如今，乐毅打着攻打齐国的旗号屯兵在外，实际上是想在外称王啊！为什么乐毅能迅速攻下齐国的都城，却迟迟攻不下一个即墨（今山东平度东北）呢？他是等待时机地变化啊！如今，即墨最怕燕国派其他将领来替代乐毅。如果真那样做，即墨是支撑不了几天的。"

其实，乐毅为什么不攻取即墨，完全是出自战略原因，根本不是想在那里称王。可是燕惠王不信任乐毅，听到风声便立即派大将骑劫到前线换下了乐毅。乐毅见燕惠王撤换了自己，更怕回国被害，便逃到了赵国。燕国的将士对燕惠王无故撤换乐毅非常不满，军心开始涣散起来。

田单见乐毅被燕惠王逐走，又进行第二步计划。他让即墨城里的百姓吃饭时都要在院落摆设饭菜祭祖，这样才能保住城池不被攻破。于是，即墨城上空盘旋着很多飞鸟来寻食。城外的燕军看了感到非常奇怪，不知道发生了什么事。

田单则让人四处散布谣言："这是神仙来帮助齐军啊！"他又让一些精明强干的士兵装扮成神仙，到齐国军队阵前助战，并装神弄鬼，假称是神仙旨意。于是，即墨城的士兵和百姓真以为有神仙助阵，燕国军队是攻不破即墨城的，士气渐渐高涨。

田单又派人去燕国的军中散布消息，说齐军最怕燕军割掉俘虏的鼻子示众，因为这么做神仙就不会帮助齐国人了。骑劫听后信以为真，马上把齐国军队俘虏的鼻子割掉，在军前示众。而齐国士兵见燕军如此侮辱俘虏，一个个义愤填膺，决心誓死保卫城池。

田单见燕军这么容易被哄骗，又散布谣言："即墨城外齐人祖先的坟墓如果被人挖了，神仙想保护齐人也做不到了。"骑劫又信了这个谣言，马上命人挖了齐人的祖坟。这下彻底把齐人激怒了，他们抱在一起痛哭，发誓要和燕军决战到底。

田单又亲自到军前掀动齐军士兵的抗敌情绪，和他们共同加固城垒，把自己家的食物拿出来分给士兵。

田单又让齐军精锐战将埋伏不出战，让老弱残兵登上城头防守。燕军见齐军已到了山穷水尽的地步了，便完全放松了斗志，等着齐军的最后投降。

田单暗中做好了战斗准备，他把城中一千多头牛聚在一起，给它们披上五彩龙纹的绸子，在牛角上绑以尖刀，在牛尾上绑一束浸了油脂的芦苇。向燕军发起进攻时，他命令士兵在城墙根凿出数十个洞，把牛牵至洞口，点燃牛尾上的油絮。一千多头牛被火烧后，直冲燕军大营，齐军五千精锐战将紧随其后。

燕军在睡梦中被惊醒，只见满身五彩纹毛的"怪兽"向他们冲来，"怪兽"后面则杀出无数"神兵天将"。只听到地动山摇，见到烈火冲天，早已失去斗志的燕军，只得四处逃跑。

混乱之中，骑劫被杀死。奋战的齐军直追燕军，先头被燕军占领的城池也都换上了齐国的旗号。田单率得胜的齐军一直把燕军追杀到黄河边，被占领的七十余座城全部收复。随后，他把齐襄王从莒城接到了临淄。为了表彰田单，齐襄王封他作了安平君。

乐毅攻下包括齐国都城在内的七十余座城池，只剩下即墨和莒城两城未攻下，这时齐国国都被燕军抢掠，齐国国王被杀，全国百姓惨遭战火之灾。此后乐毅继续进攻齐国仅有的两座城池，这时的战争性质便发生了根本变化。齐国的宗室田单则利用齐国军民反抗侵略的决心，巧施计谋，以"火牛阵"打败了燕军，收复了被燕军占领的国土。

怎样才是真爱子女

周赧王五十年（公元前 265 年），赵国的赵惠文王去世，年幼的赵孝成王继位，朝政由他的母亲赵太后说了算。秦国看到赵国的内政和外交都很弱，便发兵攻打赵国，接连攻下三座城池，赵国形势危急。

至此赵国便向齐国求救。齐国答复："要让齐国派救兵，赵国得派长安君前来做人质。"

长安君是赵太后的小儿子，很受太后的宠爱。因此，她说什么也不肯让长安君做人质。秦国大军一天天逼近，大臣们着急，纷纷劝谏。赵太后十分生气，对大臣们说："谁再来劝我，我就往他脸上吐口水！"

左师触龙听到这件事，就来劝说赵太后。赵太后听说触龙敢来劝说，憋着一肚子气，等着向他发。

触龙小步跑向太后，寒暄道："老臣年纪大了，行动不方便，所以很久没来看望太后，请太后见谅啊。不知太后近来身体怎样呢？"

赵太后随口回答："我也老了，比你好不了多少。平时都是乘车出入，身体也就是凑合。"

触龙问："饭量怎么样？"

太后回答："唉！不过是靠喝粥活着。"说到这里，太后的神色舒缓了下来。

触龙借机说："我的小儿子舒祺，很不成器，而我偏偏放不下他，希望他能做个侍卫来守护王宫。老臣冒昧请太后允许。"

太后说："那好吧。孩子多大了？"

触龙回答："十五了，老臣想临死把他托付给太后，这样我就放心了。"

赵太后说："男人也偏爱小儿子吗？"

触龙回答："怕是比妇人还要偏爱呢！"

赵太后说："不见得吧，还是女人最爱自己的小儿子了！"

触龙看着赵太后，微微摇了摇头说："不是吧，老臣觉得太后对燕后就比对长安君爱得深。"

赵太后听了马上否认："这你可错了，我疼爱长安君可比燕后深多了！"

触龙说："当年燕后出嫁时，太后您抓住她的后脚跟哭，舍不得放她远嫁。她走后您一直想念她，祭祀时为她祈祷，希望她生儿育女，不要被赶回赵国。这是为她作长远考虑，让她的子孙在燕国世代为王。"

赵太后听了不断点头："是的，是这样的。"

触龙接着说："从现在上推三代，赵王被封侯的子孙，他们的继承人还有在位的吗？"

赵太后说："已经没有了。"

触龙说："太后您想，是君王的子孙变坏了吗？不是的。原因是他们身居高位却没有功劳，俸禄很丰厚，对国家却没有贡献。如今，太后您让长安君身居高位，掌握大权，却不让他为国家建功立业。将来有一天，他失去了靠山，如何能在赵国立足呢？"

听完触龙这番话，赵太后如梦方醒，说道："对呀！您说得太对了。那我就把长安君交给您，让他听从您的安排吧！"

长安君去了齐国，齐国出兵援赵，秦国闻讯，主动撤走了军队。

史书中的芈八子

爱看宫廷戏的朋友一定看过孙俪主演的《芈月传》，芈月在《资治通鉴》中，便是中国历史上第一位被称作太后的女人，也是第一位掌权执政的女人。她的传奇人生，比《芈月传》里的女主人公还要离奇。

芈八子来自楚国的王室，少年时便嫁到秦国成了秦惠文王的妃子。《芈月传》开剧所编的情节，大背景也与史实一致，不过她只是以同父（楚威王）异母的姐姐芈姝嫡公主的陪嫁媵侍的身份来到秦国的。《资治通鉴》中记述她远嫁秦国后地位虽不高，但很得宠，连生三个儿子，被秦惠文王封为八子。这让秦惠文皇后醋意大发，想尽办法折磨芈八子，并想害死她。由于秦惠文王的宠爱和保护，惠文皇后想要害死她的阴谋没能得逞。

秦惠文王一死，芈八子失去了靠山，惠文皇后便与继位的儿子秦武王合谋，把芈八子的儿子嬴稷送到燕国去当人质。

没想到秦武王继位仅仅三年就死掉了，而且死得非常可笑，是同武士在一起搞举鼎游戏中被压死的。

而芈八子却在魏冉和赵武灵王的支持下，立儿子嬴稷为秦王，便是秦昭襄王。由于嬴稷比较懦弱，对母亲很依赖，所以芈八子便开始了垂帘听政。

死对头惠文皇后不甘心失政，她便与武王后合谋，拥立武王的弟弟公子壮为王，并公然反叛，在秦国的历史上叫"季君之乱"。经过激烈斗争，武王后被赶回魏国娘家，惠文皇后和参加叛乱的惠文王的其他儿子全部人头落地。而芈八子则堂堂正正做起了太后，号"秦宣太后"，"宣"字是指给别人好处，自己也没什么损失。秦宣太后是中国历史上第一个称太后的女人。

为了巩固儿子的皇位，也为了巩固自己的太后之位，她采取联姻方式，迎娶楚国的公主为王后，同时把秦女嫁到楚国。她还任用自己娘家人为官，尤其重用自己同母异父的弟弟魏冉。魏冉文武双全，是秦国历史上最杰出的政治家和军事家，武安侯白起也是魏冉发现和培养出的军事"杀神"。有魏冉和白起这样的人物支持，宣太后更是如虎添翼。

这些历史背景，在《芈月传》中与史书大体相近，但影视作品会加入剧作者创作的更精彩的戏剧情节。在《芈月传》中的芈月，是堂堂正正的正派女人。除去在极为困难的生死关头，与救命的义渠王有了男女关系外，她一生只爱楚公子黄歇，他们青梅竹马，真诚相爱。

而在史书中，她的私生活却极为混乱，她不知何为贞操、何为爱情，只有男人和政治交易。

在她垂帘听政后不久，义渠王前来朝见，宣太后便主动与其相好。不顾儿子和大臣们的反对，与其公开相好了三十年之久，还生了两个儿子。当她感到义渠王不堪为偶了，便于公元前 272 年在甘泉宫诱杀了义渠王，之后又发兵灭了义渠国，连同两人的儿子也被杀死。

当楚军包围了韩国雍氏城，韩襄王派使前往秦国求救，摄政的宣太后作为一个女人，又是一国太后，在大庭广众的外交场合，竟然说出不堪入耳的荒诞话，令人不知所措，难以启齿。

秦昭襄王有这样母亲做靠山，舒舒服服当了多年甩手大王。但是五十多岁了还是母亲说了算也太窝囊，何况母亲的所作所为有些离谱，惹人背后议论纷纷，实在难听。直到靠范雎的帮助，才把"疯老妈"和舅舅请下台自己亲政。好在上天有眼，又给了他十五年寿行，毕竟做了十五年大王，与那些短命的大王相比，也还不亏。

秦宣太后在儿子搞政变后的一年就去世了。她自觉时日不多时，躺在病床上还下令："为我葬，必以魏子为殉。"就是说，我死后安葬时，一定让魏公子殉葬。

那个魏公子名叫魏丑夫，是七十多岁的秦宣太后的年轻"情人"，这样的"情人"还有很多，魏丑夫估计是她最钟爱的一个。

空谈误国

周赧王五十三年（公元前 262 年），秦国大军包围了韩国的上党郡。太守向左右说："我们现在的出路是投奔邻近的赵国，赵国接受了我们，秦国就会发兵进攻赵国，赵国就会与韩国联合一同抵抗秦军，我们上党百姓的性命便能保住了。"

大家同意了太守的想法，便让他亲自去找赵王。赵王一听便认为赵国捡了个大便宜，当即答应了太守的请求。真是贪小便宜吃大亏，赵国为此付出了惨重的代价。

赵国接受了上党郡，派大将廉颇率军在长平（今山西高平市附近）布下重阵，抵御秦军。

廉颇是一位能征善战的老将军，他审时度势，采取严守不出战的策略。不管秦军怎么挑战，廉颇只是坚守营垒不出战。秦军还真没有办法。

一晃四个月过去了，秦军的攻势毫无进展。他们远离国土，粮草辎重的补给都很困难；赵军以逸待劳，等待秦军的溃败。

这时，远在秦国国都的国相范雎，看到秦军久攻长平不下，就想了一个十分狠毒的反间计。他派人拿上黄金去了赵国，在那里散布谣言说："赵王真是糊涂，怎么会用廉颇做主将呢？这么长时间只是胆怯不敢出战，要是换上赵括将军，赵国早该胜利了。"

赵王也早已对廉颇的坚守不战产生了怀疑，谣言更让赵王认为廉颇是被秦军吓破了胆，不敢应战。于是罢免了廉颇，任命赵括为大将军。

赵括是什么人呢？他是赵国名将赵奢的儿子。从小就学习兵法，谈论攻守战势，长大后与父亲赵奢论兵法，父亲也难不倒他。

蔺相如听说赵王换将的事，马上赶来劝说赵王："虽然赵括的父亲赵奢有军事才能，但他的儿子赵括却只知死读兵书、高谈论阔，并不知道如何打仗。"可是赵王却听不进蔺相如的话，硬是任命赵括为大将军。

赵王在召见赵括时，见他年轻英武，对兵书十分熟悉，高谈军事，滔滔不绝。于是，放心地把兵符交给了赵括。

秦昭王听说赵王换将，心中暗喜。他也把用兵如神的白起派往前线，让他做进攻长平的统帅，原来的统帅王龁做了副帅。

赵括一上任便改变了廉颇的战术，组织全军杀向秦军。白起早就听说赵括只会"纸上谈兵"，现在看来果然如此。于是，他命令士兵不要与赵军苦斗，而是假装战败逃跑。赵括见状大喜，以为廉颇真是怯战，便命令赵军全线追击，一直杀进了秦军的大本营。霎时，只听杀声震天，秦军大营突然杀出无数士兵，营垒两面也有两支部队奋勇杀出，把赵军一分为二。赵括一见上当，赶忙命令赵军后撤，但赵军背后早有秦军杀出，想后撤也不可能了。

于是，赵军被秦军分割包围，赵括只好命令军队就地安营，等待援军。

赵军被秦军截断了。当赵军被围四十多天时，赵括命令士兵拼死攻击秦军的大营。但是，断粮断水多日的赵军无力进攻，更难以突围。最终，赵括在混乱中被秦军射死。四十多万赵军在主帅阵亡、突围无望的情况下向秦军投降。

白起起初接受了赵军的投降，但转念一想：秦军攻打上党时，郡中的百姓不愿投降秦国，而全部投奔赵国。看来，赵国的名声比秦国要好。现在，投降的士兵超过四十万，如果这些人不愿归顺秦国，一起叛乱那将难以应付，不如趁此机会把他们全部杀死。

于是，白起把四十多万投降的赵国士兵全部活埋，这成为中外战史上，规模最大的一次杀降。赵括空谈误了赵国，造成了"纸上谈兵"的惨痛教训。

美誉比黄金还贵

　　齐国的孟尝君名叫田文，是战国的"四公子"之首。一天，有个讨饭模样的人找上门来。只见他衣服破旧，穿一双烂草鞋，腰间挂一把失去剑鞘的锈剑。孟尝君看后问："不知道您找我有什么事？"

　　来人少气无力地说："我叫冯谖，家乡遭了水灾，活不下去了。听说您在招门客，想来找口饭吃。"

　　孟尝君听说他来做门客，便问："不知您是会天文，还是会武艺，或者是纵横之术？"

　　冯谖回答："我啥也不会！"

　　孟尝君心里不高兴，嘴上还说："好吧，就请您住下来吧！"于是命人安排他住在简陋的下等间。

　　几天后，孟尝君想起了新来的冯谖，问下人："那个新到的门客在做什么？"

　　管事的人回答："整天抱着那把破剑唱歌，唱什么'剑啊，我们回家吧！家里吃饭有荤腥。'"

　　孟尝君笑了笑说："那就给他换上好的饭菜吧。"过了两天管事的来说，冯谖还在唱歌，歌词嫌出门无车马。孟尝君又让给他车马。

　　又过了几天管事的怒气冲冲地来报，说冯谖唱着"没钱养家！"

　　孟尝君虽然也很生气，但为了笼络人心，就派人经常送钱给冯谖的母亲。此后，冯谖不再弹唱了。

　　过了一年，孟尝君成了齐国的相国。他的门客多达三千人。要养活这么多人已感到有点困难，好在他在薛城的封地上还有税收及放贷利息。到了收债的日子，孟尝君想起了冯谖，让他去薛城收债，冯谖爽快地答应了。

到了薛城，那些有钱的还了利钱，还不起债的都躲了起来。冯谖用收来的钱办了几十桌酒席，邀请所有的债户前来做客，并通知大家，不管有钱无钱都来核一下债券就完事了。

聚会那天，债户到齐了，受到冯谖的酒饭招待。吃过饭后，冯谖和大家一一核对了债券。那些还不起债的，就把他们的债券收回，当着众人的面一把火烧掉了，告诉大家不必再躲债了！

孟尝君见到冯谖没收到债钱非常生气，冯谖却不慌不忙地说："我见家中金银珠宝样样不缺，只缺了对穷苦人的仁义。穷苦人还不起债跑掉了，这些债券就成了废纸，而且对您的名声还不利。我把这些无用的债券烧掉了，使薛城的百姓对您感恩戴德，到处颂扬您的美名，这才是最贵重的东西呀！"

又过了一年，齐国国君因故罢免了孟尝君的相位。孟尝君的三千门客跑了一大半，他只好回到自己的封地。薛城的百姓听说孟尝君回来了，都扶老携幼地走出数十里迎接孟尝君。

孟尝君叹息说："先生为我买的仁义，今天终于收益了！"

冯谖却笑着说："狡兔三窟才能保证自己的安全。现在才只有一个，让我再为您营造两个吧！"

冯谖先去了魏国，向魏惠王说："孟尝君这样的人物却让齐国放逐了，对我们却是天大的好处啊！如果天下哪个国家将他招致麾下，那国家哪有不强大的？"魏惠王听说后，就空出了相位，派使者带着黄金千两、车子百辆去请孟尝君。冯谖则先赶车回去，告诫孟尝君："千两黄金算是很重的聘礼了，百辆车子算是显贵的使臣了。但是您还不能接受，齐王会很快得知这个消息的。"魏国的使者往返三次，孟尝君都坚决推辞不去魏国。

齐王听说了这一消息十分惊怒，赶紧派太傅携带千两黄金和两辆高级的车子，还带上一把佩剑，封好书信向孟尝君道歉。

冯谖向孟尝君说："兔子的三窟现在都造好了，您可以高枕无忧了。"

信陵君窃符救赵

秦国在长平坑杀了投降的四十多万赵军，又在周赧王五十六年（公元前259年）派兵攻打赵国的都城邯郸。赵王派平原君赵胜使楚，说服楚王联合抵抗秦国。虽然楚国答应了赵国的请求，实现了楚赵联盟，但仍然不能解除赵国的危机。于是，平原君赵胜又向魏国求救，希望魏王出兵，与赵国联合抗秦。魏王答应了联军的要求，派魏国大将晋鄙带军前往赵国。

但是，魏国军队尚未出发，秦王就让人带口信给魏王："谁敢派兵救赵，秦国灭赵后第一个就讨伐他！"魏王受到威胁，命令军队驻扎在壁邺（今河南磁县南）。

平原君赵胜对魏王的做法非常气愤，暗骂他反复无常。魏王不同意派兵救赵，只能找魏国的信陵君——公子无忌想办法，赵胜的夫人是信陵君的姐姐，信陵君一定会想办法的。

信陵君的为人众所周知，他讲仁讲义、礼贤下士，因此很多人不远千里来投奔他。他的食客也有三千多人。即使对一些无能的食客，信陵君也从不同他们计较。

信陵君听说有个叫侯嬴的人很有才能，已经七十多岁了，因家境贫寒，靠着在大梁守门赚点钱糊口。信陵君打定主意，一定要把侯嬴请到自己府上。

一天，信陵君在府上摆好酒席，门客们都坐好了，信陵君没有宣布宴席开始，而是让人备好马车，亲自去接侯嬴。信陵君坐在马车的右边，留出尊贵的左边座位让侯嬴坐。侯嬴并不谦让，衣服也不换，一屁股坐上了马车的左边。

信陵君十分高兴，还亲自为侯嬴驾车。

车子进入了闹市，侯嬴要求停下车子，说："市场里有我一个做屠夫的朋友叫朱亥，我想去看看他。"

信陵君把车子赶到朱亥那里，侯嬴去见了朱亥，二人闲聊起来，一聊就是大半天。信陵君下车等着，没有一丝不耐烦。侯嬴暗自点头，然后告别朱亥，转身登车随信陵君而去。

酒席上，信陵君亲自把侯嬴扶到上座，恭恭敬敬地侍候他吃饭。侯嬴被信陵君的行为感动，一心一意辅佐信陵君。

信陵君接到平原君的求救急信，马上想办法救赵国。但是他身为魏国公子，却没有兵权，无法调动军队。平原君不见魏国发兵，写信埋怨信陵君："当初我和你姐姐结婚，最主要的是看重你的忠义。可是，如今赵国就要灭亡了，你为什么还没行动？你不为赵国想，难道不为你姐姐考虑吗？赵国灭亡了，你姐姐也会遭殃的。"

信陵君看完信立即去见魏王。可是魏王怎么也不同意晋鄙进兵。没办法，信陵君决定率领自己的家丁，赶着一百多辆车马，去到赵国与秦军决一死战。

这时的侯嬴却一反常态，不仅不想帮忙，还说起风凉话来。他说："公子啊！你自己去赵国吧！我一个糟老头子，不能陪伴公子了，您就保重吧！"

信陵君自然生气，转身离开了侯嬴。但他越想越不对劲，侯嬴不是这种无情无义之人。于是，他又调转车头，去见侯嬴。侯嬴见信陵君又回来了，笑着说："我知道公子一定会回来的。但是，您想过没有，您带这点人马去与秦军拼命，等于用一块肉去打猛虎啊！"

信陵君请他赐教。侯嬴说："发兵得有兵符，我听说晋鄙的兵符在大王的卧室内，而如姬是大王最宠幸的妃子，一定可以把它弄到手。我还听说，公子曾替如姬报过杀父之仇，您开口的话，她一定会答应。"

信陵君按他的办法，果然拿到了兵符。侯嬴又说："将在外，君命有所不受。如果晋鄙见了兵符仍不发兵，那么事情就难办了。还记得在市场见到的那个朱亥吗？他可是个大力士，您带着他去，如果晋鄙拒不发兵就让朱亥杀死他！"

正如侯嬴所料，晋鄙不相信魏王会让他发兵，因此对信陵君怎么拿到兵符起了疑心。如果一核对，一定会暴露底细。这时，信陵君示意朱亥，朱亥便用一个重四十斤的铁锤，一下子砸死了晋鄙。

信陵君拿着兵符，挑选了八万士兵，终于解了赵国之围。

春申君的可悲下场

　　战国四君子之一的春申君，名黄歇，是楚国江夏人，楚国公室大臣，著名的政治家。黄歇之所以被称为四公子之一，是因为他与孟尝君、平原君、信陵君一样，礼贤下士，慷慨仁义，天下人也都投奔其门下，他也曾为楚国的强大作出过不少贡献。但是，晚年的春申君变得贪恋权势，行为也愈加昏庸，最终因听不进劝告，在一场阴谋中，死在了一个无名小卒的刀下。

　　楚孝烈王没有儿子。为了让楚国有个继承人，春申君到民间选了很多女人进献给楚王。然而，楚王仍未让这些女人生下子嗣。

　　这时，赵国有个叫李园的人听到消息，想把自己的妹妹献给楚王。其实，李园并不关心楚王有无后代，只想通过妹妹进入楚宫，使自己得到权势地位。李园又怕妹妹进宫也生不出孩子，就会失宠，自己也会受牵连。所以，他又心生毒计，不直接把妹妹献给楚王，而是先献给春申君，再让春申君转献给楚王。

　　春申君被李园算计，显然他是看到了春申君的弱点：一是好色，一是贪权。正所谓"苍蝇不叮无缝之蛋"，春申君没有这些毛病，李园也无法伤害他。

　　李园去见春申君，说要回赵国探亲，特来向春申君辞行。李园去了赵国很久才回楚国，又去了春申君那儿。聊天之间，李园说齐王去他家里，要娶他的妹妹，因为在家多陪了齐国的使者几天就回来晚了。

　　春申君听说连齐王都要娶他妹妹，那个女人一定很漂亮。于是问李园："齐王给你妹妹下了聘礼吗？"

　　李园回答："聘礼还没下，不过很快就会送来的。"

　　春申君赶忙答："既然还没下聘礼，婚事就是没定下来，你就把妹妹给我吧。"

　　李园听后装作极其为难的样子。又经一番讨论，李园终于答应了那桩婚事。

于是，李园的妹妹成了春申君的小妾，没过多久就怀上了孩子。这时，李园向妹妹说出了自己的计划。妹妹认为哥哥的计划很好，就花言巧语劝说春申君："将来楚王的兄弟做了大王春申君将失去权势，不如把自己献给楚王，以腹中的儿子为太子，春申君的地位就巩固了。"

此时，权欲熏心的春申君已辨别不清是非，就真的把她献给了楚王。果然楚王很高兴，又把她生下的儿子立为太子。

这个李园可不是个安分的人，他的计划初步实现，妹妹做了皇后，自己跟着显贵。但是，他总认为知道根底的春申君不会永远守着秘密。于是，他收养死士，准备杀掉春申君，以绝后患。

不久，李园要杀春申君的计划便被春申君的门客朱英知道了，他去找春申君说："人们都处在无法预料的环境中，一些人是你料不到的福气，一些人则是无法预料的祸害。所以，人也会有无法预料到的帮手。"

春申君听后疑惑地问道："你把我弄糊涂了，什么福气、祸害和帮手的啊？"

朱英说："您担任楚相二十多年了，您名义上是相国而实际上是楚国的大王。现在楚王病重，说不定哪一天就咽气了。楚王死后您可以辅佐幼主，等到幼主成年再把实权交给他。当然，您完全可以直接当上楚国大王。这便是您无法料到的福气。"

春申君听后摇摇头说："我还没有这个想法，那么我无法料到的灾祸又是什么呢？"

朱英说："现在朝中权力最大的就是您和李园，他是个无耻的小人，而且是您的最大敌人。他现在收了很多死士，目的是要除掉您。一旦楚王死了，李园一定会夺取朝廷大权。那时候他一定会杀了您。这就是无法预料的灾祸。"

春申君听出点头绪，接着问："那么，谁又是我无法预料的帮手呢？"

朱英拍拍胸脯说："就是我朱英！您让我做郎中，一旦李园叛乱，我就替您杀了他。"

春申君想：你朱英不过想谋个官职罢了。于是说："李园这个人我很了解，他胆子小，不敢杀我。先生就别操这份心了！"朱英见春申君听不进劝告，又害怕会遭到李园的毒手，就逃出了楚国。仅仅过了十七天，楚王就驾崩了，李园便派死士埋伏在宫门，春申君一进宫门便被人砍掉了脑袋，赫赫有名的四公子之一的春申君，下场却这么可悲。

奇货可居

大家对"奇货可居"这个成语都很熟悉。在这个成语中，"奇货"不是一件商品，而是一个人，就是后来的秦庄襄王子楚。而那个"居货"的人，就是后来的秦国相国吕不韦。

吕不韦作为一个商人，敢把未来的皇帝作为"奇货"囤积起来，后来居然真的赚了大钱，使自己得到了成为一国宰相的宏利。这个商人的眼光也真的很了不起！但是，吕不韦把国家命运和皇帝宝座当作生意去做，最终还是落得个饮毒酒而死，留下乱政不堪的臭名。

故事是这样的。秦国的太子安国君的正妻华阳夫人没生儿子，他的妾夏姬生了一子，取名异人。周赧王五十八年（公元前257年），异人作为人质被派往赵国。秦国不断进攻赵国，赵国对这个秦国的人质就很不友好。而异人是秦国王族的庶出子孙，又远质于赵国，所以也不被重视。异人在赵国的生活很是困顿。

一天，阳翟（今河南禹县）的一个大商人吕不韦来到赵国都城邯郸，正巧碰上了异人。当他知道异人的身份后马上盘算：这人是秦国太子的儿子，虽然现在地位低下，但如果把他当作"奇货"囤积起来，将来一定可获得极高的利润。于是，吕不韦带上礼物来到异人的住处。

吕不韦也不隐藏什么，直接说："我是个商人，但我却有本事让你发达起来，只是你要同我合作。"

异人也一眼看穿了他的心思，笑着回答："你说的恰好是我该说的，你的目的是要自己发达。"

吕不韦乐呵呵地说："你说得太对了，我们商人是不做亏本生意的。我是要发达，但是要依靠你来发达。"

吕不韦见屋里无人，对异人说：“秦昭王老了，天下是安国君的。他的正妻没有孩子，你虽有兄弟二十多人，但都是小妾生的，因此你有机会成为太子。可是目前的形势，子傒是长子，最有可能继承太子位。你得不到安国君的宠爱，他一旦登基，在设立继承人时，首先想到的绝不会是你。如果你不采取行动，就一辈子留在赵国做人质吧。”

异人见吕不韦说得一点也没错，马上追问：“你说得很对，这些事我也想到了。可是，现在我做人质，连回国的机会也没有，又怎谈得上采取行动呢？”

吕不韦笑了笑，回答说：“你别着急，我已想好了对策。现在决定继承人的不是安国君，而是华阳夫人。我吕不韦虽然只是个小商人，但是我可以代你去秦国走一趟，想办法让你做继承人。”

异人听了非常高兴，当即承诺：“如果你真能让我做上秦王，将来的秦国有你一半！”

于是，吕不韦先拿五百两黄金送给异人，让他去广交朋友，提高自己的威信。接着又拿出五百两黄金，买了很多奇珍异宝，亲自带着这些宝物到了秦国。

到秦国后，吕不韦没有直接去见华阳夫人，而是先贿赂她的姐姐，她的姐姐把吕不韦介绍给了华阳夫人。吕不韦在华阳夫人欣赏他带去的宝物时，趁机称赞异人，并说异人在赵国十分想念父亲和华阳夫人，把华阳夫人看成了自己的亲生母亲。宝物和吕不韦的话都让华阳夫人高兴，心中也真的喜欢起异人来。

华阳夫人的姐姐接受了贿赂，也从中添油加醋，对华阳夫人说：“我们女人在朝廷立足，虽然要靠脸蛋，但是，我们总会老的，到那时又靠什么呢？因此，我们的将来是要靠儿子的。你虽然没有儿子，但可以从众多孩子中选一个做自己的儿子呀！”

就这样，华阳夫人把异人收为儿子，并要安国君把异人立为继承人。安国君答应了她的要求，还刻了玉符作为凭证；他又送了很多财物给异人，并请吕不韦辅助他，异人的声望在诸侯中越来越高。

吕不韦可真是个奸商，他的计划基本实现了，可他并不满足，他要让异人这个“奇货”的价值实现最大化。

于是他娶了邯郸最美的女子，知道她怀孕后就领她去见异人。异人在与吕不韦一起饮酒时见到如此漂亮的女子便想占为己有。吕不韦假装很生气，但几天后这个女子还是成了异人的女人。这个女子生的儿子取名嬴政，异人还把她立为正室。秦兵围困邯郸时，赵国想杀掉异人，吕不韦又用金钱买通看守，使异人脱身逃到秦军中，不久便回到了秦国。异人穿上楚国的服装去见华阳夫人，夫人说："我本来就是楚人啊！我要把你当作亲生儿子。"因此把异人的名字改为子楚。

公元前250年，子楚继位，他便是秦庄襄王。他尊华阳夫人为华阳太后，尊生母夏姬为夏太后。第二年封相国吕不韦为文信侯，把河南洛阳十万户土地赐作他的封地。

这个异人只做了三年大王就去世了，当时只有十三岁的太子嬴政继位，一切国家大事全由吕不韦定夺，吕不韦号称"仲父"。

嬴政即位时年幼，太后赵姬时常与吕不韦住在一起，因为嬴政本来就是他们的儿子。但吕不韦担心事情败露，便把自己的舍人嫪毐假充作宦官，进献给太后。太后非常宠信嫪毐，还给他生了两个儿子，封他为长信侯，把太原定为嫪毐国，朝政大事交给嫪毐主持，嫪毐的宾客舍人也越来越多。秦始皇九年（公元前238年），有人告发嫪毐不是宦官，已成年的嬴政便下令把他交给司法官治罪。嫪毐狗急跳墙，盗用玉玺调兵遣将，企图发动叛乱。嬴政派相国昌平君等人领兵讨伐嫪毐，双方在咸阳宫大战，数百叛军被诛杀，活捉了嫪毐。嫪毐的三族（即父族、母族、妻族）被诛杀，党羽全部处以车裂，其党羽中因罪轻被流放的就有四千多家。

吕不韦被罢免国相，回到他的封地洛阳。然而，各诸侯国仍然不断派使者邀请他，一时间车马络绎不绝。嬴政生怕会出什么变故，下令把他逐往蜀地。秦始皇十三年（公元前234年），吕不韦饮毒酒自杀。嬴政下令："从今以后，把持国家政事者，凡是像嫪毐、吕不韦一样淫乱无道的，抄他的家！"

指鹿为马，二世而亡

秦始皇统一中国，结束了中国古代长期分裂割据的局面，建立起一个专制主义的中央集权的封建国家，这是秦始皇在中国历史上作出的巨大贡献，他不愧为一个历史时代的代表人物。但他一直任用法家，严酷刑法，横征暴敛，使社会经济濒于崩溃。秦二世时，任用宦官赵高，使政治更加专制，统治更加残暴，从而激起了全国人民的反抗，使秦朝在巨大的农民起义中"二世而亡"，从而给中国历史留下许多教训。

秦始皇三十七年（公元前210年）秦始皇东巡返回途中死于沙丘（今河北广宗境内）。有遗诏留给长子扶苏，让他回咸阳料理国事。随行的有秦始皇少子胡亥、丞相李斯和最为亲信的公车令赵高。

赵高找李斯商量，打算秘密修改遗诏，把皇位传给秦二世胡亥。起初李斯不同意这么做，赵高又是利诱，又是威胁，李斯才同意了赵高的阴谋。他们修改了遗诏，同时做一封假诏书传给扶苏，说他不思进取，对国家未立才功，只会天天做太子梦。还说大将蒙恬没有好好监督公子，失了职责，因此让他们二人自杀谢罪。

扶苏听说父亲去世了，只是悲痛得大哭不止。既然有诏书让自己自尽谢罪，认为自己罪有应得，马上准备自尽。大将蒙恬却说："先别急，您想想，陛下一直在外巡历，从来没听说立太子的事。我们驻守边境，责任重大，就是赐死也得有个罪名，哪能说赐死就赐死呢？我们先给皇上写一封信，说明了事实，再死也不迟呀！"

但扶苏这是已完全失去理智，笑着说："父亲要儿子去死，那是天经地义的，还有什么好说的？"说完就自杀了。

这时，站在一旁的使者催蒙恬自杀，蒙恬坚决拒绝。没办法，使者只好缴了蒙恬的兵权，等待胡亥的指示。胡亥听说扶苏已死，提出放过蒙恬。这时，蒙恬的弟弟蒙毅也回到胡亥那里。赵高立即对胡亥说："有件事一直没对您说，您父亲早就想立您为太子，可蒙毅却一直阻挠。如今正好斩草除根，把他兄弟二人全杀了！"

秦始皇下葬之后，胡亥听从赵高的一再怂恿，把蒙毅杀害了。蒙恬听到消息，也服毒自杀。

赵高为何非要杀死蒙恬、蒙毅兄弟？一是蒙氏兄弟二人反对立胡亥为太子，再是他与蒙氏兄弟早有仇隙。

原来赵高这个人是秦宫的一名太监，但他却是天生的神力，而且精明好学，精通法律。秦始皇很喜欢他，让儿子胡亥跟他学习。

一次，赵高犯了法，秦始皇把他交给大臣蒙毅处理。蒙毅早就看不惯赵高的所作所为和张狂样子，尤其深知太监受到如此恩宠，必有后患。所以，想借机除掉赵高，当时便判了赵高死刑。但秦始皇未批准杀赵高，反而将他无罪释放，官复原职。

此事过后，赵高便怨恨蒙氏兄弟，决心找机会报复。

胡亥在赵高的策划下登上皇帝位，所以对赵高愈加宠信，任命他为郎中令，成了一人之下的重臣。

赵高深知胡亥的顽劣本性，一方面引诱他沉迷酒色，一方面任用宦官，打算篡夺大权。朝中大臣见赵高专权，个个义愤填膺，都想杀死这个太监。连与赵高同谋改诏书的丞相李斯对他的行为也愈加不满。赵高听说后，便想出一条毒计，打算除掉李斯。

一天，赵高来到李斯府上说："李丞相，我有件事求您，您可一定要帮忙啊！"

李斯冷笑着说："郎中令赵高也有事求人！"

赵高装作没听见，摆出十分可怜的样子说："丞相，我知道现在朝中大臣都在说我的不是，可是我又有什么办法呢？如今天下大乱，到处都是叛贼，可是皇帝每天只知饮酒享乐，我一直想劝谏陛下，但是我只是一个宦官，所以不敢做。您是我大秦的丞相，进谏皇上可是您分内的事啊！"

李斯听到这里叹了口气说："我自然是着急了，也想劝皇上。可皇上已久不上朝了，连面也见不到，怎么劝谏呢？"

赵高见李斯进了圈套，赶忙说："我虽然地位低下，但我愿帮您的忙。等到皇上有空之时，我就通知您去见皇上。"

赵高要害李斯，正是借皇帝这把刀。他偏偏看到秦二世玩得正在兴头上时，通知李斯去劝说，几次劝谏不成，秦二世先火了，他对赵高说："这个李斯成心捣乱，每次都在朕玩得高兴时来见朕，他是见朕年轻好欺负吗？"

赵高见时机成熟，便说李斯的坏话。说李斯帮助秦二世当上皇帝，本以为可以封王，但因没得到这个封赏，才对皇上不满。同时，陈胜造反，那里离李斯的大儿子三川郡守李由的地盘不远，这是李由和陈胜串通一气，所以叛贼才这么猖狂的。

秦二世听后勃然大怒，马上派人去李由那里，调查他和陈胜私通的事。

李斯闻讯非常生气，马上写了一封信给秦二世。信中说："从前齐简公的相国田常玩弄权术，一方面取得齐简公的信任，另一方面又讨好百官。最后田常发动叛乱，杀了齐简公，夺取了齐国大权。如今，赵高的阴谋和田常一样，他的种种表现说明他正在图谋不轨，早晚有一天会谋害皇上。"

赵高见李斯告他的状，就对秦二世说："他说我要谋反，我一个太监哪会有这种想法？我看他才是第二个田常。他现在担心的是我对皇上的忠心，一旦我死，恐怕他真要效仿田常谋反了。"

这时，李斯又联合左丞相冯去疾、大将军冯劫，一同劝谏秦二世，希望他停止修建阿房宫。秦二世雷霆震怒，把他们三个人一起关进监狱。结果，冯去疾和冯劫在狱中自杀，只有李斯没有死。秦二世则把李斯交给赵高，让赵高设法使李斯"招供"。

这一下李斯再无生还的希望了，赵高用尽酷刑折磨李斯。李斯是个书生，哪能受得了酷刑折磨，而且李斯也没有什么可以"招供"的，最后被判了腰斩，他的三族都被赵高灭掉了。

李斯死后，秦二世任命赵高为中丞相，掌握了中枢大权。接着他任命女婿阎乐为咸阳令，弟弟赵成为郎中令，连卫队也落入赵高之手。

赵高担心群臣不服，为钳制群臣，震慑秦二世，他当着百官之面，献给秦二世一头鹿，却说献给皇上一匹马。秦二世说："丞相怎么把一头鹿说成一匹马呢？"

又问左右大臣，有的说是鹿，有的说是马，有的则沉默不语。赵高杀掉了那些说是鹿的大臣，连秦二世也不敢再说是鹿了。从此，朝中大臣再不敢指责赵高的过错。这便是后人总结的"指鹿为马"的历史典故，比喻掌权的人故意颠倒黑白，控制舆论。

　　赵高虽专权，群臣不敢参说政事，但农民起义军却大规模发动起来。赵高怕秦二世怪罪，又将其杀死，另立秦二世的侄子子婴为王。子婴即位后不耻傀儡之位，便杀死赵高，铲除其集团。子婴也仅仅称王四十六天便宣布投降。秦王朝也在农民起义的打击下灭亡了。

"大丈夫能屈能伸"的来历

韩信是西汉的开国功臣，也是中国历史上杰出的军事家，与萧何、张良并列为"汉初三杰"。

在他做西汉的大将前，在淮阳老家过的是吃了上顿没下顿的穷日子。家里太穷，既读不起书也没钱做买卖，他终日游手好闲，亲戚朋友都很看不起他。

一次，韩信在护城河里捉鱼，有一个在河边洗衣服的妇人见他饿得厉害，就给了他一口饭吃。以后，韩信在这里多次遇到这妇人，也都得到了妇人给的食物。韩信很感激她，就说："大嫂，如果我以后发达了，一定会报答你的。"

妇人听后非常生气，说道："我是可怜你才给你一口饭吃，身为大丈夫连自己都不能养活，还说什么报答我！"韩信听了深感羞愧。

一天，韩信走过市场，遇到一群无赖，其中有个屠夫向他挑衅："别看你人高马大，还带着配剑唬人，其实你不过是个胆小鬼。有本事你就用剑来刺我，不敢刺我你就从我的裤裆下钻过去！"韩信犹豫了一会，慢慢伏到地上，从他的裤裆下钻了过去。那群无赖哄然大笑，街上的人也都耻笑他的胆小懦弱。

当项梁起兵反秦渡过淮河时，韩信前去投奔，他在项梁军中默默无闻。项梁死后，他又投奔了项羽。项羽认为他懦弱不堪，又穷困潦倒，所以很看不起他。因此，他几次向项羽献计，都得不到采纳。于是，韩信逃离了项羽的军队，归附了刘邦。在刘邦军中，由于无人保举，得不到表现，只任了个接待宾客小吏。夏侯婴见韩信气度不俗，向刘邦推荐了他，刘邦也只提拔他为治粟部尉，这只是个管粮草的小官。但是，这期间他却为萧何赏识。多次交往之后，萧何认定韩信，是个难得的大将之才。萧何向刘邦介绍了自己对韩信的看法，要求刘邦把他放到重要岗位上。可是，刘邦一直没重视。萧何只好一面认真帮助刘邦料理军政大计，一面安慰韩信，让他耐心等待时机，好好表现，不久就能出人头地。

可是，韩信却不信任萧何。公元206年，刘邦率军进攻南郑。由于军队离开了家乡，水土不服，不少人开了小差。久久不得重用的韩信，也在一个月夜偷偷离开了军营。萧何见韩信逃离了军营，来不及向刘邦报告，立刻骑马去追赶他。军士们不知真相，赶紧报告刘邦："不好了啊，丞相萧何也逃了！"刘邦听后又吃惊，又气恼，大骂萧何无情无义。

萧何追了两天两夜，由于一道河流涨水挡住了韩信，才让萧何追上了他。萧何苦口婆心地劝说不止，韩信被河流挡住走不出去，再说也无处可投奔，萧何如此辛苦的追赶，不随他回去也对不起他。于是，韩信又随他回到刘邦军营。

见萧何回来，刘邦骂道："没良心的家伙，你怎么也逃跑了？"

萧何说："我怎么会逃跑，我是去追一个逃跑的人。"

刘邦问："追谁去了？"

萧何说："韩信呀。"

刘邦一听更生气了，接着骂道："多少将领和士兵逃跑你不追，为什么只追一个管粮的小吏？"

萧何回答："那些将领和士兵跑了很容易就找到代替他们的人了，而韩信这样的人才，满天下也难找到第二个。大王想得到天下，一定要用韩信！"

萧何是以识人见长的，能让他这样器重的人，一定是个了不起的人。于是说："看在你这么追赶他的份上，就让他做个将军吧！"

萧何说："即使让韩信做个将军，他也不一定会留下来。"

刘邦看着萧何那种严肃、认真的态度又说："那就让他做个大将军！"

刘邦马上派人去叫韩信，赐他大将军。萧何说："大王如果诚心要拜韩信做大将军，那就选个良辰吉日，您亲自斋戒，再建一个拜将台，举行一个隆重的典礼，那样才能留住韩信。"

刘邦想了想，同意了萧何的要求。

将领们听说汉王要拜将，都十分兴奋，人人都认为拜的是自己。等到拜大将时，竟然是那个小吏韩信，全军上下无不惊讶。

韩信做了汉王刘邦的大将军，率大军攻必克，战必胜，接连打败魏、赵、燕、齐、楚，建立十大功勋。五年时间，就帮助刘邦统一了天下，这真是中国古代战争中绝无仅有的奇迹。

想当初韩信穷困潦倒，受无赖胯下之辱，他都甘愿承受而不反抗，谁能料到未来他竟成了威风八面的大将军？所以，大丈夫应如韩信那样，能屈能伸，不要在不合时宜时忍耐不住，反误了大好前程。萧何月下追韩信，成了历史上的美谈。"不是韩溪一夜涨，哪得刘汉四百年。"说的是韩溪水涨，韩信没有逃掉，才成就刘氏汉朝四百年的天下。

韩信背水一战

韩信率汉军百万之兵、千员之将，为刘邦建立汉朝打了许多胜仗，不能一一去讲。这里讲一个背水作战的故事，领略一下名将作战的胆识和风采。

那一战发生在公元前204年，刘邦已称帝三年，也可以说是汉高祖三年。大将军韩信和副将张耳率几万人的军队，向东攻打赵国。赵王马上召见成安君陈馀商量对策。商讨的结果，赵国派出大军驻守井陉（今河北井陉东），号称精兵二十万。

战斗开始之前，赵国的广武军谋士李左车求见陈馀，献计说："韩信和张耳都是名将，又是乘胜而来，他们的士气正是高涨的时候啊！"

陈馀见他分析得有道理，便问他如何退敌。李左车说："我听说打仗的时候，如果从千里以外运送粮草，士兵就会经常挨饿。如果临做饭才让士兵去捡柴，士兵就更难以吃饱。如今，汉军远道而来，我们驻守的井陉道路狭窄，车辆马匹都通不过，我敢断定，汉军的粮草都远在大后方。"

陈馀又问："那么我们该怎么办呢？"

李左车说："请您给我三万人的军队，让我从小路包抄，切断他们的运粮道路，而您也不用和他作战，只要坚守不出即可。不出十天，我就把韩信的人头献到您面前。如果我们不这样做，怕都要成为韩信的俘虏！"

不料陈馀听后却大发雷霆："就算是死，我也不会用这样卑鄙的诡计！韩信远道而来，正是人马疲惫之时，我们正可迎头痛击。如果我们不敢出战，诸侯们都会笑我们是懦夫！"

消息传到韩信那里，韩信庆幸陈馀没有采纳李左车的作战计划。机不可失，韩信立即下令部队全速前进，在距离井陉三十里处停了下来。

半夜时分，韩信从军中选出两千名精锐骑兵，让他们每人带一面汉军的红旗从小路接近赵军，埋伏起来。等到汉军与赵军大战时，就趁机冲进去，把红旗插满赵军的营地。

随后，韩信就给汉军分发食物，让他们吃完跑步前进，说明天打败了赵军，一定好好犒劳大家。

将士们听后却在怀疑：我们这几万人马能打败人家二十万大军？

韩信装作没觉察，继续布置战斗任务，他又选出一万人马，让他们到一条河边，背水布下了作战阵势。

赵国的军队在高处见到韩信的布阵，笑得前仰后合，陈馀大笑说："这个钻人家裤裆的小子实在是让人笑掉大牙。他如此背水布阵，我军向他们发起冲锋，他们还有退路吗？"

李左车听后摇了摇头，什么也没说。

天刚发亮，汉军的大营便响起了冲杀声。只见韩信打着汉军的旗帜，带头杀向赵军，赵军早认为韩信此来是找死，所以毫不畏惧的迎战汉军。毕竟赵军人多势众，激战不久汉军便败退，丢盔卸甲逃向河边的军营。赵军见汉军溃逃，便出动全部人马追击汉军。

当赵军离开大营追击汉军时，早已埋伏好的两千士兵，冲进赵军大营，换掉了赵军的旗帜。

再说那些"败退"的汉军，退到河边便退无可退，回头拼命与赵军战斗，以一当十，赵军打了一阵没能攻下汉军的河边阵地，便想退回大营休整。可还没到大营，就看见自己的营盘中到处都插着汉军的旗帜。见此光景，赵军乱了阵脚，一时溃败，纷纷逃跑。陈馀大怒，杀了几个逃跑的士兵，命令军队反击汉军。但是，所谓"兵败如山倒"，陈馀哪还能阻止大军溃逃。最后，汉军彻底打败了赵军，杀死了陈馀，活捉了赵王。

兵书上虽有"置之死地而后生"的战术，但是一般的将帅不大敢用。而韩信的"背水一战"打败了数倍于己的赵军，体现了名将的军事胆略和气魄，为人称道。

英雄难过权力关

古往今来，有多少英雄豪杰，在对敌斗争、在艰难险阻面前挺过来了，为国家立下了汗马功劳，成为被人称道的大英雄、大贤人。但是，当胜利之后，却经不住权力、利益、金钱、美女的诱惑，倒在了"糖衣炮弹"之下。

在韩信成败生死攸关之时，历史上流传着两句话：一句是"生死一知己"，即韩信的成败，从被刘邦拜大将，至最终被处死，都是萧何在其中起到关键作用。因此又说"成也萧何，败也萧何"。另一句是"存亡两妇人"，即当年那个洗衣妇人施舍救了他，同时刺激他努力向上，而最终他又死在另一个妇人吕后手中。

其实，归根结底还是韩信自己的思想表现决定了他的成败，最终被处死是因为他在权力分配上打了败仗，利令智昏企图反叛刘邦，被萧何用计帮吕后将他除掉的。

汉高祖六年（公元前201年），有人告发，说韩信因对刘邦的封赏不满意，正在准备造反。刘邦听后很着急，就找陈平商量。陈平问刘邦："有人告发韩信谋反，韩信本人是否知道？"刘邦说："如此机密大事，怎么能让韩信知道？如果他知道了，哪会一点动静也没有呢？"随后陈平分析，想用武力镇压韩信是很困难的，不如用计抓住他。接着向刘邦说出了捉拿韩信的计划：让刘邦去巡视四方，而且是去楚汉交界的陈县视察，还要在那里接见四方诸侯。陈县应该说是个并不安全的地方，陛下却放心地在那里接见诸侯，说明您对全国形势很是放心，韩信就不会怀疑您已经知道了他要谋反的心思。在接见他时，便可轻易抓住他。

刘邦没别的好办法，只能依计而行，于是，他派人到各处通知王侯，说自己要去各地巡视，并且打算在陈县接见诸侯。

韩信接到通知心里也犯嘀咕，就和谋士商量，为什么皇上这时要到四方巡视？

如果他知道我要谋反，应该在准备兵力讨伐我，而不会这么轻松地到南方游玩。

谋士们说："即使有人告发您，皇上也不一定会相信。您最不该收留皇上痛恨的楚将钟离眛，如果您把他杀了，向皇上献上他的人头，皇上一定会很高兴的。"

韩信去找钟离眛，直接说明要杀他。钟离眛耻笑韩信："一位多谋的大将军居然会这么糊涂，你杀了我不正说明你心里有鬼吗？"可是韩信听不进钟离眛的话，钟离眛冷笑着自杀，韩信命令人砍下了他的人头，到陈县献给了刘邦。可是韩信这次真的是没算计对，刘邦对钟离眛的人头不再感兴趣，他关心的是韩信本人。韩信利令智昏，对封赏不满，竟居功要挟刘邦封他做齐国的代理王。韩信还没明白过来，刘邦就下令把他捆绑起来。刘邦还是看在韩信对汉朝有大功的份上，没有杀他，只把他由楚王贬为淮阴侯。

韩信谋反被贬，本应该好好反省。但他仍不思悔改，一直认为自己的功劳，理应得到最高的封赏。如今连楚王也做不成，做个淮阴侯，与樊哙、灌婴等人处在一个层次，更加不甘心了。于是，他从此称病不再朝见刘邦。

汉高祖十一年（公元前196年），刘邦讨伐谋反的陈豨，出征前，刘邦示意韩信前往讨伐，可韩信仍是称病不配合。

相反，他认为连当年自己的手下陈豨都敢造反，自己为什么不造反？于是，他真的谋反了。他派人去了陈豨的军营，把自己谋反的计划告诉了陈豨：利用刘邦率兵出征的机会，在朝廷发动政变，把吕后和太子们全杀掉。这样一来，远在前线的刘邦无心作战，陈豨则可趁机打败刘邦。

不料，韩信的政变计划被他自己的手下告了密。这人曾因犯错被韩信囚禁，还差点被杀了。他心里怨恨韩信，所以向吕后告了密。

吕后听后心中害怕，便找来相国萧何商量对策。萧何得知韩信要谋反，心里自然不是滋味。可是，国家大事比他和韩信的私人关系更重要。所以，萧何决定帮助吕后。

他悄悄去了韩信府上。

韩信一见萧何，戒心自然少了许多。萧何假装不知情，向韩信告知前线的作战情况。说："皇上已平息了陈豨的叛乱，陈豨也已被杀死。皇上凯旋，正准备开会庆贺呢！你是淮阴侯，也是皇上最信任的人，可一定要去参加啊！"

韩信心里只想着陈豨怎么会这么无用，还没等自己的计划实施，就已经败亡了呢？他对萧何说："我久病不愈，也很长时间不上朝了。这次朝贺就免了吧！"

萧何听了摇头说："庆贺皇上凯旋，哪能不去？你身体不好我知道，可是即便强挺着也得到会呀！"

韩信无法推辞，只好去了朝堂。但是，哪有什么庆会啊，等着他的是怒容满面的吕后。吕后命令武士捉拿了韩信，韩信知道自己活到头了，绝望地说："我后悔当初未听蒯通的话（刘邦与项羽对峙时，蒯通曾劝韩信叛变汉自立），才落得今天的可悲下场！"

吕后在长乐宫杀死了韩信。随后又灭了韩信的三族。刘邦回朝后问吕后："韩信死前没说什么吗？"吕后回答："他只后悔当初没听蒯通的话自立！"

刘邦听后派人把蒯通抓来打算杀掉他。可是蒯通说："当初我劝韩信自立，只知有韩信而不知有陛下您，不是针对陛下的。所以，您杀我是没有道理的。"刘邦认为他说得有道理，就放了他。

做领导的要知人善任

公元前 202 年，汉高祖刘邦打败项羽，在洛阳南宫举办庆功宴，大臣们都来祝贺。刘邦让群臣畅所欲言，说说他为什么得天下，而项羽为什么失天下。

听了刘邦的话，群臣众说纷纭。都武侯高起和信平侯王陵首先代表众臣回答："这都是因为陛下仁义而爱人，领兵打仗攻城略地，善待归顺者，奖励有功之人，将胜利的成果与大家分享。而项羽傲慢自负，嫉贤妒能，对忠贤者无端猜疑，对有功者百般挑剔，有了战功不能奖励。这样的人怎能不失败呢？"

二人的话说得有理，大家一致赞同。

刘邦也认为他们的话很有道理，但并不完全同意，他说："诸位只知其一，不知其二。其实，我主要胜在用人上。论运筹帷幄之中，决胜千里之外，我不如张良；镇国家，抚百姓，给饷馈（供应军饷），我不如萧何；连百万之众，战必胜，功必取，我不如韩信。这三人都是人中豪杰，我都能充分发挥他们的长处，还能不胜利吗？而项羽连一个范增都不能善任，哪有不败的道理呢？"汉高祖刘邦从一介布衣，崛起于乱世，能打败强秦，战胜项羽，建立起中国封建社会时间最长的汉朝。他的成功有很多原因，但最重要的原因和他的领导艺术、知人善任分不开。

就说他的手下吧：张良是贵族，萧何是小吏，陈平是游士，樊哙是屠夫，灌婴是贩夫，娄敬是赶车的，彭越是强盗，周勃是吹鼓手，韩信是穷困潦倒的无业游民。可是，刘邦却能把他们一个个利用起来，并把他们的特长充分发挥。

古往今来，有许多人品味刘邦与项羽相斗的历史，自然是说什么的都有。更多的是为楚霸王项羽感到遗憾，认为与秦军作战，硬仗都是他打，到头来却败在了沛县一个地痞手里，真是异数啊！

但是，许多冷静的史学研究者和搞政治的人认为，项羽的失败并不是天意，也不是偶然。他所代表的旧势力，企图恢复六国的旧制度。因此他在反秦的过程中，对秦国的一切制度、各种事物都深恶痛绝，大肆破坏，这是违反社会进步的，如果他胜利了，就是要全面恢复旧贵族的分割局面，人民将更加痛苦。

而刘邦手下如萧何、张良等，大多出身底层，熟悉人民的生活，同情社会底层的疾苦。也注意秦朝法律制度的利弊，除去秦的苛政，对其先进的法令都尽量吸收，因而使"秦民大悦"。

刘邦听信萧何、张良等人的劝谏，占领关中与百姓约法三章，解除社会战争之苦，得到了社会各阶层的拥护。项羽每攻下一地，大都以报私怨为目的，痛杀秦官，火烧秦宫，动辄屠城，人民惧怕他、痛恨他。项羽对手下的将领也有功不赏，有才不用，领导阶级不断趋向离心离德，各怀去志。

而刘邦越来越注意用人，正如他在庆功会上说的，比他有本领的杰出人才，他都能用上。而且知道他们的特点，把他放到恰当的位置上，最大限度地发挥他们的作用。刘邦也知道，打仗、治国、安民等，他自己都做不好。即使自己可以做，事必躬亲，也会费力不讨好。刘邦出身底层，没有等级观念，只要有人立了功，爵位金钱皆赏，使他们"见之如旧"。所以，项羽手下的谋士、猛将不断背叛他，跑到刘邦那里。形势发展到如此地步，楚汉之争的结果早就有定局了。

张释之执法

汉文帝时，南阳人张释之因为自己的官职太小（名为骑郎的侍卫），而且一干十年没得到升迁，就想辞官回家。他的主管上级领导做中郎将的爱盎（即袁盎），知道他有才能，就向汉文帝举荐，汉文帝升他为谒者仆射，这是个传达皇帝政令的小官。

这官虽不大，但却能与汉文帝朝夕相处。汉文帝在与张释之的接触中，知道他的确有才干，于是升他为公车令，总管天下上书言事，以便皇帝了解下情。

不久，发生了一件事。太子（刘启，就是后来的汉景帝）与梁王（文帝次子刘武）同坐一辆车子进宫，经过司马门时没有下车表示敬意。张释之追了上去，不放他们进宫。

太子和梁王一见是个小小的公车令，非常傲慢地呵斥："你这个奴才，居然敢拦我们的车子，快滚开！"

张释之拦着车子不放行，一本正经地说："国家法令规定，经过宫门不下车，是对朝廷的不尊敬。太子和梁王应带头执行这项法度，所以，你们不能进去！"

太子更加气恼，硬要往里闯。张释之拦在车子前面就是不放行。

很快，这件事被薄太后知道了，便问汉文帝。汉文帝赶忙向太后道歉："这都怪我管教儿子不严。"但是，薄太后却让人传达自己的旨意，放太子和梁王进宫。

通过这件事，汉文帝觉得张释之不是一个普通人，好好利用可以造福朝廷。于是，汉文帝先升他为中大夫，没过几天又升他为中郎将。不久，汉文帝觉得还是大材小用，又升他为廷尉，这个位子已经是国家司法的最高官职了。

一天，汉文帝坐马车外出巡察。车子经过中渭桥时，有个人突然从桥下钻了出来。拉车的马受到惊吓，差一点出了大事。

受到惊吓的汉文帝很生气，让侍卫把那人抓了起来，交给廷尉处置。过了几天，张释之来见汉文帝，禀报了处理意见：根据律条，这人犯了道路戒严的规定，应该罚款。

可汉文帝认为处罚太轻了，惊吓了御马，险些出了大事，怎么能罚点钱就了事呢？

汉文帝的一句话引出了张释之一大套执法的大道理。大意是说，一个国家定的法律，是天下人都要遵守的，对谁都是平等的。这个人在皇帝身上犯了法，也应该根据法律处置，不能因为是惊吓了皇帝的马就要加重处置。虽然皇帝对百姓有生杀大权，但也不能越过法律。您把执法的权力交给了我这个廷尉，我就得按法律规定处理，刑罚是不能因人而异、随便更改的。我这个廷尉是以法治天下的典范，如果我随便更改法律，天下人就不知道该怎么做，天下也就乱了。臣的做法是为了大汉，请陛下三思啊！

乍听张释之的话，汉文帝心里不舒服。但是认真想想还真是这个理，于是满意地说："那就按照你说的办法处理吧！看来，朕的廷尉是公正的！"

后来有人偷走了汉高祖庙里案座上供奉的玉环，犯人被捕后，汉文帝十分恼怒，交给廷尉治罪。张释之按照盗窃宗庙器物的法令判处该犯死刑。汉文帝看到处置意见后说："这人无法无天，竟敢偷盗先帝的器物！应该办他个灭族的重罪！"

张释之听后脱下帽子，叩头谢罪说："按照法律，办这个罪名已经到顶了！如果盗窃祖庙里的器物就办灭族的罪，那么，一旦有无知愚民在先帝的陵墓里取了土，陛下拿什么罪名处置他呢？"

汉文帝把这件事告诉了太后，太后也认为张释之的处置方法是正确的，于是就批准了张释之的判决。张释之办案公正，执法无私，得到了满朝文武的称赞，老百姓也知道了国家出了个好法官。

缇萦救父

缇萦救父的故事已传遍天下了，我们小时候都读过这个故事，也很受感动。缇萦不畏惧官府，给皇帝写信，为父亲喊冤，并指责国家法律有重大问题，应该修改。缇萦幸好遇上了好皇帝汉文帝，他不仅放了缇萦的父亲，免除他的处罚，还发布诏令修改刑法，最终废除了西汉执行的残酷秦法。缇萦可真是个了不起的小女孩啊！

汉文帝十三年（公元前 167 年），缇萦的父亲淳于意犯了法。史书上说，她的父亲是位医生，病人吃了他开的药不幸去世了。死者家属告了他，才被判刑的。由于是医疗事故，误伤人命。所以还是从轻判刑，处以"肉刑"，即挖去鼻子、割掉耳朵或砍去手脚。

淳于意的小女儿得知父亲受到这么残酷的刑罚，想到父亲就要残废了，既心疼又伤心。她想了想，就给汉文帝写了一封信。大意是：我父亲淳于意做过太仓令。他为官清正廉明，齐地的百姓都称赞他。这次，他因为给人治病出了差错就要将他处以肉刑，该多么残酷啊！我也知道，犯了法应该受到惩罚，本来我也没什么好说的。可人死了不能再活过来，受了肉刑的人也会变成残废。即使犯罪的人知道自己错了，也没有改正的机会了！

我是父亲的女儿，应该替父亲承担一些责任。我甘愿到官府做奴婢，希望我父亲不用受那么残酷的肉刑，给他改过自新的机会。希望皇上能答应我的请求。

汉文帝是个极为开明的皇帝。他读了缇萦的信，被她的孝心所感动，不仅免除了她父亲的罪刑，还借机修改刑罚，废除了当时执行的酷法。

汉初实行的是非常严酷的秦法。例如：犯了反叛罪，就要"灭三族"，全家和亲戚都要被杀光。犯了杀人罪，要处五马分尸（车裂）、腰斩等刑罚，这是比杀头要残酷得多的刑罚。犯了偷盗、伤人等罪行，就要处以"肉刑"，即挖掉鼻子、割去耳朵，或砍去手脚，还要在脸上刺字（墨刑）。而且，不管有意无意地犯了法，都要受到严厉的处罚，也不给犯人改悔的机会，秦朝以为实行酷法，大家就不敢犯罪。但是，这反而激起人们的强烈反抗。秦朝"二世而亡"有多种原因，但一定和实行酷法有着重要的关系。

汉文帝为废除酷刑颁布了诏书，诏书大意是：《诗经》上说大度的君子平易近人，老百姓就愿意亲近他，会把他当作好兄弟。而现在的法律，犯了错不进行教育，就立即进行严厉惩罚。这种法律从秦朝实行，我们大汉还在沿袭。说起来真让人痛心啊！

就说"肉刑"吧。肉刑加到人身上，轻的在脸上刺字，重的砍去手脚、挖鼻割耳。更加残酷的是宫刑，罪人遭受屈辱。这些严刑酷法，还有什么道德可言！

为了天下的百姓和大汉的江山，朕决定从今以后废掉"肉刑"。那些已经遭受过"肉刑"伤害的人，可享受一些补偿。

还有，如果犯人在服刑期间表现良好，又不逃跑，只要服刑一年就可以免罪释放了。

汉文帝下诏修改酷刑，由丞相张苍和御史大夫冯敬制定出了新的刑罚条规，比如以前应该在脸上刺字的犯人，改判做苦力。以前该被挖鼻子的犯人，改判鞭刑。以前该判砍去手脚的犯人，改判鞭打五百下。贪赃枉法或杀人后能自首的，视情节轻重，决定鞭打多少。

就这样，缇萦的孝心感动了汉文帝，救了父亲；而汉文帝也借机废除了酷法。因此，缇萦救父的故事在历史上很有影响。

冯唐持节释魏尚

苏东坡曾写过一首很有名的词《江城子·密州出猎》，抒发他的爱国情怀，表示如果能得到朝廷重用，便会亲自前往西北战场，把西夏侵略者消灭。词中有句："持节云中，何日遣冯唐？"接下来是词的尾句："会挽雕弓如满月，西北望，射天狼。"

"持节云中，何日遣冯唐"，说的是冯唐与汉文帝的故事。

当时，汉朝北部不断遭受匈奴的侵扰。汉文帝十四年（公元前 166 年），匈奴再度侵扰，不仅杀死了汉朝的都尉，还掠走了百姓和大批牛羊。汉文帝打算亲自带兵抵抗匈奴。由于群臣的劝阻，汉文帝才没有去。但是，匈奴的侵略祸患照样存在，汉文帝还是很着急。

汉文帝经过郎署（即宫中侍从官的公署衙门），就问侍从郎署长冯唐："你一大把年纪了还做郎署长，老家是哪里的啊？"

由于冯唐是侍从官，他的职位虽不高却很容易接近皇帝，也了解皇帝的动向。这些天汉文帝为匈奴入侵的事发愁，他已想好了办法，准备为汉文帝分忧。

冯唐回答："我的先祖是赵国人，父亲时迁到了代国（今山西一带）"。

汉文帝听了继续和冯唐聊天，说自己做天子之前做过代国的大王。还说他的尚食监高祛往常同他聊起赵国大将李齐，说李齐有才能。

冯唐点头说："听说李齐有才能，但他的才能也比不过赵国的大将廉颇和李牧呀！"

汉文帝听他提到这些名将，感慨地说："为什么朕就没能得到廉颇和李牧这样的将领呢？有了这样的人才，朕还害怕什么匈奴？"

冯唐听了却故意说："不是这样吧？陛下真得到廉颇和李牧，恐怕也不会重用他们！"

冯唐的话对汉文帝刺激很大，他听后脸色大变，转身就回宫去了。过了不久，汉文帝又命人把冯唐召进宫，仍然生气地说："你为什么在那么多人面前羞辱我！"

冯唐听了跪下说："臣是个粗人，不懂礼仪，羞辱了陛下，还请陛下恕罪！"

汉文帝让他起来说话。追问他："我不明白的是，你为什么说朕得到了廉颇和李牧也不会重用他们呢？"

冯唐似乎早有准备，语气昂然地说："臣听说古时候帝王派遣大将时，都是跪下来为他们推车子！临行总是再三强调：你就放心地出征吧，国内的事，由我来管理，国外作战的事，你就做主吧！"

汉文帝不明白地问："这和朕有什么关系呢？"

冯唐继续说："臣的先祖曾说过，李牧做赵国的大将军，部队驻守边塞，当地的租税收入都用来犒劳士兵。赏赐之事也是李牧一个人说了算，从来不向上级汇报。这样，赵国的军队才勇猛，赵国也越来越强大，不仅打败了匈奴，还差点成了霸主。"

汉文帝问："那为什么后来又失败了呢？"

冯唐说："都怪昏庸的赵迁，听信小人郭升的谗言，杀了李牧。赵国失去大将，才被秦军打败的。"

汉文帝点点头，但仍表示不解。

冯唐最后说："我大汉现在也有一位将军，和李牧将军一样有威名，他就是做云中郡守的魏尚。为了抵抗匈奴，守卫边疆，他不惜把自己的俸禄拿出来犒劳抗击匈奴的官兵。正因为这样，匈奴才不敢侵犯我汉朝边地，不敢接近云中郡一步。我听说魏尚在报战绩时没弄准，只是多报了六个敌人的首级，便被罢免了爵位，还被关了起来。守卫云中郡的大将被我们自己罢免关进了监狱，所以匈奴才敢这么猖狂。"

汉文帝听后沉思了半天说："朕真是糊涂啊，你批评得对！"

随后，汉文帝封冯唐为车骑都尉，让他拿着符节去见魏尚，请他继续做云中郡守，抗击匈奴。

从"真将军"到死囚犯

周亚夫在历史上留下很多典故。他是西汉文帝、景帝时期的大将军，中国历史上著名的军事家。由于他治军严明，战功赫赫，汉文帝称他为"真将军"。但是，文帝之子汉景帝却因故把他关进监狱，让他做了死囚犯，周亚夫在狱中绝食自尽。历史称汉文帝、汉景帝时代为"文景之治"，说到底文帝与景帝是大有区别的。

汉文帝六年（公元前 158 年），匈奴在汉朝边境集中人马，准备再度侵扰。汉文帝为鼓舞士气，亲自到前线犒劳军士。

汉文帝先到霸上和荆门（今陕西咸阳东北）的军营，驻守将领听说皇帝到了，一个个大老远骑马出营迎接。汉文帝犒劳军士后赶往周亚夫驻守的细柳营（今陕西咸阳西南）。

汉文帝到了细柳营，只见这里的军士一个个身披铠甲，手持利刃，十分威武。汉文帝看在眼里，暗想："这个周亚夫真是名不虚传啊！"

汉文帝的劳军使者先到了细柳营前，命令士兵打开营门，迎接皇帝的到来。但守营卫兵根本不理他们，更不许他接近营寨。

不一会儿，汉文帝也赶到了营门。但士兵仍不让他们进寨，文帝只好让使者带着符节去禀报周亚夫通知他是皇上来了，来这里犒劳军队的。这样，周亚夫才命令卫兵打开营门。

汉文帝带着使者一行人马正要骑马入营，守营军官又拦住说："陛下，我们将军有令，任何人在营盘里都不许骑马奔驰。"汉文帝一行也只好下马，缓缓进了军营。

周亚夫在帐外等候，他身穿铠甲，手握兵器。见了汉文帝只作了个揖，说道："陛下，恕臣不能行跪拜大礼，穿着盔甲连士兵也不能下跪，我只能以军礼参拜陛下！"

汉文帝被周亚夫的行为深深感动，神情也变得格外庄严。随后，汉文帝派使对周亚夫说："皇帝对将军的行为非常满意，马上开始犒劳军队的仪式。"

出了军营，跟随汉文帝的文武官佐非常惊讶，不知汉文帝为什么这样对待周亚夫。汉文帝向大家说："像周亚夫这样的人才是真正的将军啊！霸上和荆门的守将虽然对朕很恭敬，但和周亚夫相比他们是在闹着玩呀！敌人来攻打他们，恐怕他们要变成俘虏。而谁敢侵犯周亚夫呢？"

此后，周亚夫屯兵细柳营的故事传扬开来，几乎变成了神话。不过，这种神话在汉文帝时出现，到了汉景帝时就大变样了。

汉景帝时，周亚夫曾率兵在三个月内平定了七国之乱，立下大功。但汉景帝却因周亚夫反对他废太子，竟然把他关进监狱，折磨至死。汉景帝要害周亚夫，"过错"是"谋反"。景帝十四年（公元前143年），周亚夫的儿子从工官署（管理官府手工业的衙门）为父亲买来了五百件给皇室制造的楯，这些楯是用来陪葬的。但是，有人却因此说他的儿子是"谋反"，同时也就牵连周亚夫，说他父子"谋反"。汉景帝下令逮捕了周亚夫，交由司法部门审理。

谋反是个重罪，周亚夫没有谋反，自然不会承认。但是，廷尉受到汉景帝的暗示，追问他买那么多楯作何用。周亚夫如实回答，留作陪葬用。本来制作这些楯就是为陪葬所用的，用的人不在少数，并非周亚夫一人买楯。

廷尉居然阴险地说："就算你买楯陪葬用，你活着时不想谋反，等你死后在地下也会谋反呀！"

周亚夫这才知道，汉景帝要杀他，并不需要什么理由。廷尉对周亚夫用尽了酷刑，仍然得不到谋反的供词。廷尉用刑不止，周亚夫绝食五天，吐血而死。

飞将军李广

西汉初年的文帝、景帝、武帝期间，匈奴不时骚扰边界。在抵御匈奴的战斗中，汉朝涌现出许多抗击匈奴的名将。李广、卫青、霍去病等，都是十分著名的将领。

本文介绍的李广，一生大部分时间投入抗击匈奴的战斗中，身经七十多次战役。由于他英勇善战，成为匈奴心目中最可怕的劲敌。李广的作战风格勇猛顽强，在敌众我寡的悬殊情况下孤军奋战，骑射部队的小股突击，让敌人防不胜防，闻风丧胆，称他为"汉之飞将军"。

这里讲的只是李广与匈奴数十次战斗中的几个小故事。

汉武帝元光六年（公元前129年），西汉骁骑将军李广率军从雁门关出发，去追击侵扰边疆的敌人。由于李广的速度太快，脱离了大部队，少数骑兵与匈奴激战后，李广不幸负伤被俘。匈奴在两匹战马之间用绳子结了一个网把李广放在网里。李广知道此时不可轻举妄动，只能等待时机逃走。

两匹马在山路上走了几十里，脱离了匈奴的大部队。李广趁敌不备，突然从网里跳到一个匈奴骑兵的马背上。李广夺下这人的弓箭，骑马赶回了汉军的大营。

李广治军有其特点：军队无固定编制，不大讲究阵法队形。每天的训练也不大严格，夜里甚至也不安排巡逻。

李广治军特点看起来随便，实际上是他根据与匈奴作战的情况，长期磨炼而成的。匈奴多是骑兵突袭，如风而来，如风而去，并不与汉军打阵地战。所以，李广的军队也要适应这样的战斗特点，灵活机动作战。但是，他从来没有放松对敌人的侦察，敌人无法偷袭李广的军队，也逃不脱李广军队的视线。

汉武帝元朝元年（公元前128年）六月，匈奴攻入雁门关，抢走西汉朝廷在那里养的战马，当地守军战败。此时，李广已升为上郡太守，奉命前来征讨匈奴。

一次，他率百余骑兵出巡，在途中突然遇见三名敌人。李广放箭射死两个，活捉一个。恰在此时，敌人的大部队到达，黑压压地足有几千人。李广只有百余人，相差悬殊，形势危迫。

李广知道硬拼不是办法。他小声命令部队，不许放箭，也不许行动，沉住气观察敌人动静。

敌人也看到了李广的部队。他们见汉军只有百余人，怀疑是派来引诱他们上当的诱饵。因此，他们人马虽多，也不敢轻举妄动。

李广看穿了敌人的心思，对大家说："我们离军营几十里远，如果我们往回跑，匈奴兵就会发现我们人少，不敢和他们作战。那样一来，敌人就会追赶我们，结果大家是知道的。现在我们不后退，不慌张，敌人就会认为我们是引诱他们上当的诱饵，他们就不敢贸然攻击我们。"又过了一会儿，李广突然命令部队："全体前进！"这百余名骑兵随着李广的号令，飞速向敌人冲去。

当部队冲至距匈奴尚有两里时，李广命令部队停下。李广又下令："全体下马，解下马鞍！"手下的军官说："敌人离我们太近，一旦有了紧急情况，我们上马会来不及的！"

李广说："我们人少，敌人一定认为我们会快速逃跑。但我们不但不逃，反而解下马鞍下马休息。这样，就使他们相信我们是诱敌之兵，他们更不敢进攻我们！"匈奴兵果然不敢行动。

过了很久，一个骑白马的匈奴将领可能是等得不耐烦了，冲出阵来。李广见了飞身上马，带上十几个骑士奔过去，射死了那个匈奴将领。而后又回到原处，解下马鞍休息。

黄昏时分，匈奴的马队却始终不敢行动，天黑下来了，匈奴人害怕汉军的大队人马会突然到来围攻他们，便悄悄撤走了。黎明时分，李广率领百余名骑兵返回了汉军大营。

卫青不败非天幸

王维是唐朝有影响的大诗人，他在七言古体诗《老将行》中曾写道："卫青不败由天幸，李广无功缘数奇"的诗句。在这首诗里王维认为，卫青与匈奴多次交战却没有失败过，被汉武帝拜为大司马、大将军。这不是他个人的战功，而是上天垂怜他。与卫青相比，李广一生都与匈奴作战，经过七十多次大战，让匈奴不敢与他交锋，称他为"飞将军"。但李广却没有卫青那么幸运，未得到封侯。况且在他人生的最后一次大战中，因迷路未能及时与卫青的大军会合，按律当受审查。李广不愿意接受审讯的侮辱，拔剑自刎了。所以，王维说他的"无功"是命运不好的缘故。

后来的史书中，对卫青的评价的确有分歧。司马迁在《史记》中把卫青放到《奸臣列传》中去评价，在具体记述他的战斗中又对他的军事才干甚为敬佩，对他的战功也是充分肯定，这表现出司马迁对卫青评价的自相矛盾。

而司马光的《资治通鉴》对卫青的记述和评价就没有什么"微词"，完全是正面肯定的。

所以，后人看了王维的《老将行》，对"卫青不败由天幸"表示不服气，把这句诗改成了"卫青不败非天幸"。

卫青是奴隶出身，他是河东平阳（今山西临汾地区）人，其父郑季是平阳县吏，奉调在平阳侯曹寿府中供职，与平阳侯的家奴卫姓女生下一个男孩，取名青。卫姓女是个奴隶，养不起青儿，只好将他送给已回平阳的郑季。青儿在郑家受苦受辱，郑氏的妻子儿女都欺侮他。但卫青却在这种环境中苦壮成长，十五岁时候力大如虎，勇猛刚毅。他不甘在郑家受辱，便回到母亲那里生活，改随母姓，即是卫青。

平阳侯之妻平阳公主是武帝的姐姐,她见卫青高大英俊,聪明厚道,便让他做一名护身勇士。后来卫青的姐姐卫子夫被汉武帝相中又得宠,卫青便被任命为侍中,再升为太中大夫。

卫青为人谦和,从不以姐姐受宠而傲人,上下都称赞他。他武艺超群,又善于谋略,深受汉武帝的器重。元光六年(公元前129年),匈奴又犯上谷、渔阳。汉武帝派韩安国领兵抵御匈奴,结果吃了败仗,匈奴大举进犯辽西,右北平郡,杀掠边民数千,韩安国退至辽西病死,京师为之震动。

元朔元年(公元前128年)春,汉武帝命卫青率三万军队出雁门,李息出代郡,李广为右北平郡太守,防御东边。这是汉武帝的"东守西攻"战略,目标是夺回河南,即今黄河河套地区。

李广去右北平接管右北平郡太守之职,统领韩安国的部队。匈奴闻"飞将军"李广到了右北平郡,便纷纷远遁。匈奴不敢对东部用兵,有力地支持了卫青的西部作战。

卫青的出师,采取声东击西的战略。率军先向东北方向进发,匈奴以为卫青去争夺渔阳、上谷,忙调兵防卫。不料,卫青出云中后却沿黄河西进,潜进千余里,突袭阴山缺口要塞高阙,接着折而南下,直达陇西(今甘肃临洮),出现在匈奴的后方。屯居河南地区的匈奴措手不及,急忙渡黄河逃走。这一战收复了被匈奴侵占了八十多年的河南地区,扭转了大局,解除了匈奴对长安的威胁,并为汉军大举反击匈奴创造了条件。

卫青得胜还朝,到了边塞,汉武帝派使臣带着大将军的印信,在军中拜卫青为大将军。不久又加封他为食邑,并封其三子为列侯。封他手下的大将多人为侯爵。

元狩四年(公元前119年),汉武帝又命大将军卫青与骠骑将军霍去病深入漠北打击匈奴。就是这次战役,让本不想参加远征的李广硬是请战,结果迷路无功而受审,负气自杀的。

这次远征,卫青、霍去病都获得了更大胜利。

当汉武帝给卫青封赏时,卫青坚决不接受。他认为进攻匈奴的胜利,是由于皇上的正确决策和众官兵的流血牺牲取得的。汉武帝在卫青的坚拒下没有给他儿子封侯,但对卫青却更加宠信了。

张骞通西域

其实，汉武帝派张骞出使西域有两方面的原因。具体一点的原因是为了打击匈奴，原来有投降汉朝的匈奴人对汉武帝说："西方有个月氏国，在敦煌和祁连山之间，也是个不小的国家。后来被冒顿单于打败，把月氏国国王杀死，用他的头骨当酒具。所以，月氏国对匈奴的仇恨很深。如今陛下要打败匈奴，可以派人去联系月氏国。"

更远的计划是汉武帝要了解西方，实现他开疆拓土的雄心壮志。汉武帝曾站在长安宫殿的门楼上远眺大西方，他对那儿知之甚少。传说那儿的蚂蚁如大象，黑蜂如葫芦。昆仑山高两千五，上有王母娘娘的瑶池，是太阳和月亮休息的地方，神奇的传说令汉武帝神往。

因此，汉武帝于建元二年（公元前139年）下诏募使去联络大月氏，同时探索西域。

汉武帝元朔三年（公元前126年），汉中人张骞接受了出使任务，带领一百余人出发。他们刚刚踏入匈奴的地盘就被匈奴发现，张骞被扣留，赐一女子为妻，并生了儿女。后来，他趁匈奴不备偷了马匹西奔，经过西域的车师、焉耆、疏勒、龟兹翻越葱岭，到了大宛。大宛王派人把他送到康居国，康居人又把他送到大月氏。张骞把汉武帝派他联合大月氏，共同打击匈奴的计划向大月氏女王说完后，女王虽然态度友好，但没有联合汉武帝与匈奴作战之意。她不相信大月氏与汉朝远隔万里，能联合作战。

张骞在大月氏逗留一年多后，只得返回，归途中又被匈奴抓住，在那里住了两年。由于匈奴内讧，张骞才趁机逃走，一路赶往阔别十三年的长安。同行的一百多人全部死在途中。

汉武帝听说张骞回到了长安，立即召见他。张骞虽然没能完成当初的任务，但他讲起了十三年对西域的见闻，让汉武帝十分兴奋，增加了打通西域的决心，从神话中走到了现实中。汉武帝任命张骞为中大夫。

汉武帝元狩四年（公元前119年），汉武帝又任命张骞为中郎将，带领三百人和许多牛羊马匹、金银珠宝及绫罗绸缎出使西域。同时，汉武帝还招募了很多副使随行，每到一国便留下一名副使。使团先到了乌孙国，在那里派出副使去了大宛、康居、月氏、大夏、安息、身毒、于阗等国。

元鼎二年（公元前115年），张骞回到长安。这次回来有乌孙国十几名使者陪伴，他们带来了数千匹良马回馈汉朝。

汉武帝兴奋地接见乌孙使者，尤其看到那些高大的良马，更是喜悦。汉武帝给乌孙马命名为"天马"，拜张骞为大行令，位列九卿。

一年后，留在西域各国的副使也都回到了长安，都有各国使者同行。就这样，西域各国与汉朝的关系更加密切了。汉朝和西域的通道，便是后来所说的"丝绸之路"。

张骞打通了西域，西起长安，经河西走廊，穿塔里木盆地，过帕米尔高原，通向中亚和西亚，直达地中海东岸的中西通道，全长七千多公里，是中国通向西方国家的道路。使汉王朝的信息远播西域和西方国家，西域各少数民族国家逐渐臣服，纳入中国版图。中西方商业和文化交流逐渐加强，中国大量的丝绸通过这条通道，远销大秦（罗马）及中亚、西亚和欧洲各地。中国的养蚕缫丝技术、铁器和漆器制造术及桃杏、犁杖等农副产品和生产工具陆续西传。西方和西域的葡萄、苜蓿、石榴、核桃、芝麻、胡萝卜、胡瓜、胡豆及玻璃等也传入中国内陆。张骞还从西域带回"横吹"乐器和名叫《摩诃兜勒》的曲子，汉乐府因"胡曲"造新声二十八解，汉武帝把它用作军乐。

张骞在沟通中国和西域方面，的确是少有的"功臣"。他两次去西域，尤其第一次，受尽千难万险，同行者一百多人几乎全都死在路上，可见途中是多么危险。张骞在西域奔波逗留十三年方回到长安，对汉武帝交付的任务始终不忘，他对祖国的忠诚和怀恋之情的确令人敬佩，是值得永久纪念的历史人物。

人间没有长生术

一些很有作为的古代帝王都迷信长生不老术，结果屡受欺骗，既损害了自己的身体，又影响力社会风气，是他们的一大污点。秦始皇、汉武帝、唐太宗等，都是如此。

汉武帝从十七岁登基，就想到了长生不老，相信世上有长生之术，他四处求仙问神。皇帝热衷求仙，臣民百姓自然都相信，而投机者便乘其风浪，一下子就出现无数"神仙"。于是，魔怪邪道和骗子也都出来表演。

元光二年（公元前133年），汉武帝去雍（今陕西凤翔县南）祭祀天帝。回宫后便把长陵的"神君"移至上林苑的蹄氏观中，香火不断。

这时，有个叫李少君的方士来求见汉武帝，自称有仙术。汉武帝一听，认为是自己祭祀天帝下凡的神仙，急忙迎他进殿。李少君飘逸入宫，汉武见他精神矍铄，仙风道骨，更以为是仙人到了。李少君见了汉武帝，把自己大吹一阵，强调自己有不老仙术。汉武帝指着身边的古铜器问李少君这是何年之物。李少君看了看，说是齐桓公十年陈列在柏寝台的物件。汉武帝找人查看铜器上的铭文，果然是齐桓公时代的铜器。汉武帝和宫人无不称奇，确定李少君是真"神仙"。

其实，李少君只是已死的深泽侯赵修的门人，离开赵氏后便四处装神弄鬼，尤其宣扬自己有长生不老术。于是，达官显贵争着与他相交，让他施以长生术，纷纷送他礼物，赠送钱财。

一次，武安侯田蚡请他宴饮，席间有位九十多岁的老人。李少君一见，便大谈当年曾和老人的祖父一起游玩射猎。这位老人小时候曾随祖父打猎，去打猎的地方与李少君说的一样，现在听李少君一说，连声说："不错！不错！"这下满座宾客无不瞠目结舌。以为这个李少君的年龄少说也有几百岁，一定有长生不老的仙术。

李少君见皇帝对自己深信不疑，便说："祭祀灶君可以驱使鬼神，可以把丹砂炼成黄金，使用这些黄金制成的器皿，人可以延年益寿，长生不老。数百年前，臣曾在海上遨游，多次遇见神仙安期生。"汉武帝听到他说见过几千岁的安期生，更加惊奇，问他："先生真见到过这位神仙？"李少君进一步吹嘘："安期生曾送臣一枚枣子，像瓜那么大，清脆味甜。只要有仙缘的人，都能见到他。"

于是，汉武帝便亲自祭灶君，让李少君炼长生不老药，还派人驾船去海上寻找安期生。

没想到仙丹未炼成，神仙安期生没找到，自诩不死的李少君却一命呜呼了。临死还骗他："仙丹虽已炼成，只是陛下不绝声色，弃杀伐，万里有不归之魂，市曹有流之刑，仙丹虽成，陛下现在尚不可得。"汉武帝对他的骗词不能识别，又得不到已炼成的仙丹，遗憾万分。汉武帝对寻找不死术迷恋，认为李少君未死，只是脱去肉身，羽化成仙了。于是继续寻找仙人，继续追求不死术。燕、齐一带的方士见皇帝如此宠信李少君，便效仿他，纷纷入京冒充仙人。

元狩二年（公元前121年），汉武帝的爱妃李夫人病故。汉武帝念念不忘，追恋旧情。不久便有个自称少翁的方士来见汉武帝，说能把李夫人的魂灵招来，和他见面。于是，方士少翁故弄玄虚，在深更半夜，请汉武帝进入他招魂的密室见李夫人。汉武帝赶忙前往，只见烛光之下，帷幕内果然出现了李夫人的身影和面貌。汉武帝虽未能与李夫人言谈，但对少翁已是坚信不疑，遂拜为文成将军，厚加赏赐，待以客礼。

这个少翁便让汉武帝建造了甘泉宫，宫里的设施都是画有云气的神仙器物，塑造天地神灵的神像，制造请神的云车。少翁天天作法请神，汉武帝也神魂颠倒，等着少翁请来的神仙。

一天，少翁请汉武帝来到甘泉宫，那儿有一头黄牛。少翁指着牛说："此牛腹中当有奇书！"汉武帝命人杀牛剖腹，果然找到帛书一幅，上面还写着看不懂的隐语。但汉武帝却认出这是少翁的笔迹。便令人拷问牵牛人，果然是少翁做的手脚。汉武帝受骗，恼羞成怒，下令处死了少翁。而对外却严封消息，只说少翁羽化成仙了。

汉武帝虽上当受骗，但对世上存在真神一说却坚信不疑。一次汉武帝身体不适，又被一个叫"游水发根"的方士欺骗，当被他以"灵水"治愈后，又建了一座寿宫，宫内供奉各位大神，以泰（太）一最为尊贵。这些大神都会说"仙语"，汉武帝每日来听神仙说话，实际都是"游水发根"请来的方士在故弄玄虚，却因骗得汉武帝而暗自高兴。

不久，有人进宫报告皇帝，说少翁没死，在关东见到了他，还说了半天话。于是，汉武帝令掘开少翁的棺材，他的尸体不见了，只有一个竹筒。于是，对杀少翁追悔莫及。

元鼎二年（公元前115年），汉武帝听方士的话，在未央宫西部的章城门和直城门之间，建造了一座柏梁台。台高二十丈，皆以香木为梁柱，散发着浓郁的香气。台上建铜柱承露的仙人掌，高二十丈，粗七围。柱上建一巨掌，承受天降甘露。方士把玉石粉与甘露混合，说吃了可延年益寿，汉武帝也常吃。

元鼎四年（公元前113年），乐成侯丁义又向汉武帝推荐了一个名叫栾大的神仙，说与少翁是师兄弟，法术在少翁之上。汉武帝正为杀少翁后悔，便立即召见栾大。这个栾大的骗术比少翁更高，他描述自己去过东海蓬莱仙岛，与安期生、羡门等仙子是老朋友。还说只要心诚，炼丹成金，不仅可以长生不老，连黄河决堤也可以瞬间堵住。汉武帝又忘了之前被骗的事，立马拜栾大为五利将军、天士将军、地士将军和大通将军，配以四大将军金印。汉武帝下诏称："从前夏禹通浚九江，开通四渎。近年来黄河洪水泛滥，劳役不息。朕治理天下已二十八年，天将栾大送朕。朕得栾大，如《易经》所言是'飞龙在天'，腾越自由，'鸿渐于般'，一举千里。朕要封其为乐通侯，食二千户。"栾大封侯后，汉武帝又赏他奴仆千人，还把自己的车马、器物送给栾大，让他享有天子威仪，并为他建造了豪华的府邸。为求仙成功，武帝又把卫皇后所生的长公主嫁给栾大，改名为当利公主，陪嫁黄金十万斤。皇帝如此宠信栾大，自窦太主（武帝姑母）到朝中将相，都纷纷准备厚礼赠予栾大。

汉武帝又封栾大为"天道将军"。使他在数月之间变成了身悬六印，可与天子并驾的神仙特使，轰动京师，风闻海内外。

但汉武帝心里着急，他之所以如此重视栾大，目的只有一个，就是让他去找长生不老的仙术，炼丹成金、治理黄河水患。所以，汉武帝不断催他。栾大无奈，只好起程。汉武帝对他好奇，便暗中派人跟随，观察他的行踪。

栾大出京后一路游山玩水，走了多日到了泰山下，逗留两日，未见有什么神仙与他交谈。随后栾大又去了东海边，也不见他与安期生相见，便返回京城，他的举动全被汉武帝侦知。见到汉武帝后，栾大又胡吹怎么见到了神仙，怎么赐给他更好的炼丹法术。然而，他尚未说完，汉武帝便命人把他逮捕，送交廷尉审讯。

廷尉严审栾大，欺君罔上之罪成立，便把栾大腰斩于市。推荐他的乐成侯丁义也被斩首。

汉武帝一次次被骗，但求神拜仙之心一直不泯。此后，又不断发生神仙"下凡"的骗局。

例如元鼎六年（公元前 111 年），公孙卿向汉武帝报告，河南偃师城上发现了凤凰在飞，同时又发现神仙脚印。当时汉武帝正准备去泰山封禅，未理会此事。等到封禅事罢，公孙卿又来报告，他在山东东莱山上亲自见到了神仙，那位神仙要见天子。汉武帝听说神仙要亲自见自己，便封公孙卿为中大夫，让他带着去见那位神仙。于是，汉武帝带着大队人马去了海滨的东莱山。但只见到了几个巨人的脚印，却未见神仙来晤。公孙卿又欺骗他说，见神仙不能操之过急，过急反而见不到大神。

汉武帝又听信了公孙卿的话，命令在长安建造了蜚廉观、桂观、益寿观、延寿观，还造了高三十丈的通天台。公孙卿拿着符节，设好贡品，专候神仙。

公孙卿的骗术很高明，他掌控了皇帝要长生不老的迫切心理，渴望神仙送来长生不老药。所以，总是装着在等待神仙的样子，让汉武帝也无限期待地耐心等待着。

多年过去了，仍不见神仙的踪影，而公孙卿则成了"迎神楼"中的活神仙。征和四年（公元前 89 年），六十八岁的汉武帝已发脱齿落，逐渐走向死亡，他更急着想找到长生不老药，使自己年轻不老。

由于他的迷信，造成了太子被杀，卫皇后自尽。他仍死不改悔，愈加相信神仙。他认为自己多年来对神仙信诚，该做的全做到了，神仙也该见他一面吧。那年春天，汉武帝又东巡来到东莱山。

刚到不久，就变了天。天空乌云翻滚，大地狂风怒吼，海上浪涛如山。迷仙中邪的汉武帝，竟欲亲自下海求仙。群臣和方士跪满了一地，苦劝他等风平浪静了再去。可是，大风连刮十余日不停，汉武帝望着白浪滔天的大海，无可奈何地长叹一声，缓缓登上返京的座驾。

又过年余，七十岁的汉武帝终究没能找到不老仙药，也没能见到神仙。他昏昏睡去，再也没醒来。他死得很安详，或许他在梦中见到了神仙。

苏武不辱使命

天汉元年（公元前 100 年），西汉和匈奴和好，汉武帝派遣中郎将苏武为正使，率副中郎将张胜、假使（临时官吏）常惠及随从百余人，持厚礼出使匈奴。

苏武，字子卿，杜陵（今陕西西安东南）人，将军苏建的二儿子。出使匈奴前曾任郎官和管理御马的厩监。他官位虽低，却很有才干，并且说一不二，受同僚称赞。汉武帝听到后，对苏武也暗自赏识。所以，当西汉与匈奴和好时，便任命苏武为使，远赴塞北。

那年苏武刚刚四十出头，他辞别妻儿老母，率使团北上。他骑上高头骏马，手持旌节，神色凝重，走在队伍的前面。

他手里拿的旌节，以九节竹为柄，长八尺，顶端系索，索上系有三重白色牦牛尾饰。旌节是国家和君王的重托所在，是使者节操的象征。

这次出使，苏武深知险恶。汉、匈交战多年，结怨很深。匈奴一向狡诈，言而无信。他既为汉使，决心不辱使命，期待圆满完成任务。个人安危，毋庸考虑，那柄节麾就是自己的生命。

匈奴与汉朝为敌是他们的既定方针，此次"和好"也是鞮侯单于的缓兵之计。因此，他们对汉使的态非常傲慢。不久，发生了一起意外事件。

原来，此前汉朝有个使者叫卫律，本是匈奴的后代，是汉朝协律都尉李延年的好友，在李延年的推荐下，汉武帝派他出使匈奴。后来，李延年因罪下狱。正在匈奴的卫律，怕回国受牵连，便向匈奴投降。卫律熟悉汉朝的内情，又有谋略，是匈奴侵略汉朝需要的"人才"。因此，匈奴对他的态度非常好，封他为灵王。卫律的随从虞常虽被迫投降，但心里仍忠于汉朝，总想找机会逃走。这时，汉将缑王在对匈奴作战时被俘，一直有归汉之心。虞常、缑王两人成为知己，密谋杀死卫律，劫持单于的母亲，一同归汉。恰巧苏武使团中的副使张胜又是虞常的好友，虞常便把谋反的计划告诉了张胜，张胜愿意帮助他们。

一个月后，单于出外打猎，家里空虚。虞常、缑王组织七十余人趁机发动。不料被人告密，留在家中的单于子弟首先发动，缑王等人战死，虞常被擒。

单于得知王庭有变，火速赶回，命卫律追查此事。

张胜听说此事后心中惧怕，把内情告诉了苏武。苏武闻言说："事情已到了这一步，一旦虞常供出，势必牵扯到我。我身为汉使，受匈奴之刑而死是对大汉的污侮，不如自杀，以维护国家的尊严！"说罢，便想抽刀自刎。张胜等人急忙拦住他，企图侥幸过关。最终虞常熬不住重刑，供出了张胜。

单于闻供，便要杀汉使。左伊秩訾（zǐ，音紫）劝阻说："处罚了他们，不如强迫他们投降，这既能让汉朝难堪，又可以使他们为我们出力。于是，单于便向苏武等汉使传达了招降的意图。苏武听后大义凛然地说："我是大汉使臣，若是屈节辱命，即使苟且偷生，也无颜面复回大汉！"说完拔刀刺向自己的胸口。卫律等人夺下苏武手中的刀，这时苏武已身负重伤，昏死过去。

单于敬佩苏武的气节，让人把苏武拉回住处，每天派人问候。

苏武的伤势渐渐痊愈，单于劝苏武投降，苏武拒绝。

此后，单于不断对苏武进行利诱和威逼，期望收服苏武。卫律向苏武说："自从投降匈奴，单于大恩，封我为王。如今我有众数万，牛马满山，富贵无比。苏君若降，你得到的远比我还要多。若不答应，白白横尸旷野，又有谁知道你的忠心！"苏武听了指着他大骂："你身为汉朝臣子，叛变背亲，甘降蛮夷，实属无耻之人！以后不必饶舌，告诉单于，苏武只有一死！"

利诱不成，又以死相迫。卫律奉单于之命当着苏武的面审讯虞常和张胜。审讯刚开始，卫律便宣布："虞常叛乱犯有死罪，当斩！"说罢举刀砍下了虞常的头颅，鲜血四溅。卫律又拉过张胜说："汉使张胜，谋叛当斩。但单于有诏，降者赦罪！"说罢举刀在张胜头上晃了又晃。张胜吓得发抖，连说："愿降，愿降！"

卫律又奔向苏武，大声吼叫："副使有罪，正使应当连坐！"说罢举起刀，作势下砍。苏武面不改色，义正词严地说："我与张胜既未同谋，又不是家属，无此连坐之法！"卫律技穷，只好悻悻离去。

单于一心招降苏武，但又见他软硬不吃，便想到："苏武不怕杀头，不为利诱，难道不怕天长日久的折磨吗？"于是他下令把苏武囚在地窖里，不给饮食。苏武在地窖里，饿了就咀嚼身上裹着的毡毛，喝了就伏在地上吞食被大风吹进地窖的积雪，一连多日，苏武竟没被饿死，而且仍表示不投降。

单于无计可施，便把苏武流放到荒无人烟的北海，给他一群公羊让他放，告诉他说："什么时候这群羊生出小羊来，就放你回去！"

苏武到了北海，只有一群公羊为伴。无衣无食，身处绝境。但他毫不气馁，顽强地活下去。为了生存，他掘开鼠洞，拿洞里野鼠储存的草籽充饥。晚上依偎羊群取暖。但是，他始终手握那柄旌节不放。年复一年，旌节上的节旄都掉光了，只余一柄秃杆，他仍握着不放手。他一直不忘自己是大汉使者，不忘生他养他的大汉。几度草青，几度草黄，他仰天望着南飞的大雁，给他的祖国、他的老母妻儿带去他永久的思恋。

后来，单于又派与匈奴作战、战败招降匈奴的汉将李陵去北海劝说苏武投降，李陵的前往是很有说服力的。

李陵是"飞将军"李广的孙子，战斗作风与李广相似，因战功被汉武帝拜为骑都尉。在一次与匈奴的大战中，由于汉武帝的命令失误，造成李陵孤军深入。李陵以五千步兵，与二十倍与己的匈奴骑兵大战十余日，转战千里，杀敌万人，直至箭尽刀折，仍顽强死战。后来，李陵率十余骑兵突围，从者皆战死，只好下马投降。

汉武帝听说李陵投敌，要治他罪。太史令司马迁上书为他辩护，被汉武帝处以宫刑。李陵的母亲、妻、子、兄弟和家族全被处死。

匈奴知道李陵和苏武是挚友，便让李陵去劝苏武投降。李陵讲述自己遭到的不幸和不公，又讲到苏武的两个弟兄也因故自杀身亡。母亲已去世，妻子已改嫁，两个女儿和一个儿子也不知生死。

苏武闻知家音，泣不成声。但他表示：父子兄弟由平民成为将军，全是国家给的恩惠。臣子为了国家，纵是刀斩鼎烹，也在所不辞。无论李陵怎么劝说，苏武忠汉之心丝毫不见动摇，李陵只好退走。

后来汉武帝病死，改昭帝继位，匈奴与汉再度和亲，苏武才被放回汉朝，李陵摆酒为苏武庆贺。始元六年（公元前81年），苏武手持光秃的旌节，率领他的使团一行九人，回到离别了十九年的汉朝，看到他了朝思暮想的长安城。

强项令董宣

董宣，字少平，是陈留郡圉县（今河南省杞县东南）人。他是一位东汉初年敢与豪强势力作斗争的地方官。东汉光武帝刘秀本身是豪强出身，从心里不会支持董宣这样的正直官员，但在董宣的正气压迫下，居然屈服了，并称董宣是"强项令"。

董宣是被征聘出来做官的。由于考核成绩优秀，逐渐升至北海相（今山东省寿光市的地方官）。他到任后，衙门属官是当地一个豪族公孙丹。平日无恶不作，无法无天，地方官无人敢问。

公孙丹同样不把董宣放在眼里。他新盖了一所豪宅，风水先生说屋基不吉，家中会有灾难。公孙丹便叫儿子杀了一个过路的人，把尸首拖来放在宅基上，便可抵挡灾难。

董宣见衙里的属官如此强势，不镇压还怎么做百姓的父母官？于是，立即让手下把公孙丹父子抓起来，经审问二人供认不讳，董宣便立即处决了这两个恶霸。

公孙丹家族三十多人，拿着刀枪前来闹事。董宣对这股恶势力毫不惧怕，命令士兵把他们全部抓了起来。审问之后，也把他们统统处死。

青州刺史认为董宣滥杀人，一面上奏弹劾他，一面查办董宣手下的执行官水丘岑。

董宣因此被罢了官，调回朝廷，由廷尉处治。董宣在监狱里整天读书，一点也不在乎。廷尉办他滥杀，处以极刑。

在提出监狱准备处决时，廷尉属官根据惯例为他置办酒席替他送终。董宣板起面孔严肃地说："我一生从没有吃过别人的酒席，快死的时候更不接受这份贿赂！"说罢，登上囚车就去了刑场。

那次一共处决九个人，轮到董宣时，朝廷使者飞马赶来，传达皇上旨意，特别免了董宣的死刑，命令将他押回监狱。

审理官问他为什么要杀这么多人，董宣说："公孙丹手下的恶势力不除，地方不会清净。公孙丹以前依附王莽，与海盗勾结，不尽快杀了他们，将会出大乱子！"经过一番调查，光武帝下令把董宣降为宣怀县令。

后来江夏郡（今湖北黄冈市境）有大盗抢劫扰乱，光武帝又任命董宣为江夏太守（郡的长官）。董宣到任后发布告示说："朝廷看我专能捉拿刁顽的不法分子，所以才让我这个不够资格的人来做太守。我已经做好了捉拿强盗的准备，希望你们考虑一下自身的安全，赶快决定合适的行动吧！"强盗头子夏喜得到消息，十分害怕，于是自首，群匪全逃散了。

这时，阴皇后的族人阴某做江夏郡尉（郡的次官，执掌军事），董宣不肯趋炎附势，因此又被免去了官职。

后来朝廷又让他做洛阳令。到任后正赶上湖阳公主（当今皇帝的亲姐姐）的恶奴无故杀人。凶手杀完人后躲在湖阳公主那里不出门，官差不敢进去抓人。

董宣就一直在附近等着，他想："你们总有出门的时候。"果然公主出门了，那个杀人恶奴随车伺候着。董宣便去洛阳北门外的万寿亭等着，这里是湖阳公主车子的必经之地。公主的车马到了，董宣立刻拦住车子，走上前去，抽出佩刀指天划地大声数落公主的不是，喊着那个杀人犯的名字，让他下车。杀人恶奴以为有公主在场，董宣不敢怎么他，便下了车。董宣一见，便伸手抓住他，一刀砍下了脑袋！

湖阳公主回到宫里向光武帝控诉董宣，光武帝气愤地把董宣叫了去，想活活打死他。董宣叩头说："请允许我说句话再死！"

光武帝说："你想说什么？"

董宣说："全靠皇帝圣明，才把汉朝复兴起来，如今却放纵家奴滥杀良民，不知今后凭什么治理天下！不用你们鞭打，让我自杀好了！"说着，一头向殿柱上撞去，当即血流满面。光武帝叫小黄门拉住董宣，命令他向公主赔罪，董宣坚决不服从。太监们强迫他叩头，他就用两手撑着地，始终不肯低头。

湖阳公主说："文叔（刘秀的字）做老百姓时候也常常把罪犯藏在家里，官

73

府也不敢拿你怎么样。如今当了皇帝，难道一个小小洛阳令都制不服吗？"

光武帝赔着笑说："当皇帝和百姓是两回事呀！一国之君如不秉公执法，怎么能治理好国家！"于是顺口说："快把这个强项令带出去！"

随后，光武帝让人给董宣送去三十万赏钱。董宣把这些钱分给了手下官员和差役。

自从洛阳出了个"强项令"（即硬脖子，不服软），洛阳城的土豪恶棍再不敢为非作歹，连那些贪官污吏也都收敛多了。

马革裹尸

马革裹尸是个成语，指牺牲在战场上，没有棺木盛验，用马皮把尸体包裹起来。形容英勇作战，死在战场上。这个成语典故出在《后汉书·马援传》，马援曾说："男儿当死于辽野，以马革裹尸还葬耳，何能卧床上在儿女子手中邪？"马援的故事，《资治通鉴》也有同样的记载。

马援，字文渊，扶风茂陵（今陕西兴平市）人。他生活的年代是西汉末年，当时社会动荡，群雄并起。

马援家里贫穷，不得不远离家乡，到大北方种田放牧。他常常慨叹："大丈夫贫困时应磨炼意志，年老了应该更加雄壮。"由于他的艰苦垦牧，几年后就有了几万斛粮食，数千头牲畜。马援有了一定势力，三股豪强割据者都想拉拢他。其中割据陇西的隗嚣是他的同乡，占据蜀中的公孙述是他的同学。二人都对他很好，答应封他为王。

马援先去见隗嚣，见隗嚣能礼贤下士，对自己更是敬重无比，把他留在身边决策大事。他向隗嚣献策，去成都观察公孙述的动向，以便应付。他去了成都，公孙述当时已称帝。见到老同学前来，便大开殿门，让许多卫士排列两侧，迎他进殿。公孙述准备封他为王，一同打天下。马援对公孙述的讲排场很不舒服，便辞别了他到洛阳去找刘秀。

刘秀见马援到来，乐哈哈地起来迎接他，很随便地说："你在两个皇帝之间游荡，一定有了主意了！"马援见刘秀一点儿架子没有，很感动。回答说："乱世中，自称皇帝的可真不少，就你还像个皇帝样！"

汉建武五年（公元 29 年），隗嚣称帝，马援深知他成不了大局，便写信劝他取消称帝，但隗嚣不听劝告。马援上书刘秀，计划打击隗嚣的作战方案，正式

75

投靠刘秀。同时他用粮食堆成山谷河流的模样，展示大军进退的路线。刘秀看后高兴地说："敌人的情况我已清楚了，这场仗我是必胜无疑了！"

不久，在马援的帮助下刘秀平定了隗嚣的割据势力。建武十一年（公元35年），光武帝任命马援为陇西太守。临洮羌人叛乱，马援率步骑三千平乱。一战歼敌数百，夺得马、牛、羊一万多头。羌人万余人归降，使陇西平静。

乌桓、匈奴、鲜卑三方，不断侵扰北部边疆，代郡以东受乌桓的侵扰尤其严重。马援请求率兵攻击，刘秀批准。

乌桓住地接近汉朝边塞，早晨从汉边出发，傍晚就能看到乌桓人的帐篷。马援出塞后，只见当地官府遭到破坏，人民流亡，边境萧条不堪。马援一路修筑城堡要塞，招集百姓返回故乡耕种，同时恢复郡县设置。马援率兵出高柳，巡行雁门、代郡、上谷等地，乌桓闻风逃窜，地方安静。

后来，武陵蛮族进攻临沅（今湖南常德）。马援请求出征。当时他已六十多岁，关武帝不肯批准。马援说："当年廉颇七十多岁尚能出战，我为何不能？"说罢飞身上马，扬刀驰骋。光武帝见状派马援带领中郎将马武等，率领四万人马进剿蛮邦。

当大军到达下隽时，面前出现两条道路。一条近路，但地势险恶；另一条是坦途，但运输线太长。马援的副将主张走坦途。但马援认为兵贵在于速，选择近路；由下隽进军壶头，扼住蛮族咽喉，敌寨不攻自破。经过进一步讨论，大家同意了马援的意见。

然而，当时正值酷热天气，很多士兵患瘟疫而死，马援也患上疫病，但仍坚持指挥行军。终因他年老体衰，没能逃脱灾难，病死军中，应了他"马革裹尸"的豪言凤愿。在马援"马革裹尸"激励下，后来又有多少人舍身赴死，为国捐躯。

贤良帝后

中国历史上确有一些贤良的君王,如大家熟知的汉文帝、唐太宗、康熙大帝等。在他们的努力下,国家出现了被历史颂扬的"治世"或"盛世"。这里介绍的是汉明帝和他的皇后,他们不像唐太宗那样被人熟悉。但妙在他二位皆很贤明,所以形成了东汉初年社会安宁,生产发展和国力由西汉末年的衰落而转入兴盛时期。

汉明帝刘庄是东汉第二个皇帝,由于两汉之间的战乱,造成社会衰落,生产力遭到破坏。东汉初年,需要一个稳定的建设年代,这时幸运的出现了一位贤良治国的皇帝——汉明帝。

史书记载汉明帝从小就很聪明。他父亲光武帝下令清查土地数,地方官员汇报清查情况,只见报表上写着:"颍川、弘农的数字可以作参照,河南、南阳的数字不可以作为参照。"刘秀不明白是什么意思,问地方官,他们也支支吾吾说不清楚。这时的刘庄才十二岁,站在一旁插话说:"这是地方官教手下丈量土地的方法呢!"刘秀仍然不明白,刘庄解释:"河南洛阳是京城,国家大臣居住着,南阳是陛下的老家,皇亲国戚多在那儿居住。他们的土地没人敢查,所以不能作为查田的参照。"刘秀问地方官是不是这样,地方官只好承认是这样。

这说明刘庄小小年纪已注意到了国家大事。后来,刘庄成了太子。他学习刻苦,饱读诗书,又能联系实际。所以,做太子时就端庄大雅,受到百姓尊重。

果然在他继位后便实施一系列治国方略,皆卓有成效。

他严明吏治,把德才兼备的人放到重要位置上。他任命邓禹为太傅,刘苍为骠骑大将军,这一文一武,都发挥了各自的作用。馆陶公主只是要明帝让自己的儿子做个县官,但汉明帝却说:"郎官是一县之长,用人不当,地方百姓便会遭殃!"于是,他赏给公主一些钱财,拒绝了她的请求。

汉明帝是尊师重教的皇帝。做太子时跟桓荣学习儒家经典，登上帝位后仍像小学生一样尊敬桓荣。桓荣去世时，他换上丧服，行拜弟子礼。

在汉明帝的带动下，东汉满朝文武及其子弟都努力学习儒家经典，一时形成了学习风气。汉明帝注意教育自己的亲戚，为外戚樊、郭、阴、马四大家的子弟设立学校，为他们选择老师授课。就连守卫宫门的禁卫官兵，也能通晓《孝经》章句的含义。甚至，匈奴也纷纷派贵族子弟到汉朝学习。

汉明帝吸取西汉外戚专权的教训，严格限制外戚势力，规定外戚不得封侯和干预朝政。他为中兴功臣画像纪念，但因为马援是马皇后的父亲，虽然他功劳很大，也没有为他画像。

外戚犯了法，汉明帝也从不徇私，他的姐夫梁松因诽谤朝廷被捕，尽管他是大功臣梁统的儿子，也还是处他死刑。阴太后的弟弟阴丰犯了杀人罪，虽然阴太后仍健在，也处死了阴丰。

汉明帝更重视发展生产。他一直注意治理水患，疏通江河渠道。直到东汉末年，黄河也没有决口，西汉时期黄淮都是连年决堤的。所以，明帝一朝，粮食连年丰收。史书上称这一历史阶段百姓富足，天下太平。百姓安居，民族关系友好，国家人口增长。这些记述基本属实，没有夸大其词。

汉明帝时，后宫马皇后谦和、谨慎、朴素，种种贤德为天下做出榜样，也是历史上皇后的楷模。有马皇后在后宫作典范，有力配合了前朝。

马皇后是伏波将军马援的女儿，光武帝时被选入刘庄的太子宫。马氏自幼受到良好的教育，入宫后待人和蔼，宫中上下无不对她称赞。马氏当上皇后更加谦和庄重，母仪天下。她总是穿着粗布衣服，嫔妃和宫女看了开始还笑她。但是，见她一直那么自然、谦和，后来不仅都尊重她，也学着她的朴实。一时间，后宫形成了朴实的好风气。

马皇后没有儿子，她异母姐姐的女儿贾氏也被选入宫中，生下皇子刘炟。汉明帝劝马皇后抱养刘炟，还说："儿子不一定要亲生，只怕做母亲的抚养不周到。"于是，马皇后抱了刘炟，全心全意抚养，在马皇后的教育下，刘炟也养成了淳朴、笃厚的好品格，而且母慈子孝，母子一直亲密无间，和亲生亲养无一丝不同。

马皇后质朴厚道，但也不乏才识，她是汉明帝的贤内助。

汉明帝的兄弟楚王刘英密谋反叛。汉明帝穷究刘英党羽，受牵连的人越来多。马皇后经过一些了解，知道其中有不少冤案，可是朝廷家法不许后宫过问前朝的政事。所以，马皇后只能心里着急。

当时，天气大旱，汉明帝既为刘英的案子发愁，又担心天旱毁了庄稼。马皇后便用"天象示警"规劝汉明帝，让他放手继续追查，并释放那些无辜的嫌犯。于是，汉明帝亲自查问案情，一天就释放了一千多人。囚犯走出大牢，天空立即阴沉，随后便喜降大雨，解了旱情。接着，汉明帝下诏不再追究刘英案件，自己的心情也立刻轻松下来。

此事让汉明帝知道马皇后的政治才能，之后便经常把朝中的疑难问题带回后宫，让马皇后参谋。马皇后果然都能分析原委，提出有效办法，从而为汉明帝提出了不少建议。对汉明帝的重大举措，马皇后都能配合，例如她从来不提娘家的私事，汉明帝非常尊重她。

明帝去世后，太子刘炟即位，即汉章帝，马皇后被尊为太后。

汉章帝非常孝敬马太后，他根据汉朝制度，封太后的三个兄弟为侯爵，但马太后坚决不答应。而一些大臣趁机讨好马太后，联名上书要求皇上封马太后的三个兄弟。

马太后便引证前朝的教训说："汉武帝时外戚窦婴、田蚡荣宠身贵，横行不法，倾覆之祸，千夫所指。先帝生前吸取前朝教训，限制外戚干政，禁止他们封侯。我身为太后，要为天下做出表率。我不能让亲戚们重蹈前朝覆辙！"

马太后还让皇帝下诏，禁止马氏家族因私事请求地方官。母亲死了，她觉得坟堆得太高，下令削低。家族中有人生活奢侈，衣着华丽，她就把这些亲戚除名，不承他们是亲戚。因此，汉章帝一朝外戚的廉洁之风比汉明帝时还好，没发生外戚干政的事。

班超出使西域

大家常说的"投笔从戎"指的就是班超。

班超是陕西咸阳人，出身书香门第，父亲班彪、哥哥班固、妹妹班昭都是中国古代的历史学家。为了生计，他也曾给官员抄书赚钱养家。班超感叹："大丈夫应该像傅介子、张骞那样立功异域，以得封侯，怎么能长期在笔砚间劳碌呢！"

恰在此时，汉明帝派使去往西域，重新建立已断绝多年的外交关系。

原来，东汉初年因匈奴的势力强大，征服西域的大部分地区，切断了丝绸之路，导致东汉与西域断绝关系。永平十六年（公元73年），汉明帝派车都尉窦固率兵攻打匈奴，班超则"投笔从戎"，跟随北征。为联合西域各国共同讨伐匈奴，汉明帝同时派人出使西域，班超又报名应征出使。他以代理司马的身份出使，随行的有从事郭恂等三十六人，他们是从窦固的军中出发的。

出使的第一站是鄯善国。国王对他们非常热情，礼数周到。可是没过几天却又冷漠起来，似乎不敢再接待他们。班超感觉很奇怪，就问手下："你们有没有觉得，鄯善王这几天在有意躲着我们？"

手下不以为然，回答道："西域就这样，变化无常，让人捉摸不定！"

班超说："没有这么简单，有可能是匈奴的使者也来了，让鄯善王左右为难了。"

班超在侍者毫无防备的情况下突然发问："匈奴使者来几天了？现住哪里？"

使者没有思想准备，随口答道："已来三天，住在离此二十里的地方。"

班超随即把三十六人召集到一起说："匈奴使者来到三天，鄯善王就这样怠慢我们。如果鄯善王态度大变，与匈奴勾结对付我们，我们将死无葬身之地。你们说该怎么办吧？"

部下一致回答："我们既然处境危迫了，愿与您共生死！"

班超说："不入虎穴，焉得虎子。现在只能先发制人，趁夜前往匈奴使者的驻地，把他们杀光，这样鄯善王就没别的选择了。"

有人说："应该同郭恂商量一下再说。"

班超说："生死就在今晚，郭恂是个文官，他胆小又谨慎，万一他不同意便会走漏消息，那我们就死定了！"大家见班超态度坚定，便说："一切听您指挥！"

班超率队向匈奴使者的驻地前进，当晚刮着大风，正好行动。班超让十个人手持战鼓，潜在匈奴使者的帐房后，叮嘱他们："看到火起便擂鼓呐喊！"他又让其余的人埋伏到营门两侧。

班超带着几个强干的手下快速接近匈奴使者的帐房，趁着大风点燃了帐房。大火一起，只听鼓声雷动，半夜里喊声震天。匈奴不知对方来了多少兵马，便惊慌失措，乱成一团。

匈奴总计一百多人，当即被杀三十多个。其余一百多人全部被烧死。

回到驻地，郭恂听闻此事大惊失色，但事已至此，也只能按班超的计划行事。

班超手提匈奴使者的首级，给鄯善王分析当前的形势，使得鄯善王发誓再不与匈奴来往，还把儿子交给班超做人质。

同年，汉明帝任命班超为正使，出使于阗国。临行前窦固提出让班超多带些兵马，班超说："于阗是个大国，即使带上千百人马也显示不出我们的强大。遇到危险，人多了反成累赘！"所以，仍带原来的三十六人。

于阗国在西域南部算是个大国，国王见到班超一行，态度很冷漠。

该国盛行巫术，国王也听巫师的。巫师听到汉朝使者到来便对国王说："天神发怒了，责备我们同汉朝结好。汉朝使者带来了一匹黑嘴黄马，快去取来做祭品！"

国王派向班超取马。班超侦知底细，便爽快地答应献马，但要巫师亲来取。不久，巫师真的来了，班超当即砍下了巫师的首级，提着来见国王，严厉警告他说："如果胆敢勾结匈奴侵扰我国，这就是你的下场！"于阗国国王吓得魂飞魄散，立即杀掉匈奴使者，表示已归附于汉朝。

接着，班超又到达疏勒。废掉由匈奴扶立的兜题王，扶前疏勒王的侄子为王。

从此，西域各国恢复了同汉朝的关系，纷纷派使归附汉朝，使阻塞几十年的关系重新建立。

班超在西域三十多年，几乎在没有汉朝军队的帮助下，制服了西域，使臣服汉朝的西域国家，最多时达到五十余个。

节烈将领耿恭

汉明帝永平十七年（公元74年），奉车都尉窦固率兵在蒲类海边大败北匈奴的部队，使脱离汉朝多年的车师国重新归附汉朝。

为了稳定西域，汉明帝同意了窦固的建议，重新设立西域都护。于是，任命陈睦为都护，耿恭为校尉，屯驻车师金蒲城（今新疆吉水萨尔县），仅有数百名防卫兵士。耿恭当时只是个中级军官，后来才封将军的，此处是泛称。

北匈奴不甘失败，见汉朝大军已撤走，便派两万骑兵大举进攻车师国。耿恭在兵力极少的情况下，派出三百人前去支援，结果全部战死，匈奴乘胜深入车师国，杀死车师国国王，逼近耿恭驻守的金蒲城。

两万多敌兵如黑云压城，形势万分严峻。换成一般将领，早已被形势震住。但作为身经百战的耿恭，却毫不畏惧。他是东汉开国勋臣名将耿弇之后，他表示绝不辱没将门，更不辱没大汉朝。即使牺牲，有死而已，决不低头。

他命令士兵在箭头涂上药物，对着蜂拥而上的匈奴兵高呼："我们汉兵用的是神箭，中箭的人会全身溃烂而死！"果然，中箭者伤口很快溃烂，万分痛苦地死去，使匈奴兵不敢再进攻。耿恭趁机猛烈进攻，打得敌人纷纷逃走。

耿恭知道敌人还会进攻，他把部队向疏勒城转移。疏城地势险要，易守难攻，同时水源比较充足。

这期间，因疏勒城可能遭到攻击，各地的汉兵向这里集中，兵力达到数千人。

当年七月，匈奴进攻疏勒城。耿恭先发制人，出城迎头痛击立足未稳之敌，取得大胜。

敌人几度吃亏，便从城外切断了水源。气候炎热，士兵严重缺水，连臭气熏天的马粪，都弄来挤汁饮用。耿恭带人在城里寻找到了水源，有了清水，战士们斗志兴旺，匈奴以为有神助汉兵，只得撤走。

但是，大局对耿恭愈加不利。汉明帝驾崩前，朝中一时忙乱，无暇顾及西域。于是，匈奴趁机策动西域焉耆和龟兹叛汉，联合进攻汉朝在西域的驻军。随后，车师国也再度叛汉，与匈奴一起进攻耿恭。

由于得不到汉朝的后继支援，几个月下来，耿恭的几千名士兵只剩下几十人，粮食也吃光了。为了继续守城，耿恭把城里能吃的都吃了，连刀剑鞘，盔甲上的皮革都煮了充饥。

汉章帝建初元年（公元 76 年），汉朝局势稳定后，便派兵援救西域的驻屯军。酒泉太守段彭率军进击车师，在交河打败匈奴。车师国再度归附汉朝。

当范羌带着援军到达疏勒城时，人们看到的是一座被大雪掩埋的死寂孤城。当耿恭辨识出城外是援军到了，为汉军打开城门。剩下守城的汉军只有二十六人，如同一具具骷髅。援军无法想象，这些风都能吹倒的二十六人，却挡住了敌人几万大军。

耿恭率领着二十六人回朝，一路上又多次遇到匈奴兵，他们边战边走，到达玉门时，只剩下十三人。当耿恭一行十三人回到洛阳后，城中官民无不为他们的忠心所感动，汉章帝钦赐耿恭为骑都尉，其他的战士也都受到嘉奖。

女性史学家班昭

女性在封建社会一般没有读书的机会，在某些文化领域有成就的就更有限。不过，有些受家庭影响，或在家随父兄读书的女性就得到了学习的机会，在文学、音乐等方面很有成就。班昭就是在家庭的教育和影响下出现的一位史学家，她也是中国古代第一位女性史学家。

班昭的父亲班彪就是史学家；大哥班固是《汉书》的作者，是与司马迁齐名的史学家；二哥班超也是个文人，后来"投笔从戎"随军去北方征讨匈奴，不久又出使西域，成为继汉朝张骞之后又一位出使西域的外交家。班超就是在这样的家庭中长大的，也成了一位才女。

女性读了书也不能求取功名，所以班昭十四岁就出嫁了，丈夫是同郡人曹寿。婚后，二人感情很好。可是，好景不长，他们的儿子才出世，曹寿就因病去世了。

汉朝是一个封建思想很浓重的时代，春秋战国时，百家争鸣，思想活跃。汉武帝时出了个董仲舒，提出了一系列钳制人们思想和行为的封建专制信条，尤其对女性的要求，既烦琐又严格。

班昭生在书香名门，很早就守了寡。因此，受圣贤书的影响尤其深重，做节烈女子便成了她的理想。所以，班昭在《仪礼》的基础上，又编写了《女诫》一书，让妇女都做到恭良贤惠。这本书讲述了女人一生谨记的各方面言行举止，包括夫妇、敬慎、妇行、曲从等方面。这本书被社会广泛抄写，流行开来。

汉和帝永元四年（公元 92 年），汉和帝在宦官郑众等人的帮助下，发动了宫廷政变，很快铲除了外戚窦氏集团，逼死掌握军政大权的大将军窦宪。班昭的哥哥班固平日与窦宪往来较密切，受牵连入狱，后来死在狱中。

班固和父亲同为汉朝的史官，《汉书》在班固的努力下，已经编成一大部分，别的人很难继续写下去。于是，班昭便承担了这一历史任务，接替哥哥编写《汉书》。

班昭得到皇帝的批准，可以去东观藏书阁去阅览典籍。她在这座皇家图书馆里可以找到第一手材料，所以编写起来得心应手。

她把父亲和哥哥已写过的内容做了校对，有的内容做了调整，同时进行了补写。经过多年呕心沥血的调整和编写，一部伟大的史书《汉书》在她的努力下完成了。

为了让这部史书得到普及，汉和帝令当时著名的学者马融跟随班昭学习，还把班昭请进宫中，给皇后和妃子当老师。

汉和帝驾崩后，邓太后临朝听政，班昭以老师的身份参与机要。但是，班昭做人一直很谨慎，终生遵守自己编写的《女诫》。她的儿子仅做地方小吏，二十多年不升职，她也不为儿子请命。班昭在宫中也一直谨言慎行，至死都是如此。

尽管那时宫廷一直动荡，外戚与官员斗争激烈。邓太后去世后，她的娘家被灭族。但是，为邓太后出谋划策的女师班昭却一直安然无恙。这可能是她从历史中汲取教训，远离政治风波的原因吧。

恃宠而骄，身败名裂

历史上一些有功劳的大臣，恃功恃宠而骄，变得贪赃枉法，无恶不作。最终招来横祸，身败名裂，成为历史的惨痛教训。东汉时的窦宪一家便是典型。

贤良淑德的马太后死后，窦皇后正受汉章帝宠幸。他废掉太子刘庆，立刘肇为太子。汉皇帝只做了十余年皇帝就病死了，当年刘肇才十岁，窦皇后被尊为太后。窦太后把持朝政，扩大了窦家的势力。

她让哥哥窦宪担任侍中，掌握朝廷机密，发布诏命；弟弟窦景、窦环担任中常将，掌握朝中文书；弟弟窦笃是虎贲中郎将，统领皇帝的侍卫。这样，国家的显要职位尽由窦氏把持。

窦氏一门恃宠而骄，把持了汉朝军政大权，但他们在打击匈奴的战场上，立有大功，尤其是窦宪，却有军事才能。

汉和帝永元元年（公元89年），南匈奴请求汉朝出兵，联合讨伐北匈奴。窦太后任命窦宪为车骑将军，出击匈奴。

窦宪集合三路大军在涿邪山会合。然后派校尉阎盘，司马耿夔、耿谭率兵一万，去进攻北匈奴稽洛山大营。结果大败匈奴，单于逃脱。窦宪则亲率大军乘胜追击，一直追到私渠北海。斩杀敌兵万余人，有二十多万匈奴来降，并获取牲畜一百多万头。

窦宪一直进攻到塞外三千多里的燕然山，登到山顶，让班固在大石上刻下自己的功劳，才返回京师。而且，窦宪继派司马吴汜、梁讽去追降北匈奴单于。吴、梁等人一路追赶北匈奴单于，一路都有大批匈奴人来归附。后来在西海，终于追上了北匈奴单于。劝他归降汉朝，保全国家。北匈奴单于穷途末路只好投降，并派王弟跟梁讽去洛阳进贡，并留在了汉朝。

窦宪大败北匈奴班师回朝，窦太后封他为大将武阳侯，给二万户食邑。

永元三年（公元91年），窦宪又派校尉耿夔、司马任尚率兵北进，打算消灭北匈奴。在金微山大败北匈奴，斩杀五千多人，北匈奴单于逃走，北匈奴灭亡。

窦宪因为他妹妹是得宠的皇后，恃宠骄纵，连亲王和公主都怕他。

窦宪看中了沁心公主的一片庄园，便强迫她转让，公主害怕他，以极低的价格将庄园卖给了窦宪。后来这件事被皇帝知道了，把他叫来训斥了一顿，窦宪才不得不把庄园还给公主。

他虽然受到皇帝的责备，但恶性不改。汉明帝时，韩纡曾依法审理过窦宪父亲窦勋的案件，窦宪便派人把韩纡的儿子杀死，还公然用人头祭祀窦勋的坟墓。都乡侯刘畅祭吊驾崩的汉章帝，被窦太后召见了几次。窦宪因心生嫉妒，居然将刘畅暗杀，还诬陷是刘畅的弟弟刘刚杀的。

后来，窦宪大败北匈奴立了大功，更加不可一世，由恃宠而骄转为恃功而傲。他任用耿夔、任尚、邓叠、郭璜为心腹，总揽朝政，控制地方。他们搜刮百姓、贪污受贿、无法无天。尚书仆射乐恢为官正直，他检举了窦宪任命的贪官污吏，却遭到窦宪的陷害，被迫自杀。

窦氏家族在窦太后和窦宪的放纵下，无法无天如同强盗，他们白昼抢劫、奸淫，连商人都不敢出门经商。他们豢养了大批刺客，用来暗杀那些反对他们或可能危害他们利益的人。

窦氏家族住宅豪华，楼馆错落，府邸相连，可与皇宫相较。

窦氏权力无限膨胀，跋扈恣肆，连皇帝都想杀害。和帝永元四年（公元92年），窦宪伙同党羽邓叠、郭举、郭璜等人策划杀害汉和帝。他们的阴谋被发现后，汉和帝在宦官郑众的帮助下，一举将他们的阴谋粉碎，杀死了叛乱者。

接着，汉和帝收缴了窦宪的大将军印，又强迫他和他的三个弟弟自杀，最终落了个身败名裂的下场。

虞诩计败羌兵

虞诩，字升卿。自幼父母亡故，和祖父母相依为命，他家境虽贫寒，但聪明好学，也有做大事的志向。或者说他的志向和祖父虞经有关系。祖父一生做狱吏，曾说："东海人于公把闾里的门修建得比较高大，结果他的儿子于定国官至丞相。我公平判决诉讼案件六十年了，子孙们难道不能当九卿吗？"因此，给孙子虞诩取字叫升卿。

祖父母去世后，虞诩被征调到太尉李修府中任郎中。汉安帝永初四年（公元110年），羌族人兵扰并州和凉州，李修召集众臣商量对策，大将军邓骘说："国家连年战争，各地的兵力已不足，不如放弃凉州，集中力量应付北方的边患。"

大家多同意邓骘的建议。

虞诩则说："凉州决不能放弃，放弃了凉州，这里的百姓要受背井离乡之苦。说不定他们会立即聚众叛乱，后果很严重。从战略上说，放弃了凉州，三辅就成了边塞，连皇家的陵墓也要暴露在外了，我们如何对得起先帝呢！"

李修点头称赞，问虞诩有何良策。

虞诩说："现在必须先办的，是要安定凉州百姓的情绪，让他们知道国家不会丢弃他们不管，凉州决不会放弃。现在马上任命凉州有威望的豪杰做属吏，让他们去安定民心。"

李修赞同这个建议，立即召开太傅、太尉、司徒、司空四府会议，商量落实虞诩的建议。

邓骘因放弃凉州的建议未被采纳，便对虞诩怀恨在心，想寻机会加害他。恰在这时朝歌县发生了叛乱，宁季等数千人造反。邓骘便提议任命虞诩做朝歌县令，想借匪徒之手除掉他。

消息传出，虞诩的朋友都上门慰问，表示为此去忧虑。虞诩却自信地说："做事最糟的怕是畏惧困难了，斧子锋不锋利，只有遇到难砍的树时才能显示出来。如今，我建功立业的机会来了！"

虞诩一到任，便去拜访太守马棱。马棱说："你是位饱读诗书的文人，怎么跑到朝歌这种盗匪窝里来了？我很为你担忧啊。"

虞诩听了自信地说："这儿的盗匪都是生活所迫，为寻求饱暖的乌合之众，没什么可担忧的。"

随后，虞诩开始实行他的剿匪计划。

他先召集了一百多名罪犯，赦免了他们的罪，派他们混入叛匪的队伍中，诱使叛匪抢劫，官府则设下埋伏等候，一举消灭叛匪几百人。

同时，虞诩还招来一些裁缝，让他们给叛匪制作衣服，在衣服上留有暗记，叛匪穿上留有暗记的衣服，在集市或街巷里一露面便被捉拿，叛匪们都认为有神灵帮助官兵，吓得四散。朝歌县的叛匪很快就平定了。

汉安帝元初二年（公元 115 年），羌人进攻武都，来势凶猛。临朝执政的窦太后听说虞诩很会打仗，就任命他为武都郡的太守。

虞诩率三千士兵赶往武都。羌人听说虞诩厉害，不敢贸然出击，便守在陈仓的崤山，悄悄观察虞诩的情况。

虞诩侦知敌人的动向，也放出风去，等朝廷派来援兵再说。羌兵不知是计，便放松了警惕，并分头去往各县城抢劫。虞诩趁羌兵分散，抓紧向武都方向奔驰。为了迷惑敌人，故意增设了锅灶，让羌人以为兵力很多的样子。

有的军官问他："战斗即将打响，每天行军不能超过三十里，以便保存体力，防备不测，而我们现在每天行军二百里。这违反了常理啊。"

虞诩回答："敌人的数量远超过我们，我们快行军他们便不知我们的底细。我们向敌人显示强大，他们才不敢轻举妄动。所以，打仗要看形势，不能死守兵法常规。"

虞诩到达武都后，仍然不断诈敌。他集合全部兵力，命令他们排成长队，大摇大摆地先围城转一圈儿，从北门入城。进城后改变服装，从一个城门出去，从另一个城门进来，一天反复好几次，第二天仍旧这么走出走进，改变服装。羌兵见汉兵每天都有不同服装的军队进出城门，不知汉兵究竟有多少人，因此产生了恐惧心理，军心动摇。

敌人只是围而不攻，犹豫不决。虞诩则组织部队主动出击，不断取得胜利。

开始时虞诩只让部队使用小箭，羌人看到这些小箭力量微弱，伤不到他们，便大胆冲到城下登城。此时，虞诩命令强弩集中射击羌兵，羌兵大量死伤，纷纷逃窜。虞诩乘胜大开城门，率领部队猛烈攻击，打得羌人溃不成军。

虞诩打退了羌兵，召集流民，赈济贫苦，开通运输线，武都地区逐渐安定下来。刚到武都时，全郡仅有一万多户。三年后增加到四万多户。起初粮盐不足，谷米每石千钱，盐价八千钱。三年后粮价降到每石八十钱，盐价四百钱，武都遂称富裕。

关西孔子杨震

杨震，字伯起，华阴人。由于他勤奋好学，通晓儒家经典，因此被尊称为"关西孔子"。

杨震只授业讲学，宣讲儒家经典，不愿做官。他教了二十多年书，拒绝了很多次征召，到了五十多岁才应聘做官。

先是为大将军邓骘招募，做他的幕宾。后任荆州刺史、东荣太守，又升任司徒、太尉。

杨震做官全照儒家信条行事，他公正廉洁，生活简朴，没有豪华住宅，更不置产业，不坐车骑马，吃粗粮和蔬菜。在他的影响下，家眷子孙全都这么做。有人劝他为子孙考虑，还是置办些产业，杨震说："让后世知道，我的子孙是清贫官吏的后代，这样的美誉要比产业丰厚多了！"

杨震从来不接受不义之财，他在东莱任职时，路过昌邑县（今山东巨野东南），经他举荐任官的昌邑县令王密，为感谢他的举荐之恩，半夜里拿上十斤黄金悄悄送到杨震所住的驿馆。

杨震十分生气，拒不收礼。王密以为他是怕人知道，再三说："绝不会有人知道此事。"杨震义正词严地说："天知，地知，你知，我知，怎能说没人知道呢！"说完把金子摔在地上，王密惭愧地离去。

杨震不仅洁身自好，还力图肃清腐败的官场。江京曾迎汉安帝入宫即位，被封都乡侯。他与黄门令刘安、中常侍樊丰、汉安帝的乳母王圣及他的女儿伯荣等，相互勾结，为非作歹，生活极为腐化。

杨震升任司徒后，便上疏揭发他们罪行。

安帝的乳母王圣和他的女儿伯荣总做串通贿赂的勾当，杨震要求皇帝把王圣逐出宫外，切断同他女儿的联系。

汉安帝把杨震的上疏交给王圣等人传看，使王圣一帮不法分子对他大为恼恨。

朝阳侯刘护的堂兄先与伯荣通奸，继而娶她为妻，靠着这种关系升官至侍中，还继承了刘护的爵位。杨震又上书揭露："臣看到陛下颁布的诏书，令已故的朝阳侯刘护的远房堂兄继承刘护的爵位。按照常规，父死子继，兄死弟承。可现在刘护的弟弟刘威还在人世，刘护的爵位应由刘威继承。他的堂兄毫无功德，却先借自己娶了皇上乳母的女儿，便官运亨通，又是升官，又是封爵，大家都在议论纷纷，陛下应以史为鉴，遵从帝王的制度啊！"

汉安帝看了他的奏章很不高兴，没有答应他的请求。

杨震做了太尉后，大鸿胪耿宝受中常侍李闰之托来见杨震，向他推荐李闰的哥哥。见面后便说："我来是传达李常侍的意思。李常侍正受皇帝宠信，想让他哥哥当官，还请太尉……"

杨震不等他把话说完便说："不必多言，皇上要征召官员，会让尚书发出征召的赦令，我没有这个权力！"让耿宝硬是吃了闭门羹。不久，执金吾阎显又向杨震推荐自己亲近的人，也被杨震拒绝。司空刘授听说后，便征召了这两个人做自己的下属官，这些人都极为怨恨杨震。

汉安帝又下诏书为王圣大修宅邸，中常侍樊丰，侍中周广、谢恽等借机兴风作浪。杨震又多次上书揭露此事的弊害，但汉安帝就是不听。

樊丰等人见皇帝不听杨震的上书，更加无所顾忌，甚至伪造诏书，征缴钱粮、木材，大修豪宅。

此时，赵腾上书揭发樊丰等人的罪行，批评朝廷。汉安帝愤怒，逮捕了赵腾，杨震上书营救赵腾，汉安帝不听。下诏把赵腾处死，尸体在街头示众。

在汉安帝离京时，太尉部掾高舒调查樊丰等人的罪行，尤其得到了他们伪造的诏令。于是，杨震再度把他们的罪行写成奏书，等汉安帝回京上奏。樊丰等人大为惊恐。

为了保全自己，汉安帝一回京，樊丰等人便一同诋毁杨震，说他跟赵腾是一伙的，对朝廷怀有私怨。

昏庸的汉安帝听后大怒，立即缴了杨震的太尉印信，遣送回原郡。

行前，杨震对儿子和学生们说："我蒙受皇恩身居高位，既不能惩罚奸臣，又不能禁止恶人作乱，还有什么颜面活下去！我死后不要祭祀我，也不要把我归葬祖坟！用一口劣等棺材，用单被包裹，仅够盖住身子就可以了。"说罢服毒自尽。

樊丰等人仍不解恨，还令地方官在陕县拦住杨震的灵车，把棺木暴露在大道旁，并责罚杨震的儿子们为驿站传递文书。

由于东汉末年的皇帝昏庸，社会黑暗，一代明臣竟招致如此下场。

张纲招安

昏庸的汉安帝刘祜死后，汉顺帝刘保继位。当时朝廷大权掌握在外戚梁氏家族手里，梁皇后的父亲梁商刚死，梁冀就继承了父亲的爵位为大将军，梁冀的弟弟梁不疑是河南尹。他们都是凶恶如豺狼的人，纵使飞扬跋扈、无法无天，也很少有人敢揭发。

按照惯例，新朝伊始都要派遣官吏视察各州县，体察民情，考察地方官员的政绩。

汉安元年（公元 142 年），东汉朝廷派出以侍中杜乔为首的八位使者，其中张纲也在使者行列。

张纲，字文纪，犍为郡武阳（今四川彭山县）人。他是西汉初留侯张良的后人。张纲年少时勤奋好学，注意气节修养。主管教化的司徒知道他品学兼优，便推荐他做御史。

使臣们接受了使命便迅速出发了，但张纲却不肯动身。只见他气愤地说："如今豺狼当道，居然还有心思去过问狐狸？"于是他上书揭发梁氏家族的恶行，列举大将军梁冀、梁不疑目无君王，贪赃枉法的十五条罪状。

汉顺帝知道张纲揭发的全是事实，但因梁家势力布满朝廷，梁皇后正在受宠，并未采纳他的上书。

使者们去了各地方巡查，他们弹劾的地方官，多数也是梁家的同党，所以弹劾案都被放在一边。接着，新任大将军李固、御史种暠、廷尉吴雄等也同时上书，强烈要求惩办使者揭发的不法官员。汉顺帝这才把使者们上报的奏章交给有司审查。

由于张纲触犯了梁氏家族的利益，梁冀对他十分痛恨，一心想找机会除掉他。

当时，广陵郡发生了叛乱，朝廷多次派兵镇压都无功而返。于是，梁冀推荐张纲做广陵郡太守，让他负责剿匪。其实，梁冀的阴谋张纲一眼便看得出，是要借叛乱者之手杀害自己。

但张纲没有拒绝，欣然接受了任务。

张纲去了叛匪的大营外，要匪首张婴出来见面。张婴听说新任太守到了大寨，赶紧命令紧闭寨门，加强防卫。手下告诉他，没见新任太守带兵，只乘了一辆马车而来。张婴怕后面还有大兵随之而到，但探子告诉他不见再有随从，更无军队。张婴这才到了营寨前，他见张纲态度谦和，不像有诈，便出寨相见。

见面后张纲请张婴上坐，耐心交谈。张纲开导他说："现在许多官僚贪婪、残暴，逼得百姓造反，可如今皇上仁爱，不想对你们动用武力，才派我来安抚你们，这是你们转祸为福的好时机，如果你们听了我说的道理后仍不归附，等到皇帝发了怒，调来荆州、扬州、兖州、豫州的大兵，你们再想归附都不可能了。我看你是个明白人，应该怎么办，相信你心里清楚。"

张婴听了张纲一番教导竟泣不成声，流着泪说："我们只是些村野愚民，不堪忍受压迫又无法与朝廷沟通，才聚在一起的。以前来的太守，都是带兵攻打我们，更不讲道理，我们也只能抵抗。今天听到您的开导，这真是我们重新找到活路的大好机会啊！"

经过协商，第二天张婴便开寨投降，共计一万多人，就这样张纲兵不血刃，平定了广陵郡多年的叛乱。

张纲做广陵郡太守一年多就去世了。张婴等被招安者前来为他送葬，到场的多达五百多人，为了表彰张纲的功绩，朝廷封他的儿子张续为郎中，还赏赐了一百万钱。

跋扈将军梁冀的下场

大将军梁冀经过东汉顺帝、冲帝、质帝、桓帝四朝。梁氏一族控制了朝廷和地方。他骄横跋扈，皇帝不过是他的傀儡罢了。

汉顺帝一直做傀儡，死后汉冲帝即位。当时这个皇帝只有两岁，不到半年便夭折了。梁冀又在皇族中找了个八岁的孩子接班，他便是汉质帝。

汉质帝年纪虽小却很聪明，看不惯梁冀跋扈的样子。一天在满朝文武面前，指着梁冀说："诸位都看到了吗？这个人可是个跋扈将军啊！"

梁冀气得咬牙切齿。但他毕竟是皇帝，在百官面前不敢把他怎么样，但他决心谋害汉质帝，另立新君。

一天梁冀让人把放有毒药的汤饼送给汉质帝。汉质帝吃后毒性发作，急忙派人把自己的亲信大臣李固召来。李固询问病因，汉质帝说："我刚才吃过汤饼，觉得肚子疼，给我点水喝，可能还能活。"梁冀就在旁边，阻止说："恐怕要吐，不能喝水。"李固等人不敢擅自给皇帝喝水，汉质帝很快就死了。

汉质帝被梁冀害死后，他又让十五岁的刘志继位，这便是汉桓帝。新君登基，增封大将军梁冀食邑一万户，连同原来的食邑，共计三万户。梁冀仍然掌握着朝政，因资格老更加跋扈。

他兴建豪华住宅，金银财宝堆满住宅。他还在各处修建园林，园林中堆积假山，开挖池塘。园林内树林茂盛，林涧流水淙淙，各种珍禽异兽在林中自由飞翔、奔跑。梁冀一家在园林里游玩，豢养的歌舞艺人载歌载舞，纵情欢娱，夜以继日。

梁冀还公然强抢民女，抓来几千个良家女子充当奴婢。看到谁家有钱财，便栽赃陷害，把他们逮捕，严刑拷打，让他们出钱赎罪，不愿出钱者便被害死。

一个叫孙奋的扶风人，家里很富有，梁冀决心霸占他的财产。向他借五千万钱，孙奋只给三千万，梁冀便派人告到郡县，诬告孙奋的母亲是梁冀家的婢女，曾偷他们家白珍珠十斛、紫金一千斤后逃走。于是，官吏把孙奋逮捕拷打至死，没收了他家的全部财产，总计七千多万钱。

梁冀派手下到全国各地征求奇珍异宝，他们四处横征暴敛，抢占百姓的妻子、女儿，无恶不作，弄得百姓怨声载道。

梁冀把持朝政二十年，汉桓帝本人都不能参与朝政，汉桓帝对梁冀的跋扈早已忍无可忍。梁冀又要杀皇帝宠爱的贵人，于是汉桓帝便联络单超等五个跟梁冀有仇怨的宦官，趁梁冀没有防备发动羽林军一千多人，包围了梁冀的住宅。

梁冀见反抗无望，便自杀身亡。梁家和他妻子的孙氏家族全部被抄家斩首。汉桓帝抄没他的财产，价值总计三十多亿钱。

汉桓帝把单超等五个宦官都封为侯，史称"五侯"。从此，东汉政权从外戚手里转到宦官手中，祸乱仍旧不断。

党锢案

东汉后期，出现了外戚和宦官交替专政的局面，封建统治腐朽，社会黑暗。

延熹二年（公元159年），汉桓帝依靠宦官除掉了跋扈将军梁冀。事后封单超、徐璜、具瑗、左悺、唐衡为"五侯"。从此东汉政权由外戚把持转变为宦官执掌，宦官和外戚梁冀一样胡作非为，骄横跋扈。当时，人们编成顺口溜揭露他们说："左悺有回天之力，具瑗是唯我独尊，徐璜威风如卧虎，唐衡势力像大雨。"

"五侯"势力越加庞大，他们竞相修建宅邸，任命亲信做官，搜刮百姓，暴虐残忍，使社会十分黑暗，民不聊生。

这时，出现了一批知识分子，他们不怕迫害，出来与宦官恶势力做斗争，原来这些知识分子是通过察举、征辟的正规渠道进入仕途（那时还没有科举考试制度）。现在，宦官当政都是通过关系任用官员，从中央到地方的官僚机构完全被宦官控制，这些知识分子曾编歌谣揭露："举秀才，不知书，察孝廉，父别居；寒素清白浊如泥，高第良将怯如鸡。"他们纷纷议论朝政，形成一股巨大的议论风气，时称"清议"。

由于"清议"蔓延，使京师的"太学生"多参加到揭露宦官独裁专制的政治风潮中。一些清正的官员，也受"清议"影响，投入到反对宦官的运动中，如太尉陈蕃、司隶校尉李膺、南阳太守王畅，都是反对宦官的官员。太学生们颂扬这些清正敢言的官员说："天下楷模李元礼（李膺），不畏强暴陈仲举（陈蕃），天下俊秀王叔茂（王畅）（《后汉书·党锢列传》）。"

李膺任司隶校尉以后，有人向他告发宦官张让的弟弟、做县令的张朔贪污残暴、品行恶劣。李膺利用手中之权查办张朔，张朔躲到了张让家里。李膺则带着手下去张让家搜捕，结果在夹壁中搜出张朔，当即捕拿审讯。经过审问查实，落实了他的罪行。李膺怕把张朔送到朝廷，会被宦官们庇护，便把张朔拉到当街处死，因此李膺的声名高涨。

不久，一个叫张成的方士跟宦官来往，打探朝廷机密。他从宦官侯览那里得知朝廷即将大赦天下，便让儿子把与他有仇的人杀死。李膺得知后把张成父子抓了起来。

恰在此时，朝廷大赦天下的诏书下达。张成得意地说："皇帝的诏书下达了，不相信李膺不放我们出去。"

李膺听到这话跟手下说："张成是知道了皇帝的诏令要下达，才故意让儿子杀人的。这大赦轮不到他父子身上。"因此，将张成父子斩首。

李膺的行为让宦官们嫉恨，便向汉桓帝诬告李膺与太学生结成朋党，诽谤朝廷，扰乱秩序。汉桓帝一听果然很重视，他尤其害怕知识分子结党，攻击朝廷。于是下令逮捕"党人"，很快便促拿了两百多人。这些被捕的主要是太学生，也有与李膺交往密切的太仆杜密、御史中丞陈翔等官员。

缉拿"党人"的诏令下达到各郡县，于是又在各郡县搜捕，有的郡上报的党人名单，多达好几百人。

由于各郡县追捕"党人"，上报的人数越来越多，造成整个社会浮动。李膺等人在狱中则采取以攻为守的策略，"交代"出大量"党人"都与宦官和他们的子弟有关联。宦官们怕事态发展不好控制，便主动要求汉桓帝赦免已捕的"党人"。

永康元年（公元167年），汉桓帝以大赦天下之名，把狱中的二百多名"党人"全部释放。但是，只是把他们放归老家，却禁锢终生，不许他们再出来做官。这是东汉末年的第一次"党锢"事件。

不久汉桓帝去世，汉灵帝继位。窦太后归朝主政，封自己的父亲为大将军，任命前太尉为太傅。

陈蕃因为在册封窦太后时出过力，太后临朝后便让陈蕃承担处理朝政的重任。于是，重新启用李膺、李密等人参与政事。

这些"党人"上台后，打算除去宦官，请求窦太后将宦官诛杀，但窦太后犹豫不决，反而泄露了机密。宦官蒙节、王甫等先发制人，劫持了窦太后，以皇帝名义宣布窦武、陈蕃谋反，把他们杀害。

"党人"是宦官的死对头，为了不让他们东山再起，决定斩草除根。

他们先把窦武、陈蕃的门生和故旧全部除名。又诬告张俭等人结党，图谋造反，接连逮捕李膺、杜密等一百多人入狱。当时皇帝只是个十四岁的孩子，根本不懂什么是"党人"，也不知道他们打算干什么。宦官曹节欺骗小皇帝："他们是要推翻朝廷，夺你的皇帝位。"

于是，汉灵帝批准宦官的上奏，下令大肆逮捕"党人"。因此"党人案"牵连致死者，在当年就有一百多人。宦官仍不罢手，接连把与宦官有仇恨者或者是儒学学者，在乡里有义行行为者，都抓起来。结果死、徙、废、禁者有六七百人。而凡与"党人"有关系的门生和"五服"之内的亲属，一律免官禁锢，这次"党锢"案持续十几年。此后，无论朝廷还是地方，差不多的官位都被宦官的亲信占据，社会更加黑暗了。

乱世才女蔡文姬

蔡文姬，名蔡琰，又字昭姬。东汉陈留郡圉县（今河南开封杞县）人，她的父亲是当时大文学家、音乐家蔡邕。蔡文姬是中国历史上的大才女，擅长文学、音乐、书法。《隋书·经籍志》录有《蔡文姬集》一卷，但已失传了。现在能看到的蔡文姬的作品还有《悲愤诗》和《胡笳十八拍》。历史上关于她的事迹并不多，但《文姬归汉》的故事却在历朝历代广为流传。

蔡文姬的父亲蔡邕是大文学家，因得罪宦官被指控为诽谤朝廷，流放边地十二年。因为大赦回到家乡，董卓把他征为属官，升他做侍中。后来董卓败死，蔡邕又被逮捕入狱，廷尉审问他与董卓的关系，他没有隐瞒，认为自己逃不脱死罪，但请求廷尉放他出去，把没写完的一部书写完再死，可是审判官没有同意他的要求，还是把他杀害了。

蔡邕留下来的传奇故事很多，现在高中文言文阅读中还有《蔡邕听琴》的故事。故事说有人用桐木烧火做饭，听到火烧桐木的爆裂声，便知这是块能制好琴的木头。他让人用这块桐木做了一把好琴。因为这块桐木一头被烧焦了，制出的琴被命名为"焦尾琴"。

蔡文姬在父亲的教导下，自幼便博学能文，既会写诗，还擅长音乐。据说她九岁时，听到父亲的琴弦断了，就能指出是哪根断了。十二岁时已经是当地知名的文学和音乐天才了，世人能得到她书法作品，也感到非常荣耀。

十六岁时，她嫁给了才子卫仲道，可惜不到一年，卫仲道便咯血死去了。

卫家认为是蔡文姬克死了丈夫，便百般虐待她。蔡文姬死了丈夫本来就很痛苦，如今年纪轻轻当了寡妇，自然不接受卫家的白眼，她气愤地回到娘家。

前文交代，此时父亲的蔡邕被大军阀董卓征调，连连升他官职。不久董卓被杀，蔡邕受到牵连也被杀害。

父亲一死，蔡文姬的生活没有了着落，只好四处漂泊。此时中原大乱，胡人也趁机烧杀抢掠，蔡文姬在混乱中流落到南匈奴，匈奴的左贤王娶她为妻，对她十分敬爱，她还在南匈奴为左贤王生了两个可爱的孩子。

流落南匈奴时蔡文姬二十三岁，在那儿一直生活了十二年。

蔡文姬的父亲曾收曹操为徒，曹操当了丞相后听说老师的女儿流落在匈奴，就派使者携千两黄金和一双白璧，想赎回蔡文姬。

当汉朝使者见到了蔡文姬，左贤王无法继续留住相伴十二年的爱妻，蔡文姬心情既苦痛又矛盾。她无比思念家乡，日夜都盼望能返回家乡。但是这里也有她的丈夫和两个孩子，要割舍也极为痛苦。

最终她只得柔肠寸断，泪如雨下，踏上还乡之路。此刻，她写下感人肺腑的千古绝唱《胡笳十八拍》。

蔡文姬回到家乡后，由曹操指婚，嫁给了屯田校尉董祀。

婚后二人感情不够好。蔡文姬日夜思念留在匈奴的两个孩子。而董祀也是勉强接受蔡文姬，因为是丞相指婚，不便拒绝。

但是，婚后的第二年，董祀犯了死罪，蔡文姬蓬首跣足去曹操府上长跪求情。当时，丞相府热闹非常，大臣、文士和外国使者坐满一堂。曹操说："蔡伯喈（蔡邕字）的女儿就在门外，我请诸位一见！"大家见到蔡文姬披散着凌乱的头发、光着脚磕头请罪，声音酸楚哀痛，众人全被感动了。

曹操说："现在就是真要救人也为时已晚，因为降罪的文书已发下去了。"

蔡文姬说："丞相马厩里好马成千上万，勇士更不可胜数，您还吝惜一匹快马去拯救一条垂死的生命吗？"曹操也为之感动，便派人追回了文书，并赦免了董祀的罪。此后，二人恩爱无比，白头偕老。

蔡文姬又整理了父亲失散的卷书，为中国文学史挽回损失。

咏絮才女谢道韫

谢道韫是中国历史上有名的才女，关于她的诗才，有很多有趣的传说。

他是东晋宰相谢安的侄女，谢玄的姐姐。当时的谢家、王家都是贵比天子的大家族，谢安、谢玄、谢石曾在淝水之战大败号称百万大军的苻坚军队。

如此高门大户的女子自然气质高贵，史书称赞谢道韫"风韵高迈""神情散朗，有林下风气"。

一次，谢安问她："你觉得《毛诗》中哪首写得最好？"

谢道韫回答："周朝贤臣文能安邦、武能治国的尹吉甫写的《民》一诗最好，其诗词清句丽，沐如春风。"谢安听了很是赞同。这说明谢道韫阅读很是广泛而深入，其思想也值得称道。

一天，天降大雪，谢家子弟围炉谈诗论文，谢安忽然吟诵一句："白雪纷纷何所似？"

谢安的侄子谢朗回答："撒盐空中差可拟。"

谢道韫则说："未若柳絮因风起。"

众人听了很是称赞。从此，谢道韫便被后人以咏絮才赞扬。

谢道韫还有《泰山吟》一诗传世。

峨峨东岳高，秀极冲青天。

岩中间虚宇，寂寞幽以玄。

非工复非匠，云构发自然。

器象尔何物？遂令我屡迁。

逝将宅斯宇，可以尽天年。

104

其句"遂令我屡迁"，便是诗人感叹自身的曲折遭遇。

到了该出嫁的年龄了，谢道韫被许配给门当户对的王家，即大书法家王羲之的二儿子王凝之。

起初，谢安看中的是王羲之的五儿子王徽之，但最终将谢道韫嫁给了王凝之。

谢道韫嫁过去以后才知道，王凝之十分平庸，整天除了写字，什么也不做，政才、文才一概荒凉，书法也写不好。她无比伤心，回娘家跟叔叔发牢骚，感叹自己命运之苦，但也没有办法，封建礼教，不可以随意离婚。

王凝之虽然平庸，但毕竟生在与"君主分天下"的王家，于是也得到个会稽内史的官衔。如此也可以凑合度日，谁知又发生了"孙恩之难"。孙恩等人发动起义，从海岛向官府进攻，首先攻陷的就是会稽郡，王凝之文武皆不通，当起义军进攻时，他不设防、不备战，只是闭门祈祷道祖（他参加了五斗米道）保佑。

结果，孙恩起义军打破了王凝之的衙门，他本人和子女全被杀死。

谢道韫目睹丈夫和儿女蒙难的惨状，便拿起兵器，带着家中女眷奋起杀敌。终因寡不敌众当了俘虏。她直接怒斥孙恩的残暴，那种临危不惧的气度，让孙恩对她很是敬重。孙恩要杀她的外孙刘涛，谢道韫厉声斥责："事在王门，何关他族？此小儿是外孙刘涛，如心欲加诛，宁先杀我！"孙恩见此，不仅未杀谢道韫还放过了刘涛。

此后，谢道韫寡居会稽，直到老死。

传说，当时能与谢道韫相提并论的，还有嫁入顾家的张彤云。朱、张、顾、陆是江南四大世家，张彤云的哥哥张玄常常夸自己的妹妹比得上谢道韫。一个叫济尼的人，常出入王、顾两家。有人问他，谢道韫和张彤云谁更好些？济尼回答："王夫人神情散朗，故有林下之风，顾家妇清新玉映，自有闺房之秀"。

谢道韫在正式进史《晋书》中也有传存留。

《红楼梦》第五回"金陵十二钗"判词有"可叹停机德，堪怜咏絮才"，说的是薛宝钗和林黛玉，即把停机德的典故比做薛宝钗，把咏絮才谢道韫的才华与林黛玉相比。

田畴奇人奇事

三国的故事大家都很熟悉，那些史书中、电影里常说的就不再说了。这里说些不大为人所知的人物和事件，田畴就是其中一位。

田畴是河北玉田县人，因为玉田县境是古时候的无极国，所以又说他是无极人。他从小喜爱读书、击剑，很有志向。后来被幽州牧刘虞征调去做幕僚。一次刘虞派他去长安完成一项任务，去汉献帝那里完成臣子见天子的礼仪。因为那时汉献帝还被董卓挟持，刘虞是派他去看看情况的。

田畴见到了汉献帝，表达了刘虞对汉朝天子的忠心。汉献帝便封田畴为骑都尉。田畴认为汉献帝正在被董卓挟持，流亡受辱，不能接受这个职位享受荣耀。再者，他是受刘虞派遣来见皇帝的，不能辞别后不向刘虞交差。田畴坚持不接受官职，急忙赶回幽州去回复刘虞。

但是，当他回到幽州，刘虞已被公孙瓒杀害。田畴在刘虞墓前祭拜，向他报告自己去见到皇帝的情形，然后痛哭离去。

公孙瓒知道后，便把他抓了起来。问他为什么祭拜刘虞，田畴说："汉室衰微，人们各怀异心，但刘虞没有失去忠贞。将军你杀害了忠于汉室的官员，又抓捕固守节义的臣僚。我是怕燕赵的豪杰志士都要跳进东海淹死，再没人追随将军了！"公孙瓒见他大义不屈，就把他释放了。

后来曹操平定冀州，派使者前来征召田畴。田畴得知曹操去攻打乌桓，他痛恨乌桓人对幽州的侵扰，便跟随曹操去征讨乌桓。当田畴随使者来到曹操军中，曹操感到惊奇，起初袁绍曾征调过田畴，让使者带上准备授予他的将军印信去见他，都被拒绝了。可现在曹操并未允诺他什么，只派使者就召到了田畴。

曹操让田畴为部队做向导，因为田畴对这一带熟悉。田畴领着曹操的大军，行进五百余里，经过白檀、平冈，穿过鲜卑部落居住区，向东直指柳城。距离乌桓大营二百里时，乌桓人才知道曹操大军到了。经过几次交战，曹军打败了乌桓的军队，投降者二十余万人。

征讨乌桓胜利，田畴被封为亭侯，封邑五百户。田畴坚决不受封，说："我当初只想为刘虞报仇，后来志愿没达到，反而因进攻乌桓而获利，这不是我的本意。"曹操知道这是田畴的真心，同意了他的辞让。

田畴回到家乡，率领宗族和前来投奔他的数百人，聚民自治。他为民众制定了法律和婚嫁等礼仪；建立学堂，对自治民众进行教育，俨然是个"小国家"。自治民众都乐意遵守田畴制定的法律制度，一起劳动和作息。周围地区的民众，包括被征服的乌桓人，都很尊重田畴。有的愿意加入他们的自治团体，田畴也根据具体情况或给予接纳，或给予生活费让他们返乡生活。乌桓等部落常派使者送上礼物，田畴也礼尚往来，使边境安然无事。

周瑜不是小心眼

《三国演义》一直为人所喜爱，后来还拍成电视剧，家喻户晓。但《三国演义》是小说，可以创作，没读过"正史"的人把小说的人物和事件当成真实的历史，造成不易扭转的误会。加上《三国演义》作者的思想很正统，把刘备看成刘家汉朝的后人，理应让他恢复刘邦建立的汉朝江山。而曹操等人要夺取政权，另立门户，都是非正统、非正义的，是贼寇、强盗。孙权建立吴国，也是非法的。

所以，《三国演义》极力美化刘备一伙人，而丑化曹操等"非法"夺权者。《三国演义》是参考了《三国志》《资治通鉴》等正史，从而写作而成的。但是，写作的人物和故事情节却大量改动，未忠于原著，有的人物甚至黑白颠倒，很难让人分辨清楚。

例如周瑜这个人，《三国演义》中他最大的特点是小心眼，不能容人，最后被诸葛亮气死了，"三气周瑜"的故事无人不晓。但真实历史，即"正史"上却没有这些情节，完全是《三国演义》创造出来的。

周瑜是庐江郡舒县（今安徽舒城县）人，出身名门耕读之家。后与孙策交往，成为生死之交。孙策有困难时，他把自己的大宅子送给孙策一家住，把孙策的母亲当成自己的母亲赡养。

当孙策起兵之后，周瑜立即响应他，使孙策得到快速发展。

孙策死后，周瑜继续辅佐孙权。周瑜率兵打败曹仁，孙权任命他为南郡太守。屯驻江陵，孙权还让周瑜兼任荆州牧，他把荆州长江以南的部分借给了刘备。

曹操在官渡打败袁绍，让孙权把儿子送来做人质。孙权迫于曹操的压力，拿不定主意，让大臣们商量，意见分歧很大。孙权与周瑜二人去同孙权的母亲商量。周瑜坚决反对送人质，他从古论今，多方面分析，表现他的目光远大，政治见解高远，绝非只看眼前。

他先拿历史上的楚国作为参照。当年楚君被周朝分封，只有荆州不到百里之地。但楚君努力开疆扩土，开辟荆州之地，直达南海，成为南方的大国。我们远比楚君的地盘大，有六郡之地，兵精粮足，不应该向曹操屈服。

现在，曹操用利益拉拢我们，我们不能被眼前利益迷惑。但是，曹操也不是人们说的那样奸邪无道，他也是有大志向的豪杰。我们静观他的动向，如果他确实是要拯救天下、遵守道义，同为天下计，我们可以归附他。如果曹操图谋生乱，只为一己私利，我们只要静待天命。"孙权的母亲认为周瑜分析得很透彻，让孙权照做，并让孙权把周瑜当作兄长对待。

当时能有周瑜这样分析形势，尤其能正确看待曹操的人，实是极少，说明他是一位目光远大的政治家。

曹操知道周瑜是个人才，派蒋干去劝说周瑜归顺。蒋干是机辩之士，江淮之地无人能比。蒋干以私人情谊看望周瑜，周瑜大方的领他参观东吴的军营、军事设施和武器装备。

周瑜设宴招待蒋干，席间只是说大丈夫坐在天地间，遇上知己的君主，把他当成亲兄弟，言听计从，就是苏秦、张仪重生也难动摇他的心呀！

周瑜光明磊落的行动和抱负，让蒋干不便说明来意。他回来向曹操称赞周瑜的胸襟宽广、志向远大，不是言语可以打动他的。

刘备嫌周瑜拨给他的用地太少，就亲自去见孙权，请求把荆州全部让给他。周瑜上书给孙权，又把刘备分析一番。他认为刘备的志向可不小，总把以恢复汉家天下为己任。从长远的目标出发，不仅不应该给他荆州，还应该把他迁走，安置在吴郡，多给他些钱财、美女，给他盖大房子住，使他安于玩赏。再把张飞和关羽分开，各驻一地，天下大事便可安定。但孙权认为现在的威胁来自北方的曹操，应该善待刘备，就没听周瑜的建议。

刘备听到周瑜对自己的看法，叹息道："天下的智谋之士看法差不多，当初诸葛亮劝我不要见孙权，担心的就是周瑜，我在危难中不得不去，这是走险路，几乎没逃出周瑜之手！"

赤壁一战后，周瑜去见孙权，请求与丹阳太守孙瑜一起进军，夺取蜀地，留孙瑜守在那里。再与马超结盟，据守襄阳，紧逼曹操，规划进取北方。这个计划为孙权接受。

但是周瑜回到江陵后便得了病，他已知自己时日无多，便上书孙权："人的寿命长短，个人无法决定，实在不足惋惜。只是感到志愿未达，就无法再执行您的命令了。现在，曹操在北方，刘备寄居荆州，这如同在家里养了一只老虎。天下大局动荡，这是大臣和将士奋发进取之时。鲁肃为人忠正贤明，临事不苟，可以接替我的职务……。"上书不久，周瑜便去世了。

孙权得知消息大哭说："周瑜有辅佐帝王、取得天下的才能，现在忽然短命而死，这是老天让我失去了依靠啊！"孙权亲自迎接灵柩，然后命令大儿子娶周瑜的女儿为妻；任命周瑜的儿子周循为骑都尉，把自己的女儿嫁给他；又任命周瑜的另一个儿子周胤为兴业都尉，把自己宗族的一个女孩嫁给他。

起初，孙权的职位很低时，部下和宾客多看不起孙权。而周瑜带头，以臣属之理侍奉孙权。程普自以为老资格，多次羞辱周瑜。周瑜始终忍让，以晚辈身份对程普。后来程普转变了态度，告诉别人说："与周公瑾交往，好像喝下醇厚的美酒，不知不觉就沉醉其中了！"

正史中周瑜的死因是身染重疾而死，时年三十六岁。他三十四岁便是"赤壁之战"吴蜀联军的统帅，诸葛亮舌战群儒、草船借箭、借东风等全是《三国演义》小说凭空编出的故事。后来，唐朝"武庙"所列的六十四将，宋朝"武庙"所列名将七十二位都有周瑜，他与白起、王翦等古代名将比肩。

周瑜年少聪慧，精通音律，弹奏者有点微错误他都能觉察到，便扭头去看。二十多岁已声名鹊起，风度翩翩、才能出众，人称周郎。魏晋开始，"周郎顾曲"成为典故，唐人李端写有《听筝》诗：

> 鸣筝金粟柱，素手玉房前。
> 欲得周郎顾，时时误拂弦。

鲁肃不是窝囊长者

在《三国演义》里，鲁肃充其量是个忠厚长者，窝窝囊囊、毫无见识。而历史上，他是位高瞻远瞩的政治家，他清楚地认识到，单靠孙权和刘备的力量，谁也无法对抗曹操。只有孙、刘二人联合，才是出路。所以，他竭尽全力促成孙、刘联合，实现了魏、吴、蜀三国鼎立。

而当曹操大军东下，征讨东吴时，东吴许多官员都打算投降，而鲁肃则力主抗曹，劝说孙权联合刘备共拒曹操。这表现了鲁肃的胆气，绝非平平庸庸的"忠厚长者"而已。

鲁肃是和周瑜一起投奔的孙策。孙权主政时，鲁肃听到刘表去世的消息，他请求孙权派他去吊丧，并慰劳刘表军中的主要将领。同时劝说刘备，让他安抚刘表的部众，同心协力，共抗曹操。

他告诉孙权，这是一个好机会，如果做得好可以平定天下，应该快快启程，不然就让曹操占了先机，孙权听了立即派鲁肃去荆州。

鲁肃刚到夏口，就听说曹操大军向荆州进发，他便日夜兼程。等他到了南郡时，荆州牧刘表的二儿子已投降了曹操，刘备也已向南退走。鲁肃便直接去见刘备，在当阳的长坂与他相会。鲁肃诚恳地关心刘备，与他坦诚分析当前大局，询问刘备打算到什么地方去。刘备说打算去投奔苍梧的吴巨。

鲁肃马上劝说他不能投奔吴巨，他是个毫无主见的人，力量又微小，自身尚且难保，怎么可托身于这样的人呢？

他让刘备从大局着眼，与江东孙权将军联系，共建大业。他又给刘备详细介绍了孙权的为人，并说孙权已有六郡土地，兵精粮多，足以成就大业。刘备高兴地采纳了他的意见，进驻鄂县的樊口。

后来刘备向孙权求借荆州，吕范等将领都不同意借给他。而鲁肃从全局出发，劝孙权把荆州借给刘备，实现孙、刘联盟。后来，刘备平定了益州，孙权提出让刘备归还荆州中的长沙、零陵和桂阳三郡，刘备不还。孙权则派吕蒙率军进攻，长沙和桂阳望风归附，而零陵拒不投降。刘备得知此事，亲带精兵五万从成都赶到公安坐镇，派关羽率三万军队争夺三郡。孙权则派鲁肃率兵屯守益阳，对抗关羽。

鲁肃准备找关羽谈判，将领们恐怕发生不测，劝鲁肃不要去。鲁肃说："现在的形势，不能与刘备闹僵，还是以劝说两家和好为上策。刘备背义理屈，关羽怎么敢加害于我？"于是，他邀请关羽阵前相见。

鲁肃责备刘备、关羽不还三郡。关羽认为乌林那次战役，他们参加战斗，全力打败了敌军，论功也该得到一块土地。

鲁肃则说："开始在长坂会面时，刘备的部队连一校军队也挡不住，已经准备远逃了。孙权可怜刘备，才给了他一块落脚的地方。现在既已有了益州，又要兼并荆州，这种背信弃义的事，一般人都不忍心做，刘备是统领一方的人物，也真能做得出来！"关羽听了无话可说。

曹操从江陵出发，顺江东下，诸葛亮见形势危急，要向孙权求救，于是就约鲁肃一起面见孙权。

此时，曹操派人威胁孙权，说他奉天子之命讨伐叛逆。如今领水军八十万，将要与孙权在吴地会猎。孙权手下的官员见状无不惊慌失色。长史张昭等人认为曹操挟天子而争讨四方，以朝廷的名义发布命令。抗拒曹操已是名不正言不顺了。况且，抵抗曹操靠的是长江天险，现在曹操占有了荆州的土地，又接管刘表原来的水师战船。长江天险已经丧失，还拿什么抵抗曹操，因此都想投降。

孙权听后走出大厅，鲁肃则追了出来，向孙权陈述利害。他说："这些人都想贻误将军，不能再同他们商量大事。将军应该清楚，我鲁肃可以投降，曹操会赏我个小官，有个吃饭的地方，将来还能当上州长、郡守。可是，将军却不能投降，你要是投降了到哪儿去安身立命呢？所以，不能听这些人的话。"

孙权说道："这些人太让我失望了，你的想法才合我意！"

曹操起兵

    曹操在现在的历史研究中得到了肯定，但在戏台上仍然全面否定他。《三国演义》有"三绝"，曹操奸绝、孔明智绝、关羽义绝，把曹操描写成一个极奸诈的人物。实际上他不仅在三国时期，就是在中国历史中都是少见的大政治家。曹操一生大事很多，这里讲点他起兵之初的故事。

    曹操（155—220），字孟德，沛国谯县（今安徽省亳州）人，出身官僚，父亲曹嵩曾任太尉，曹操本被封为骑都尉。他是西汉政治家曹参的后人。

    董卓乱政，天下豪杰多准备起兵讨伐。曹操在陈留（今河南开封东南），变卖家产，集结了五千多人的队伍，参加讨伐董卓的联军。当时推选的盟主是渤海太守袁绍，袁绍自称车骑将军，起兵的首领也被封为不同的官号。袁绍驻兵河内，作全面指挥。冀州牧韩馥留守邺城，负责供应粮草。其他如豫州刺史孔伷、兖州刺史刘岱、陈留太守张邈、东郡太守桥瑁、山阳郡太守袁遗、后将军袁术皆起兵随袁绍讨董。

    当时曹操与济北国相鲍信一起驻兵酸枣，各路军队都有数万人马，曹操的军队不多。各路豪杰都表示拥戴袁绍，但鲍信说："各路豪杰拥戴袁绍，实际上他们各有异心，包括袁绍在内，有远见的人没有。现在能领导讨董成功的也只有阁下了。没有您这种人才，这些乌合之众是无法成事的。您可能是上天派下来的吧！"鲍信和曹操驻兵一处，通过了解知道曹操有雄才大略，所以才有这番言论，他也算是有眼光的了。

    果然袁绍等各路人马见董卓力量强大，无人敢先行进攻。曹操的兵少，却首先进攻，张邈拨出部分军队随曹操一同出战。曹军到达荥阳的汴水，与董卓部徐荣的军队相遇，双方大战，曹操不幸身中流箭，所骑的战马也受了伤，曹军失利。

他的堂弟曹洪把马让给他，曹操不肯接受，曹洪说："天下可以没有曹洪，但不能没有您啊！"于是，曹洪硬是把曹操推上马，自己步行。

徐荣见曹操兵少，却能奋战一整天，以为酸枣不易攻破也只好退兵。曹操回到酸枣见到各路人马，每天只是喝酒聚会，因此对他们大失所望，就去了扬州招募新军。

曹操起兵后见到袁绍等各路豪杰借讨伐董卓的名义，各自拥兵自强、争权夺利，又互相矛盾致于混战，造成了人民痛苦、社会混乱。当时他写了《蒿里行》，揭露袁绍等军阀的情形。

关东有义士，兴兵讨群凶。

初期会盟津，乃心在咸阳。

军合力不齐，踌躇而雁行。

势利使人争，嗣还自相戕。

淮南弟称号，刻玺于北方。

铠甲生虮虱，万姓以死亡。

白骨露于野，千里无鸡鸣。

生民百遗一，念之断人肠。

这是曹操起兵出战的实况，他虽是官僚子弟，但毫无享乐习气，起初便对袁绍等军阀不满，抱有关心社会、同情人民疾苦的政治家心态。此后，他对袁绍等大军阀不再抱有希望，积极积累自己的力量，经过艰苦卓绝的征战，铲除了割据势力，平定北方。在他的统治下，政治比较清明，经济得到恢复，社会风气也有所好转。由于残酷的政治和军事斗争，造成他用兵、行事不得不狡诈多变，这实在是形势所迫。而《三国演义》抓住这一点，否定了他的全部，这与《三国志》《资治通鉴》等历史书中的曹操不大相同。

刘备三顾诸葛亮

三顾茅庐的故事，是《三国演义》中的"戏眼"（指一出戏中最精彩的场面），后世无人不知。刘备之所以三次去请诸葛亮出山，因为他知道诸葛亮是一个"卧龙"。《三国演义》把诸葛亮描绘成"智绝"，很多让人称绝的表现及足智多谋的故事，是《三国演义》的作者编造出来的，是罗贯中智慧的表现。

刘备之所以三顾茅庐请诸葛亮，一方面是徐庶的推荐，诸葛亮也的确称得上是当时的高级人才，刘备急需要这样的人才辅佐。更主要的是，诸葛亮在南阳是极有影响力的人物，他本不是什么茅庐中的布衣，相反他在荆州地区与各界人物都有广泛的关系。刘备三次屈驾去请他，真正的原因是为了诸葛亮的势力和影响。刘备三顾茅庐，诸葛亮出山后，使"荆州群士从之如云"，刘备的目的达到了。

刘备在荆州时，曾向襄阳人司马徽查访人才。司马徽向他推荐了诸葛亮和庞统，后来刘备又问徐庶，谈及诸葛亮。徐庶说："诸葛亮是卧龙。"刘备就让徐庶去请诸葛亮。

徐庶说："这个人你只能去见他，召唤他是召不来的。将军应该屈驾去拜访他。"

于是，刘备去见诸葛亮，去了三次才见到他。刘备让随从都出去，问诸葛亮："汉朝王室衰败，奸人窃取了朝政大权，我不自量力，打算伸张正义于天下，但智谋不足，以致遭受挫折，到了今天这个地步。但我的雄心尚未消失，您说我应该怎么做呢？"

诸葛亮说："如今曹操已拥有百万大军，挟持天子以号令天下，此人不可以与他争锋。孙权占据江东，已历经三代，凭借地势险要，民心归附，贤能人才都为他尽力，可以与他联盟，却不能图谋他。荆州地区，北方以汉水、沔水为屏障，

115

南方直通南海，东方连接吴郡、会稽，两边可通巴郡、蜀郡，正是用武之地，但主人刘表却不能守，这恐怕是上天赐给将军的资本。益州地势险阻，中有千里的大平原，是天府之地，而益州牧刘璋昏庸无能，官府财力充足，却不知珍惜。将军是汉朝王室的后裔，信义闻名天下，如果占有荆州与益州，据守险要，安抚戎、越等族，与孙权结盟，对内修明政治，对外观察时局变化，这样就可达成霸业，复兴汉室了。"

刘备说："很好！"从此与诸葛亮的情谊一天比一天深厚。关羽、张飞有对此不满，刘备解释说："我得到诸葛亮，如鱼得水，你们不要再多说了。"于是，二人停止抱怨。

这段文字便是《资治通鉴》中记述的刘备三顾诸葛亮二人的对话。

诸葛亮虽然有智慧，但他的立场出了问题，当时曹操和孙权比刘备的条件好，如果有平定天下的大志，就应选择曹操或孙权。但他却选择了力量最弱的刘备，为什么呢？从二人的谈话中已清楚，刘备是汉王室的传人，是汉景帝之子、中山靖王刘胜的后代，按辈分他是当时皇帝汉献帝刘协的叔叔辈，《三国演义》称他为"刘皇叔"。

因此，诸葛亮明知他弱小，但他是天下的"正朔"，他是明知不可为而为之，要强行将灭亡的汉王朝起死回生，延续下去。刘备的能力，无法与曹操和孙权相比，后主刘禅的无能更是历史典型。而诸葛亮非要为刘备和无能的刘禅鞠躬尽瘁，死而后已。实际上，诸葛亮在当时也是代表了落后势力，他本身就是旧王朝的没落贵族。

但是，历史在客观上是前进的，有时候会走些弯路，但终究会冲破黑暗，抛弃没落，走向光明和进步。历史不会走回头路，即使"智绝"的诸葛亮也无法让历史倒退，腐败透顶的汉王朝必然是要灭亡的。

所以，尽管诸葛亮为刘备和刘禅鞠躬尽瘁，他本人也的确很有智慧（虽然不像《三国演义》说得那么神奇），但终究还是没能完成复兴汉室的愿望，病死在北伐的途中。

司马懿的大智慧

三国时大家斗来斗去，最后政权却落到司马氏之手。司马氏能"笑到最后"，和司马懿的大智慧分不开。

《三国演义》的"空城计"，诸葛亮把司马懿玩弄于股掌之中，空城计成了人所共知的典故。而在《资治通鉴》《三国志》这些历史中，司马懿则是有大智慧者。他的权谋、坚忍、气度和用兵能力都非一般的智慧所能及。就说与诸葛亮的斗争吧，他成功打败诸葛亮，正是表现出他的奇谋善策。

公元234年，诸葛亮屯兵五丈原，准备打垮司马懿。

但司马懿却深入了解诸葛亮，在他给胞弟司马浮的信中说："诸葛亮志向很高，却认不清形势，抓不住机会；他谋略很多，却总处在犹豫之中，不能当机立断；虽然穷兵黩武，却不懂兵行诡道，没有奇谋……"可见，司马懿的智慧是在诸葛亮之上的。就在五丈原这场战役中，司马懿就把诸葛亮"整死了"。

司马懿掌握了对手的弱点，他便命将士无论诸葛亮用什么策略，就是不出战。诸葛亮这时最怕打消耗战，他得速战速决，对峙了一段时间，他便拿出一套女人的衣服和头巾，装好后附上一封信，让人送给司马懿。

那信的大意是："你司马懿好歹也是个大将军，将军就该驰骋沙场。可你总龟缩不敢出战，像女人一样。今天送你一套女人的服饰，你如甘当女人就穿上这套行头，不然就赶快出战！"

司马懿知道这是他的激将法，就是不上当，虽然当着官兵的面有点丢人，可是他却大笑说："诸葛先生既然把我当成一个妇人，那我就收下你的礼物了！"

接着他让人探听诸葛亮休息得怎样，每天吃多少饭。探听结果是：诸葛亮日夜操劳，夜不能寐，寝食难安，每天吃的饭很少。司马懿便向部下说："诸葛亮事烦食少，活不了几天了！"

诸葛亮虽有智慧，但在五丈原战役中却败给了司马懿，而且被他活活耗死了。

史书记载：司马懿出身将相世家大族，自幼聪明通达、博学广识，有雄才大略，"常慨然有忧天下之心"。曹操听说后，召他为下属，司马懿以患病不应召。曹操大怒，扬言要惩治他，司马懿这才应召入曹营。

三国后期，人才凋零，司马懿没有了政治和军事敌手。

魏景初三年（公元239年），魏国皇帝曹睿死前把幼帝曹芳托付给司马懿。司马懿成了顾命大臣，但却不好施展拳脚。因为另一个顾命大臣曹爽总是处处掣肘，曹爽一开始还装作尊重老前辈，可过了不久他便打着小皇帝的旗号，夺走了军权。

恰在此时，司马懿传话来说得了重病，不能再上朝了。这正是曹爽兄弟所需要的，他们希望司马懿直接病死了才好呢，但这个老家伙诡计多端，是否在装病也未可知，于是派心腹去打探一下。

河南令尹李胜出任荆州刺史，他到司马懿家里去辞行。司马懿让两个婢女搀扶着出来相见。婢女让他更衣，他却把衣服丢在地上，指着嘴表示口渴，婢女端来了汤水，司马懿端住碗，就由婢女端着喝，结果汤水从嘴角流出，沾满了前胸。

李胜说："只听说您中风的病复发，没想到身体会这么糟！"司马懿气喘吁吁，上气不接下气地说："不久我就要死了，恐怕以后也不能见面了，我把儿子司马师和司马昭托付给你了……"

李胜说："我是回去家乡任官，不是您说的并州。"因为司马懿刚才说他去并州做刺史理事，李胜更正说。

司马懿听了又接着说："你不久去过并州？"

李胜再更正："是荆州！"

李胜告退，禀报曹爽："司马懿的形体与神情已分离，离死不远了！"

此后曹爽等人不再对司马懿加以戒备。

司马懿却在暗中与儿子中护军司马师、散骑常侍司马昭密谋诛杀曹爽。魏帝祭扫高平陵，大将军曹爽和他的弟弟中领军曹羲、武卫将军曹训、散骑常侍曹彦等随侍同行。

太傅司马懿以皇太后名义下令，关闭各个城门，率军占领了武库。命人代理大将军和中领军职，占领曹爽、曹羲的营地。然后，向魏帝禀报草爽的罪行。曹爽拿到了司马懿的奏章，没有报告给魏帝，把魏帝车驾留在伊水之南，伐木构造工事。

司马懿派人去劝曹爽，让他快点认罪，只是免去官职而已。

曹爽只得听信了司马懿的劝告，回到了宫中。司马懿则派兵包围曹府，日夜监视曹爽兄弟的举动。稍有动静就有人高喊："故大将向东边去了！"使曹爽兄弟不知如何是好。

后来，司马懿找借口把曹爽、曹羲、曹训、桓范、何晏等人杀死，诛灭三族。

公元 265 年，司马昭的儿子司马炎废掉魏帝曹奂，建立了西晋政权，结束了三国的分裂局面。

士别三日，即更刮目相待

这是个讲学习的成语，意思是说人们在学习，在进步。不要用老眼光看待，离别三天后别人就发生明显的进步。

这个成语说的是三国时孙权手下的大将吕蒙学习的故事。现在习惯说：士别三日，当刮目相看。

吕蒙，字子明，汝南富坡（今安徽南平吕安岗）人。少年时依附姐夫邓当，随孙策为将。吕蒙十五岁时姐夫邓当带兵讨伐山越，因吕蒙年少邓当不许他参加部队作战，他就不声不响地混入队伍中。邓当把此事向吕蒙的母亲说了，母亲要责罚他。他说："大丈夫不能安于现状，只有为国家立功，才能安身立命。"母亲听他说得有理，就让他参加队伍去作战，后屡立战功，为孙权重视。

起初，孙权见吕蒙不怎么爱学习，就说："你现在担任了要职，执掌权力，不能不学习。"

吕蒙说："军中事多，没有时间看书。"

孙权说："我又不是让你研究儒家经典，去当博士。只是让你浏览书籍，了解历史。我的事更多，但也不断学习，得到的益处很多。"

此后，吕蒙便开始认真读书。

等到鲁肃经过吕蒙的住处，与他交谈，大吃一惊说："你现在的才干和见识，再不是吴郡那时的阿蒙了！"

吕蒙回答："士别三日，当刮目相看，大哥对这个道理为什么明白得这么晚呢！"

吕蒙听说曹操打算东犯，劝说孙权在濡须口修筑营寨，营寨修好后称濡须坞。

吕蒙率兵攻占皖城，孙权任命他为庐江太守，回兵驻守寻阳。

孙权曾向关羽请求，把他女儿嫁给自己儿子，被关羽拒绝，孙权很是恼怒。

到关羽进攻樊城时，吕蒙向孙权上书说："关羽进兵樊城，但却留下大部队守卫后方，这是怕我从背后攻击他。我经常患病，就以治病为由回建业。关羽知道后，一定会撤去防守部队。我大军昼夜乘船溯流而上，趁他防守空虚袭击，南郡即可攻取，关羽也会被我擒获。"

于是，吕蒙自称病重。孙权公开发布命令召吕蒙返回。吕蒙回到建业，就向孙权推荐了陆逊，孙权便召来陆逊。大家一起讨论进攻南郡、擒获关羽的计划。

关羽的船只据守沔水，去襄阳的路走不通。吕蒙把精锐士卒埋伏在船舱中，在甲板上摇橹的士兵都穿船家的衣服，装扮成商人，沿江而驶。沿途关羽的巡哨没有警觉，全部被抓住。所以，关羽对吕蒙的行动一无所知。

吕蒙又招降糜芳等人，到荆州后又俘虏了关羽部下的家属，但都给予慰问。下令军队不许扰乱百姓，维持社会安定。

关羽闻知荆州被占，多次与吕蒙联系。吕蒙每次都厚待关羽的使者，允许他们在城中游览。关羽的部下、亲属写了亲笔信，让使者带走，作为平安的证明。

使者返回，关羽部属私下询问家中的情况，知道家中平安。因此，关羽的将士都无心再战了。

关羽此时才知道对东吴的防备太大意了，可是为时已晚。他只好带了人马逃到麦城。孙权派人劝降关羽，关羽带着十几个骑兵出逃，孙权早已在小道上设下埋伏，将其活捉。

孙权知道关羽不肯投降，下令就地把他杀死。

吕蒙原来只是个"吴下阿蒙"，后来发奋读书，成了三国名将。设计夺回了刘备不肯交还的荆州，并消灭了关羽。

这是《资治通鉴》正史所记。正史上的关羽没有《三国演义》和后来传说的那么厉害，"过五关斩六将"等情节都是虚构的。所以，吕蒙等人略施小计便打败了他。

曹丕与曹植的故事

历史传说曹丕为了刁难弟弟曹植，命他七步之内作诗一首。于是就有了这首痛斥和哀叹兄弟之情的《七步诗》，曹植因此保住了性命。可是在《三国志》和《资治通鉴》等正史中，并没有这一点记录。《三国演义》把七步成诗写成故事并发展流传，从而使《七步诗》家喻户晓。《资治通鉴》中是这样记述的：

曹植生性机警，才华横溢，曹操很喜爱他。丞相主簿杨修等人多次称赞曹植，劝曹操立他为继承人。曹操便密访对立继承人的看法，尚书崔琰说："《春秋》之义应立长子。曹丕仁厚、忠孝、聪明，应该做继承人。"

因为曹植是崔琰哥哥的女婿，崔琰却推荐曹丕，其他大臣大多同意崔琰的意见。

曹丕向中大夫贾诩寻问巩固自己地位的办法。贾诩说："只要将军发扬德行和气度，亲自做寒苦人的事，不违背孝道，努力学习，这些就够了。"

曹操带兵出征，曹丕和曹植去送别。

曹植称颂曹操的功德，出口成章。大家赞不绝口，曹操很高兴。

曹丕感到惆怅，若有所思。济阳人吴质在他身边说："父亲远离了，儿子流泪哭泣即可。"曹丕听信了吴质的话，哭着下拜，曹操和臣属们都很受感动。

因此，对比之下曹植那些华丽的辞藻虽多，但不是出自诚心，远不及曹丕。

曹植违反制度，乘车在大道中央奔驰，并打开司马门而出。曹操大怒，处死了掌管宫门的公车令。曹植做事任性，曹丕则处处谨慎，又善施权谋，曹操的臣属大多说曹丕的好话，曹操最终立曹丕为太子。

曹丕私下里抱着议郡辛毗的脖子说："辛君！你知我多高兴吗？"

辛毗的女儿知道了这件事后叹息道："太子要代替君王主持宗庙和社稷。这么重大的事要去做，本应该忧虑和恐惧。他却如此轻狂，看来他不会长，魏国也不会昌盛！"

建安二十五年（公元220年），曹操去世。魏王后发布命令，拜太子曹丕继曹操为魏王。

曹丕继位，史书和小说多有微言。其实曹丕文武双全，八岁能文，善骑射。他博览书卷，通晓诸子百家。曹植虽有文才，但政治才能，远不及曹丕。加上他文人气质甚浓，行为放任，不拘礼法，屡犯法禁，渐渐被曹操疏远。曹丕的文学造诣不比曹植差，二人与父亲曹操并称为"三曹"。

世人皆知曹植有《洛神赋》风流多情，而不知曹丕的《燕歌行》足可与《洛神赋》媲美。

秋风萧瑟天气凉，草木摇落露为霜。群燕辞归鹄南翔，念君客游思断肠。慊慊思归恋故乡，君为淹留寄他方。贱妾茕茕守空房，忧来思君不敢忘，不觉泪下沾衣裳。援琴鸣弦发清商，短歌微吟不能长。明月皎皎照我床，星汉西流夜未央。牵牛织女遥相望，尔独何辜限河梁。

《中国文学史》评论，这是最早、最完整的七言诗，对这种诗歌体裁的形成，曹丕是有贡献的。

绥靖将军羊祜

绥靖政策是对敌方用怀柔、安抚、道德信义感化，让他们屈从，达到和平解决。由于历史上用这种政策的多属于欺骗，所以"绥靖政策"差不多成了贬义词。但是，西晋名将羊祜诚恳实行了这一政策，既解决了问题又保护了双方的生命和财产。他镇守的地区前线没有滚滚硝烟，而是一片祥和气氛，敌我双方都感激他的功德。他是历史上成功实行绥靖政策的将军。

羊祜是泰山平阳（今山东新泰）人，出身名门世族，祖辈一直是朝中大员。他本人虽博学多才、廉明正派，但面对三国晚期的乱世，却不想为官，故曾拒绝曹爽和司马昭的多次征辟。后晋武帝司马炎登基，他看到吴末帝孙皓统治腐败，有心平定混乱局面，便出来做了晋朝的军官。

晋武帝命令他攻打被东吴占领的江陵，他就对敌方实行绥靖政策，打算以德让吴人顺服。

每次与吴人交战，他都先约定日期，不做趁其不备、突然袭击的打算。

他的部队去吴国边境割了吴人田里的稻谷，都会根据收割的数量用绢偿其值。部众在长江沿岸打猎，羊祜都会约束部下，不许超越边界线。如果猎物被吴人所伤，后被晋军所得，都要送还给吴人。他的部下在边境抓到吴军两位将领的孩子，羊祜马上命令部下将两个孩子送回。

羊祜的这些做法，使吴国边境的百姓对他心悦诚服，都十分尊重他，称他"羊公"。

由于羊祜声名大振，晋武帝就升任他为征南大将军。此时，东吴政权日益腐败，统治阶级内部矛盾重重，陷入危机四伏的境地。吴主孙皓荒淫残暴，终日享乐，不理朝政。他大修宫殿园池，用酷刑镇压人民，使民心涣散，士无斗志。

羊祜见灭吴的时机成熟，便上疏请求讨伐吴国，这便是历史上有名的"请伐吴疏"。此后，晋武帝不断晋封羊祜官职，都被他拒绝。拒绝接受帝王的封赏，一般也是不允许的，但羊祜却被特许可以不接受封赏。

他经历两代帝王，他曾推举过很多人做官，但被举荐者多不知是何人举荐的。

后来羊祜得了重病，他请求入朝见晋武帝。晋武帝让他坐着车子上殿，不用行拜礼。羊祜当面向晋武帝陈述了伐吴的计划，晋武帝非常赞赏。羊祜说："孙皓凶暴残忍已经到了极点，如果现在攻打吴国，可以不战而胜。假如孙皓死了，吴人立一个贤明的国君，我们再要取胜就困难了。"

晋武帝想让羊祜坐在车上指挥伐吴。羊祜说："征讨吴国我不一定要去，但平吴之后，委派官员去东南地区镇抚时，希望您慎重选拔合适的人。"

羊祜病重，他推荐杜预代替自己。羊祜不幸去世，晋武帝哭得特别伤心。那天很冷，晋武帝流下的眼泪沾在须发上，都结成了冰。

荆州的百姓听到羊祜去世，都停下了工作，聚在街巷里一起哭泣。就连吴国守卫边疆的将士也为他流泪。

羊祜喜欢游岘山，襄阳的百姓就在岘山上为他建庙立碑，一年四季祭祀不断。望着这座碑的人没有不落泪的，所以人们称这座碑为"落泪碑"。

羊祜去世两年后，杜预按他生前的军事部署一举消灭了吴国，完成了统一大业，当满朝文武欢聚庆贺之时，晋武帝流着眼泪说："此羊太傅之功也！"

唐朝诗人孟浩然曾游襄阳岘山，写下一首《与诸子登岘山》：

人事有代谢，往来成古今。

江山留胜迹，我辈复登临。

水落鱼梁浅，天寒梦泽深。

羊祜碑尚在，读罢泪沾襟。

斗富的教训

历史上任何一个王朝开国皇帝都有旺盛的进取心和开拓精神，他们励精图治为的是给王朝长治久安打下深厚的根基，为子孙后代能够持续统治国家提供稳固的基础。但是晋武帝却是一个例外，当西晋统一全国后，晋武帝没有继续开疆拓土，劝课农桑，他立刻志满意得、骄奢淫逸，对朝政懈怠，完全沉湎在荒淫的生活里。在他的带头和恣肆下，朝中大臣更是不以国家大业为重，更不把百姓的疾苦放在心上，大臣们都竞相摆阔比富。以穷奢极欲为荣，以勤俭节约为耻，荒淫奢华的歪风很快就开始在全国流行，社会风气极其败坏。这是一个令人瞠目结舌的斗富故事，更是一段值得深思的历史教训。

晋朝的京都洛阳集中了天下最有钱的大富翁。最出名的有两个，一个是中护军羊琇，另一个是后将军王恺。他们都是皇亲国戚，平常没人敢和他们计较。但是，随着晋武帝把荆州刺史石崇提拔到洛阳来当散骑常侍后，洛阳城里富豪的排名就彻底被改变了。石崇是全国有名的大富豪，一到洛阳就把羊琇和王恺当成竞争对手，公开和他们比富。羊琇为人淡泊，不愿和石崇争斗，只有王恺不服。两人开始斗富。

石崇是西晋开国将领石苞的儿子，石苞死后，遗产一点儿也没有分给石崇。他认为这个孩子很聪明穷不着。或许这样的遭遇对小时候的石崇有了刺激作用，才使他后期频繁斗富。后来石崇做了荆州刺史，他也是在那里开始发家致富的，不过手段却不是那么光明磊落。石崇发现自己治下多与富商大贾往来，于是派人化装为江洋大盗，专门抢劫这些富商，日积月累竟然成了西晋的一大富豪。

石崇到了洛阳，听说王恺是出了名的豪富，有心跟他比一比。他听说王恺家里洗锅子用饴糖水，就命令自家厨房将蜡烛当柴火烧。此事一传开，大家都议论石崇家比王恺家阔气。王恺不服气，他在自家门前的大路两旁，夹道四十里，用紫丝编成屏障。谁要上王恺家，都要经过这四十里紫丝屏障。这个奢华的装饰，把洛阳城轰动了。石崇听说后，决心比过王恺，他用比紫丝贵重的彩缎，铺设了五十里屏障，比王恺的屏障更长、更豪华。王恺又输了，但是他绝不善罢甘休，向他的外甥晋武帝请求帮忙。晋武帝觉得这样的比赛挺有趣，就把宫里收藏的一株两尺多高的珊瑚树赐给王恺，好让王恺在众人面前夸耀一番。有了皇帝帮忙，王恺比阔气的劲头更大了。他特地请石崇和一批官员上他家吃饭。宴席上，王恺得意地对大家说："我家有一株罕见的珊瑚树，请大家观赏一番怎么样？"大家当然都想看一看。王恺命令侍女把珊瑚树捧了出来。那株珊瑚有两尺高，长得枝条匀称，色泽粉红鲜艳。大家看了赞不绝口，都说是一件罕见的宝贝。只有石崇在一边冷笑。他看到案头正好有一柄铁如意，顺手抓起，朝着大珊瑚树正中轻轻一砸。"咣啷"一声，一株珊瑚被砸得粉碎。

周围的官员们都大惊失色。主人王恺更是满脸通红，气急败坏地责问石崇："你……你这是干什么！"石崇嬉皮笑脸地说："您用不着生气，我还您一株就是了。"王恺又是痛心，又是生气，连声说："好，好，你还我来。"石崇立刻叫随从回家去，把他家的珊瑚树统统搬来让王恺挑选。不一会，一群随从回来，搬来了几十株珊瑚树。这些珊瑚中，三四尺高的就有六七株，大的竟比王恺的高出一倍。株株条干挺秀，光彩夺目。像王恺家那样的珊瑚，那就更多了。周围的人都看呆了。王恺这才知道石崇家的财富，比他不知多出多少倍，也只好认输。这场比阔气的闹剧就这样结束了。石崇的豪富就在洛阳出了名。当时有一个大臣傅咸，上了一道奏章给晋武帝。他说："这种奢侈浪费，比天灾还要严重。现在这样比阔气、比奢侈，不但不被责罚，反而被认为是荣耀的事。这样下去怎么得了？"晋武帝看了奏章，根本不理睬。他跟石崇、王恺一样，一面加紧搜刮，一面穷奢极侈。西晋王朝一开始就这样腐败，就注定要发生大乱了。

留下千古笑话的皇帝——晋惠帝

中国历史上有过很多皇帝，有的皇帝善于打仗，例如汉武帝刘彻；有的皇帝善于写诗作词，例如南唐后主李煜；有的皇帝善于玩弄权术，例如晋文帝司马昭。可是有个皇帝因说过荒诞的话而成为千古笑柄，这个皇帝就是中国历史上典型的昏庸无能的晋惠帝司马衷。

司马衷的祖父是司马懿，父亲是晋武帝司马炎，伯父是司马师。这三个人都是玩弄权术的高手。司马炎也是一个善于玩弄权术的皇帝。可他这么聪明的人怎么会让蠢笨的儿子当皇帝呢？司马衷是晋武帝司马炎的第二个儿子，晋武帝的皇后是杨皇后，生了三个儿子，大儿子两岁就夭折了，二儿子司马衷顺理成章当了太子。司马衷从小就不爱读书，整天只懂吃喝玩乐，不务正业。司马炎对此很发愁，他看出这个儿子太过愚笨，未来不适合当皇帝，担心司马衷会丢了祖宗开创的家业。朝中大臣也委婉劝说司马炎：司马衷不适合当皇帝。司马炎有心废黜他，另立太子。可司马炎宠爱司马衷的母亲杨皇后，杨皇后又偏偏喜爱这个蠢笨的儿子，这令司马炎犹豫不决。

正当司马炎为此事犹豫不决之时发生了一件巧事。一天深夜，宫中着起大火，晋武帝司马炎急忙穿衣登楼查看火情。这时年仅五岁的孙子司马遹却拉着爷爷的手躲到了暗处。司马炎问他为什么这么做，司马遹回答："深夜昏暗不清，应该防备异常情况发生，不宜让亮光照见陛下。"司马炎特别惊喜，这么小的孩子有这样的心思，真是不简单，司马遹是司马衷的儿子。为了这个可爱的孙子将来能当太子，司马炎从此不再想废掉司马衷的事。

司马衷没有被废，还与他的妻子有关。司马衷的妻子贾南风，是开国元老贾充之女，比司马衷大两岁，貌丑而凶狠，怀有政治野心，并且手段毒辣，阴险狡

128

诈。有一次，司马炎为了测试一下司马衷的思维能力，特意出了几道问题考他，并限他三天之内交卷。司马衷拿到题目以后，不懂如何作答。他的妻子贾南风见此，便立刻请来几位有学问的老先生为司马衷解答难题，并逼着司马衷把答案背下来。司马炎看了答卷后，以为儿子的思维还是很清楚的，也就放心了。

一些大臣倒是很替司马炎着急，担心愚笨的太子当不了皇帝，有的大臣就大胆前去建议。大将军卫瓘屡次想向皇帝建议换太子，可这是皇家大事，攸关生死，卫瓘也不敢直接向皇帝提出自己的意见，只能委婉地表达。有一次，皇帝与大臣们在凌云台聚会宴饮。卫瓘装着喝醉了酒，趔趔趄趄地走到皇帝床前，双膝跪地，参拜皇上，说："我想上奏。"司马炎说："你要说什么？"卫瓘冒着冷汗，欲言又止，不敢直接说，他用手抚摸床说："这个位置可惜呀！"司马炎心里明白，也没有明确回答，故意装作不懂，对卫瓘说："难道你真的醉了吗？"随即命人把卫瓘送回家中。群臣们明白了皇帝的心思，再也没有人提替换太子之事。

司马炎一死，司马衷继位，遇事要他自己定策。司马衷不但没有很好地治理国家，稳定住他的皇位，还闹出了不少笑话。

有一年夏天，晋惠帝与随从到华林园去玩。他们走到一个池塘边，听见里面传出呱呱的青蛙叫声。晋惠帝觉得很奇怪，于是便问随从，这些咕呱乱叫的东西是为官还是为私的？一国之君哪有问这么可笑的问题的，连几岁的孩童都不会这么无知天真。随从们感到皇帝的问题很可笑，知道这是一个蠢笨的皇帝，但又不好不回答，也就顺着他说："禀皇上，在官家里叫的，就是官家的；若在私家里叫的，就是私人的。"

又有一年闹灾荒，老百姓没饭吃，到处都有饿死的人，灾情十分严重。一天朝会的时候，有大臣神色凝重地向晋惠帝禀告："皇上，大灾来临，颗粒无收。老百姓没有饭吃，已经饿死很多人了，请皇上制定良策，救济灾民！"晋惠帝眯着眼睛，听完后，一脸不屑，诧异中带有指责地问报告灾情的大臣说："何不食肉糜？"用今天的话说就是："没有饭吃，为什么不吃肉粥呢？"在他看来，这怎么是问题呢，没有米，就吃肉呗！报告灾情的这位大臣听了，顿时无语，站在那里愣了半天说不出话来，真是让人哭笑不得，无可奈何。是呀！灾民们连饭都吃不上，哪里来的肉粥呢？由此可见晋惠帝是如此的愚蠢糊涂，过着花天酒地的生活，竟然以为百姓可以随便吃肉粥。无怪乎在后来的"八王之乱"中，被赵王司马伦篡夺了帝位，而"何不食肉糜"与糊涂的晋惠帝一起成为千古笑话。

　　昏庸的晋惠帝没有能力执掌朝政，皇后贾南风完全控制住了司马衷。贾南风不能生育，没有自己的孩子。晋武帝司马炎喜欢的那个小孙子后来被立为太子，但他是司马衷的妃子所生。贾南风狠毒地害死了太子，又以谋反罪废了婆婆杨太后。

　　晋惠帝无能力治理朝政，使贾南风得以专权，这引起了西晋诸侯王的强烈不满，晋朝的各个藩王都是司马宗亲，不久便爆发了历史上著名的持续十六年之久的"八王之乱"，各个藩王争抢着要当皇帝。其核心人物有汝南王司马亮、楚王司马玮、赵王司马伦、齐王司马冏、长沙王司马乂、成都王司马颖、河间王司马颙、东海王司马越，当时的社会一片动乱。

　　八王之乱中，贾南风设计杀死汝南王司马亮、楚王司马玮，贾南风本人也被赵王司马伦处死。

　　光熙元年（公元 306 年）十一月十七日夜里，晋惠帝司马衷在长安显阳殿因为吃了东海王司马越送的毒饼而驾崩，终年四十八岁。

八王之乱

　　路人皆知有谋篡之心的司马昭没有完成改朝换代的意愿，其子司马炎付诸实践，于公元 265 年自立为皇帝，建立晋朝，是为晋武帝。西晋建立后，结束了近百年的战乱分裂局面，统一了中国，百姓也得到了暂时的休养生息。

　　晋武帝司马炎篡夺魏国政权，建立西晋后，吸取曹魏灭亡的教训，恢复了古代的分封制，封皇族二十七人为王，以防止权臣篡权，巩固晋王朝的统治。藩王有各自的领地、百姓和军队，成为实际上的独立王国。同时，又大封异姓士族为公、侯、伯、子、男等爵位，他们都有封地，同样置军。

　　这样一来，诸侯王国成为晋朝内部强大的割据势力，这个举措不仅没有防止内乱，反而催生了一批觊觎帝位的野心家，最终上演了"八王之乱"的闹剧。战乱参与者是汝南王司马亮、楚王司马玮、赵王司马伦、齐王司马冏、长沙王司马乂、成都王司马颖、河间王司马颙、东海王司马越。

　　公元 290 年晋武帝重病时下了道密诏，让自己的弟弟汝南王司马亮和杨皇后的父亲车骑将军杨骏共同辅佐智商近似白痴的太子司马衷（晋惠帝）。司马亮与杨骏不和，杨骏就同杨皇后串通，扣住密诏，伪造了指定杨骏单独辅政的诏书。司马衷继位后，杨骏一人辅政，独揽了大权。

　　晋惠帝的皇后贾南风是权臣贾充的女儿，野心勃勃、阴险毒辣，很有心机。她不甘心杨骏操纵政权，也想插手朝廷大事。她派人跟司马亮联系，密谋讨伐杨骏，司马亮却犹豫不决。但贾皇后与年轻气盛的楚王司马玮一拍即合。司马玮起兵讨伐杨骏，进入洛阳都城，在贾皇后支持下，胁迫晋惠帝下诏杀死杨骏、杨珧、杨济兄弟三人和亲族党羽，株连而死几千人。废黜杨太后为庶人，迫使她绝食而死。

　　杨氏集团被消灭后，司马亮为太宰，负责处理尚书事务，总理朝政。司马玮升任卫将军兼领北军（守卫京城北部的禁军）中侯，掌握兵权。司马玮野心勃勃企图独揽朝政，司马亮常常受司马玮的摆布。司马亮对司马玮的刚愎自用、生性残暴又恨又怕，就同晋室的三世老臣、德高望重的卫瓘频繁来往，想借卫瓘的势力除掉楚王司马玮。

贾皇后利用两兄弟之间的矛盾，施展手段，先要晋惠帝下手诏给司马玮，让他率领北军杀死汝南王司马亮和卫瓘等人。在司马玮杀司马亮的当天夜里，又把司马玮骗到皇宫宣布：楚王司马玮假造皇帝诏书，擅自杀害汝南王等人，罪不容赦！杀了司马玮。为了掩人耳目，又假惺惺地隆重安葬司马亮和卫瓘，追封两人官爵。从此，朝廷上没有辅政的大臣，晋惠帝只是名义上的皇帝，贾皇后实际控制了大权。

贾皇后专权七八年，心狠手辣，恣意妄为，朝廷内外人心惶惶。贾皇后害怕太子长大后即帝位对自己不利，就施展阴谋于公元 299 年，迫使晋惠帝废除了太子。

贾皇后原来的心腹、掌握着禁军的赵王司马伦见贾皇后不得人心，想取而代之。就故意散播谣言，说大臣们正秘密扶植太子复位，贾皇后听到风声，惊慌失措，把太子毒死。司马伦一箭双雕除去了太子，制造出讨伐贾皇后的理由，又利用大臣们不满贾皇后的骄奢霸道，以谋害太子的罪名派禁军副统领齐王司马冏带兵逮捕了贾皇后，把她废贬为庶人囚禁在后宫。

公元 300 年，赵王司马伦撤换了贾皇后的同党，假传圣旨，让自己担任持节都督、都督中外诸军事、相国、侍中等显要官职，把持了朝政。司马伦一年后称帝，软禁了晋惠帝。他即位后封左右亲信为官。当时，官服的帽子用貂尾做装饰，司马伦封官太多太滥，官府和民间的貂尾不够用，只好找狗尾巴凑数。老百姓编歌谣"貂不足，狗尾续"，讽刺鸡犬升天的当朝官吏。

赵王司马伦篡夺帝位激起了宗室诸王的反对，出镇许昌（今河南许昌市东）的齐王司马冏首先起兵讨伐司马伦，得到成都王司马颖、河间王司马颙等人的响应。三王联军打着清理逆臣的旗号讨伐司马伦，与司马伦军在洛阳附近混战了两个多月，死了十多万人，赵王司马伦兵败被杀，晋惠帝重新复位。司马冏入京辅政，封为大司马，掌握朝政。

长沙王司马乂又联合西镇关中的河间王司马颙反对司马冏，出兵进攻洛阳，

132

军抵新安（今河南渑池县东）。双方军队在京城激战，混战三天三夜，司马冏兵败被杀。长沙王司马乂掌握了政权。

司马颙派大将张方率领精兵七万联合成都王司马颖的二十多万大军，借口司马乂"论功不平"，进攻京城。在双方兵力悬殊，洛阳城危在旦夕的情况下，东海王司马越勾结部分禁军，拘禁司马乂，并向外兵求和，把司马乂交给张方用火活活烤死。司马颖进入洛阳，当了丞相，但他仍然回到自己的封地邺城（今河北临漳县西南），遥执朝政，废太子覃而自谦皇太弟，一时政治中心由洛阳移到邺城。

东海王司马越对成都王司马颖的专政不满，便率领禁军挟晋惠帝北上进攻邺城。司马越也在山东再次起兵，向西进攻关中。司马颙和司马颖败走，相继被杀。司马越迎晋惠帝还洛阳，随后把晋惠帝毒死，立晋惠帝的弟弟豫章王司马炽为帝，是为晋怀帝。晋朝大权最后落入司马越手中。至此，"八王之乱"才宣告结束。

八王之乱是"波澜壮阔"的窝里斗，皇族司马氏之间展开了一场又一场血腥残酷的厮杀，参战诸王多相继败亡，数十万百姓丧命，许多城市被洗劫和焚毁。洛阳十三岁以上的男子被迫服役，城内米价贵到一石万钱，不少人因饥饿而死。百姓陷于苦难深渊，出现大规模的流亡浪潮。社会经济被严重破坏，西晋的力量消耗殆尽，这是导致西晋灭亡的原因之一。

周处改过自新除三害

周处除三害改过自新的故事流传千古，成为人们弃恶从善的榜样。周处是江东父老非常尊敬的东吴将军周舫的儿子，他继承了父亲的好身体，从小力大过人，在老家义兴是有名的少年大力士。他身强力壮，但不务正业、狂放不羁，成天惹是生非，蛮不讲理，欺负百姓。洋洋得意的周处不知道，乡里的百姓都很厌恶他，把他看成当地祸害之一。那时候，义兴县境内的河里有条蛟龙，山里有只白额吊睛猛虎，时常在河中和山上侵害老百姓。当地的人们把周处和蛟龙、猛虎看做"三个祸害"，而且在这"三个祸害"中人们认为又以周处最厉害。

有一次，周处问乡里的老人："现在风调雨顺，年岁丰收，人们为什么还不开心呢？"老人叹口气说："三害不除，怎么能开心？"周处问："有哪三害？"老人说："三害是南山的白额虎、长河的蛟龙和你呀！"周处一怔，然后说："如果所担忧的就这三害，我一定除掉。"

于是，周处上山杀死了白额吊睛猛虎，接着又下山来到蛟龙作恶的河边与蛟龙搏斗。蛟龙为躲避周处的刺杀，时而浮出水面，时而沉入水底，在大河里游了很远的路。周处一直紧紧地跟着它，三天三夜过去了，人们认为周处已经死了，都奔走相告，弹冠相庆。

周处杀死了蛟龙浮出水面，游到岸边，看到人们奔走相告，为他已不在人世而互相庆贺时，他知道自己被人们认为是祸害了。他自我反省，决心改过自新。

他到吴郡请教当时远近闻名、受人尊敬的大文人、大才子陆机、陆云两兄弟，请求他们指点迷津。从此以后，周处一面跟陆机、陆云学习，刻苦读书，一面洗心革面，改过自新，修养自己的品德，重新做人。

经过努力，周处终于成了名扬四方的忠臣孝子和"知错就改"的典范。晋惠帝时，周处担任御史中丞，他公正严明，弹劾官吏的时候从不回避权贵国戚。

刘聪杀兄即位

刘聪，匈奴人，自幼聪慧好学，博览经史典籍，善书法、诗赋，熟读《孙吴兵法》，汉化程度很高。他武艺精强，勇猛矫捷，臂力过人，能拉开三百斤的强弓，文武双全，冠绝一时。刘聪年轻时常游历洛阳，广结名士豪杰。西晋八王之乱后，他归附成都王司马颖，拜为右积弩将军。

公元304年，刘聪的父亲刘渊，称汉王，建立汉赵政权。公元308年，刘渊称帝，授第四个儿子刘聪为车骑大将军，后又封楚王。公元310年七月，汉高祖刘渊病逝，太子刘和继位。

刘和生性多疑，不知道广施恩德。朝中居心不良的人开始给刘和出馊主意。其中，有刘和的舅舅呼延攸，刘渊在世时，因为呼延攸既没有才能，也没有德行，所以始终没有给他升官，他就怀恨在心；侍中刘乘，也一直怨恨他；卫尉西昌王刘锐，因刘渊临终授命顾命大臣时没有他，也对刘渊怀恨在心。这几个人一起密谋，他们对刘和说："先帝不考虑局势的轻重，让三位藩王在皇城里统领强兵，让大司马刘聪统帅十万人马驻扎在近郊。这样，陛下成为他人那里寄寓的皇帝了。应该尽早考虑对策啊。"

二十日夜，刘和宣招安昌王刘盛、安邑王刘钦。刘盛说："先帝的棺椁还没有安葬，四王刘聪也没有变节，一旦自相残杀，天下人会怎么说陛下？再说大业刚开始，陛下不要听信挑拨离间的小人谗言猜忌兄弟，兄弟尚且都不能相信，还有谁值得相信呢？"

呼延攸、刘锐听了怒不可遏道："今天商议，没有别的道理可讲，领军你这是什么话！"命令随从杀了刘盛。刘盛死后，刘钦害怕地说："全听陛下吩咐。"第二天，刘锐率领马景攻打单于台的楚王刘聪，呼延攸率领永安王刘安国攻打在司徒府的齐王刘裕，刘乘率领安邑王刘钦攻打鲁王刘隆，派尚书田密、武卫将军刘璿攻打北海王刘义。田密、刘璿冲过关卡挟持刘义归附刘聪，刘聪穿上铠甲等待刘锐。刘锐得知刘聪有防备，迅速班师回营，与呼延攸、刘乘一起攻打刘隆、刘裕。刘裕、刘隆相继被杀死。呼延攸、刘乘怀疑刘安国、刘钦有异心，又杀了他俩。二十三日，刘聪攻克西明门。刘锐等人逃进南宫，前锋跟随着他。二十四日，刘聪在光极殿西室杀了刘和，抓住了刘锐、呼延攸、刘乘，斩杀首级后悬挂在交通要道的路口示众。

大臣们请刘聪即位，因为北海王刘义是单太后的太子，刘聪让皇位给北海王。刘义流着泪坚持请刘聪即位，刘聪坚持了好久后才同意，说："诸公正是因为祸乱困扰还多，看重我年纪大几岁罢了。这是国家的事业。我怎么敢推辞！等刘义长大，我将把大业交还于他。"刘聪即位，宣布大赦，改年号为光兴。

刘聪即位后，尊奉刘渊妻单氏为皇太后，尊奉刘聪的母亲张氏为帝太后。刘义为皇太弟，兼大单于、大司徒。立自己的妻子呼延氏为皇后，呼延氏是刘渊皇后的堂妹。封儿子刘粲为河内王、刘易为河间王、刘翼为彭城王、刘悝为高平王。封石勒为并州刺史，封汲郡公。刘聪在位期间，是匈奴汉国最强盛的时期。

苻生多行不义

西晋灭亡后，北方地区进入五胡乱华的战乱时期。氐族苻洪军事集团强大起来。苻洪死后，其子苻健继承父位统领部众，成功入关，定都长安（今陕西西安）。公元351年称天王，建立前秦，年号皇始。次年，即皇帝位。后屡次作战征服其他反抗前秦的关内势力，击败北伐的晋军。

苻生是苻洪的孙子，苻健的儿子。他自幼无赖，生性残暴，瞎了一只眼，祖父苻洪很讨厌他。苻生孩童时苻洪问侍者："我听说瞎子一只眼流泪，是真的吗？"侍者回答说是。苻生大怒，拔出佩刀刺向瞎的那只眼，眼睛流出血，他说："这难道不是眼泪么？"苻洪非常吃惊，用鞭子抽打他。苻生说："我生来不怕刀刺，岂能受不了鞭打？"苻洪说："你如果继续这样下去，我把你贬作奴隶。"苻生说："难道如石勒不成？"苻洪听后很害怕，对苻生的父亲苻健说："这孩子很狂暴，要尽早除掉他，不然长大后一定会成为我们家的祸患。"苻健的弟弟苻雄劝他说："孩子长大以后性情自然就会改变，没你想的那样可怕。"

苻生长大后，被封为淮南王。他力举千斤，雄悍好杀。能手格猛兽，跑得比骏马还快，击刺骑射，冠绝一时。东晋桓温率十万兵北侵前秦，苻生单骑执刀驱入晋军，如入无人之境，斩将数十人。此后晋兵一见苻生便心胆俱裂。

前秦太子苻苌死后，强太后想立小儿子苻柳为太子。景明帝苻健因为谶文中有"三羊五眼"字句，就立苻生为太子。公元355年六月，苻健去世，苻生继位。服丧期间，苻生游玩宴饮一如往常。接见大臣的时候，刀剑、锤、钳、锯、凿等准备得一应俱全。

苻生继位后暴虐至极，兽性毕露，杀人无数，手段残忍恶劣，尽诛顾命大臣。继位时间不长，后妃、公卿以下的官员及奴仆被杀的有五百多人，被截断小腿、折断肋骨、锯断脖子、剖开肚子的数不胜数。苻生在太极殿宴请群臣，尚书令辛牢做酒监。喝到兴头上时苻生责问辛牢："怎么不劝他们喝酒？"没容辛牢申辩就将他射死。群臣见状大惊，不敢不喝醉，苻生这才高兴。

苻生容不得不同意见，肆意杀戮建议人。发三辅民修治渭桥时，金紫光禄大夫程肱劝谏："此时修桥有害农时，不应劳民。"苻生命令将其拖出去斩首。

苻生亲舅舅、光禄大夫强平实在看不过去，劝谏苻生应爱民事神。话还未说完，苻生命左右用凿子凿穿强平的头顶。卫将军广平王黄眉、前将军新兴王苻飞、建节将军邓羌等急忙叩头劝谏："强平是强太后的兄弟，稍稍惩罚一下就行了。"苻生根本不听，催促左右快凿强平。强平脑破浆流，死于非命。因劝谏，苻生降黄眉为左冯翊，苻飞为右扶风，邓羌为咸阳太守。三人因素有勇名，苻生没有将他们杀死。后来黄眉作战有大功，苻生不仅不封赏反而经常当众侮辱他。黄眉忍无可忍，图谋杀苻生自立，事发被诛。强太后因兄弟惨死，忧郁成疾，绝食而亡。苻生毫不哀恸，还自书一道诏书颁示中外，诏书说："朕受皇天之命，承祖宗之业，君临于万邦，子育百姓，嗣统以来，有什么地方做得不好？反而诽谤之声如此之多，朕杀人不过几千，却说朕残虐，这是什么道理？"

苻生即位第二年四月，长安刮起一场大风，掀掉屋瓦，许多大树也连根拔起。宫中一片恐慌，有人说敌兵来犯，大白天关着宫门，大风持续了五天。苻生查出来宣称敌兵要来的人，挖出了他的心。

有天晚上，苻生吃枣较多，第二天早晨肠胃不舒服，召太医程延诊断。程延说："陛下没什么大碍，不过是吃多了枣而已。"苻生生气地说："你又不是圣人，怎么知道我吃枣了？"竟然杀了程延。

苻生喝酒不分昼夜，有时几个月不上朝，也很少审阅奏章，奏章扔得寝宫里到处都是。苻生独眼，非常忌讳"残、缺、偏、只少、无、不全"之类的词。因误说这些词句被杀的数不胜数。

一次苻生问群臣："我统治天下以来，你们在外面听到些什么？"

有人说："主上圣明，治理得当，天下人都歌颂太平盛世。"苻生生气地说："你在奉承我吗？把他拉出去杀了。"几天后，他又问这个问题，有人吸取上次教训，改变说法说："陛下的刑罚稍微严厉了一点。"苻生又生气地说："你是在诽谤我吗？"之后把他也杀了。

特进兼御史中丞梁平老等人对苻坚说："主上失德，上下怨声载道，都有谋反的念头，燕、晋二朝也伺机而动，一旦灾祸发生，宗族、国家都要灭亡。殿下应该及早图谋大事！"苻坚心里也是这样想的，但畏惧苻生的勇猛，不敢作声。

一天夜里，苻生对服侍他的婢女说："苻法、苻坚不可信，明天应该除掉他们。"婢女偷偷地将此话告诉了苻坚，清河王苻法也知道了。苻法和梁平老及特进光禄大夫强德率领几百名精壮士兵潜入云龙门。苻坚和吕婆楼率领部下三百人敲鼓跟随，守卫王宫的将士归顺苻坚。苻坚的士兵冲进去时，苻生还酩酊大醉，惊慌地问周围的人："这些是什么人？"周围人回答说："强盗！"苻生问："为什么不叩头？""还不赶紧叩拜，不拜的就杀头！"苻坚将他废黜，降为越王。

苻坚即位后，遣使逼苻生自尽。苻生饮酒数斗，醉倒在地，不省人事，被勒毙，时年二十三岁。

临危不惧的谢安

唐代著名诗人刘禹锡写过一首流传千古的诗作《乌衣巷》：

朱雀桥边野草花，乌衣巷口夕阳斜。

旧时王谢堂前燕，飞入寻常百姓家。

诗中所提到的乌衣巷位于江苏省南京市秦淮区秦淮河上文德桥旁的南岸，地处夫子庙秦淮风光带核心地段，是中国历史最悠久、最著名的古巷。南京民间广为流传的说法是在东晋时王导、谢安两大家族都居住在乌衣巷，而两族子弟都喜欢穿乌衣以彰显身份尊贵，人称其子弟为"乌衣郎"，所以得名"乌衣巷"。入唐后，乌衣巷沦为废墟。从前穿梭于显赫之家堂前的燕子，如今已筑巢于平常百姓之家。

谢安是何许人呢？

谢安是东晋著名政治家，是魏晋南北朝时期的名士。他处事公允明断、淡定机智、气度恢宏，成功地指挥了中国历史上著名的淝水之战，成为流芳千古的名相。他还是一名书法大家，和书圣王羲之交往甚密，并向王羲之学习行书。谢安的书法代表作是《兰亭诗二首》《与王胡之诗》，作品如其人，风流倜傥。

追问《白马论》的少年

谢安出身于名门世家，其父谢裒，官至太常。谢安很小的时候就表现得与众不同，从容淡定。他在童年时，便神态沉着、思维敏捷、风度典雅，工于行书。谢安四岁时，一次偶然的机会大名士桓彝见到他，大为赞赏，说："这孩子风采神态清秀明达，将来不会比王东海（即东晋初年的名士王承）差。"桓彝也是东晋时期举世瞩目的名士，他的目光犀利，能被他高度赞赏，可见少年的谢安是多么出众。

谢安年少的时候，向东晋尚书郎、哲学家阮裕请教《白马论》，《白马论》是一个先秦流传下来的哲学问题。阮裕为了解答这个问题，就专门写了一篇论文给谢安看。当时谢安不能马上理解阮裕的话，就再三追问，反复请教。阮裕于是感叹道："能谈《白马论》的人难得，要求了解《白马论》的人更难得。"阮裕是当时的名士，辞官后隐居剡县，为人很慷慨，他曾有好车，"借者无不皆给"。有一个人因为是葬母的事情而不好意思向阮裕借车。事后阮裕听说此事，叹息说："我有车，但却让人不敢来借，要车还能干什么呢？"于是，阮裕把那辆车烧毁了。阮裕因贤达慷慨而闻名于世。通过请教《白马论》一事，阮裕看出谢安是非同寻常的少年。

谢安少年时已在上层社会中享有较高的声誉，得到名士王蒙及宰相王导的器重，然而谢安以清谈知名，他并不想凭借出身、名望去猎取高官厚禄。朝廷多次召他到朝中做官，他都拒绝了。他隐居会稽郡山阴县之东山，与王羲之、许询等人游山玩水，临溪而坐，品酒作诗，登高远呼，经常与歌舞相伴，洒脱而豪放。司徒司马昱听说后，说："谢安既然喜欢与别人一起分享快乐，也一定愿意为天下人分担忧愁，过段时间再征召他，他一定会来的。"

最初屡辞辟命，后谢氏家族在朝中为官之人尽数逝去，威胁到了他才东山再起，历任征西大将军司马、吴兴太守、侍中、吏部尚书、中护军等职。

危险中的从容淡定

桓公（桓温）埋伏好甲兵，摆下宴席，请朝中的大臣都来赴宴，准备趁此杀掉谢安、王坦之。王坦之很害怕，问谢安："有什么办法吗？"谢安神色不变，对王坦之说："晋室的存亡，在此一行。"于是和他一起赴宴。王坦之内心的恐惧越发在脸上显现出来，谢安的沉着从容更是表露在外表。他望着台阶，走到座位上，还像洛阳书生那样，吟诵嵇康的"浩浩洪流"诗句。桓温被谢安旷达高远的气度所慑服，就急忙撤掉了伏兵。王坦之、谢安以前齐名，自此以后，二人的高下就分辨出来了。

淝水之战

桓温死后，孝武帝亲政了。谢安官至司徒兼侍中，统领国家的军队，后任宰相。谢安任宰相的时候，前秦军队屡次进犯，边境被扰，军队接连失利，谢安总能淡定处之，他从大局出发，不为小的失败和挫折而慌乱沮丧，总是安抚大家，鼓励众人。东晋有了谢安，朝野上下仿佛有了定心丸。人们评价他与王导齐名，但文雅的气度更胜王导一筹。

谢安在中国历史的大舞台上演出了一场以少胜多的著名战役。在这场战役中，东晋八万士卒一举打败了前秦八十多万大军，不仅使国家转危为安，而且留下了"八公山上，草木皆兵"的历史佳话，这就是淝水之战。

苻坚重用汉人王猛之后，国力强大，在相当短的时间之内一统北方。王猛死前，一直阻止苻坚的南进政策，且劝苻坚不要攻击东晋王朝，因为他认为前秦的国力虽比东晋强，但由于前秦刚刚才统一北方，时机未成熟，加上东晋有长江天险。王猛死后七年，苻坚认为时机成熟，决定攻击东晋。前秦许多大臣表示反对，一心希望尽早统一中国的苻坚说："区区长江天险算什么？我拥有百万大军，只要我一声令下，叫士兵们把皮鞭投入长江，足可断掉流水了！"这就是成语"投鞭断流"典故的由来。

公元383年八月，苻坚亲率九十万大军从长安南下。同时，苻坚又命梓潼太守裴元略率水师七万从巴蜀顺流东下，向建康进军。近百万人的行军队伍"前后千里，旗鼓相望。东西万里，水陆齐进"。

东晋王朝在强敌压境、面临生死存亡的危急关头，丞相谢安举荐自己的弟弟谢石为征讨大都督，侄子谢玄为先锋，率领军队八万人，迎击秦军主力。这实在是一场力量悬殊的战争，东晋国内人心惶惶，没有不害怕的。连身经百战的谢玄也整日惴惴不安，一点信心也没有，想到强大的敌人竟然魂不守舍。谢安则同往常一样，文雅而有风度，不急不躁，谈笑风生。他镇定自若地指挥军队，一面让桓冲率领的十万精兵牵制秦军，让他们不能全力以赴，另一面又以谢玄为将，带着八万精兵和秦兵正面交锋。谢玄转守为攻，面对着百万大军，反倒是先手出击，趁着主力还没到只有前锋部队到达的时候，一举击溃了秦军的前锋部队；后来在淝水河畔用计大败前秦大军，留下了"风声鹤唳，草木皆兵"的故事。

谢安指挥军队时一有空就同友人登高远望，临溪作诗，表现出雅兴闲情。晋军打败秦军，谢石和谢玄派飞马往建康报捷。当时谢安正跟客人在家下棋。他看完了谢石送来的捷报，不露声色，随手把捷报放在旁边，照样下棋。客人知道是前方送来的战报，忍不住问谢安："战况怎样？"谢安慢吞吞地说："孩子们到底把秦人打败了。"客人听了，高兴得不想再下棋，想赶快把这个好消息告诉别人，就告别走了。谢安送走客人，回到内宅去，他的兴奋心情再也按捺不住，跨过门槛的时候，踉踉跄跄的，把脚上的木屐的齿也碰断了，留下了著名的典故"折屐齿"。

当强敌入侵的时候，皇帝年幼无法承担大事，真是困难重重，谢安内心的压力可想而知，但是他与王坦之齐心协力辅佐朝政，处理复杂的朝臣关系，很好地维护了东晋王朝的安稳。在淝水之战中，谢安作为东晋一方的总指挥，以八万兵力打败了号称百万的前秦军队，为东晋赢得几十年的安静和平。

但是战后谢安却因功名太盛而被孝武帝猜忌，昏庸无道的孝武帝将大权交给自己的弟弟会稽王司马道子。听信小人谗言的司马道子为了专权，与谢安有了矛盾。太元十年（公元 385 年）晚年的谢安借口救援苻坚，主动交出手上权力，自请出镇广陵的步丘，建筑新城来避祸。同年病逝，年六十六。获赠太傅、庐陵郡公，谥号"文靖"。

谢安多才多艺，善行书、通音乐。性情娴雅温和，处事公允明断，不专权树私，不居功自傲，有宰相气度。他治国以儒、道互补；作为高门士族，能顾全大局，以谢氏家族利益服从于东晋王朝利益。王俭称其为"江左风流宰相"，张舜徽赞其为"中国历史上有雅量、有胆识的大政治家"。

祖逖闻鸡起舞

祖逖是东晋南朝时期第一个举兵北伐，决意收复中原的著名将领。他闻鸡起舞的故事表现出了我们中华民族儿女自古就有发奋图强、立志报国的优良传统。

祖逖是范阳逎县人，很小的时候父亲便去世了，他原是个不爱读书的淘气孩子，喜欢习武，不愿意被各种烦琐的封建礼仪所束缚，他的兄长们都担忧他的未来。少年时期的祖逖，就是个胸怀坦荡、具有远大抱负的人，他慷慨仗义，轻财好施，侠肝义胆，常有不凡之举。他经常借兄长的名义，把家里收取的租谷织物，散发给贫困之家，因而受到乡邻宗亲们的称赞和敬重。进入青年时代，他意识到自己知识的贫乏，深感不读书无以报效国家，于是就发奋读书。他广泛阅读书籍，尤爱史书，从中汲取了丰富的知识，学问大有长进。这时的祖逖不仅努力读书，更加重视习武，苦练本领。他曾几次进出京都洛阳，接触过他的人都说，祖逖是个能辅佐帝王治理国家的人才。

正是这一时期，西晋王朝正日趋腐朽。由于门阀政治的长期统治，世家豪族广占田产、奴僮，人民群众受到残酷剥削，阶级矛盾日益严重，人民起义趋于频繁。因为威望高，祖逖二十四岁时被辟察孝廉，不久又再举秀才，孝廉、秀才是当时荐举人才的科目，入仕当官是采取荐举制。后与刘琨同为司州主簿，掌管文书簿籍。

他与刘琨因意气相投，关系非常要好，两个人都是一身正气，怀有报国之心。常常共被同寝，推心置腹地谈论时事，常常谈到深夜。有一天，祖逖与刘琨又像往常一样大谈国家之事，不觉已是半夜，刘琨很疲倦就睡着了。可是祖逖辗转难眠，回味着自己与刘琨的谈话内容，国家大业填满了他的胸膛。好不容易迷迷糊糊要入睡，忽然听到鸡叫声，这不是黎明到来前夕的鸡叫，而是三更前的鸡叫，古人把这叫作"荒鸣"，荒鸣叫被认为是不吉利的，预示着将要有战事。祖逖听见这忽然而起的"荒鸣"猛然一惊，从床上跳下来，摇醒了沉睡的好友刘琨，对刘琨说："你快醒来，听听，荒鸡在叫，荒鸡一叫，天下将要有战乱！快起来！"睡梦中的刘琨猛然惊醒，也跳下床，提剑和祖逖一起冲出门去。到了院子当中只见夜色深深，星月满天，一切如常。但是两个年轻人的心并没有因此平静。他们深知这平静背后的危机。

祖逖和刘琨为自己的国家担忧，西晋皇族内部为了夺权明争暗斗，魏晋以来居于边境并逐渐内迁中原的匈奴、羯、氐、鲜卑、羌等少数民族，由于不满晋朝的统治和压迫，纷纷起来反抗，民族矛盾和阶级矛盾互相交织并日趋尖锐，社会动乱愈益严重。祖逖对刘琨，说："荒鸣不是不好的声音，是对我们的提醒呀！"于是两人在庭院中开始舞剑，两个人互相鼓励，如果天下大乱，就应该挺身而出，好好干一番事业。从此他们每天鸡叫后就起床练剑，剑光飞舞，剑声铿锵。冬去春来，从不间断。功夫不负有心人，经过长期的刻苦学习和训练，他们终于成为能文能武的全才，这就是"闻鸡起舞"典故的由来，现在我们常用这个成语来形容发奋有为，也比喻有志之士，及时振作。

不久，国家危机真的来临。晋王朝历史上有名的蠢笨皇帝晋惠帝司马衷登位，皇后贾氏趁机弄权，引发了一场持续不断的宫廷政变，以汝南王司马亮等为首的皇室诸王互相攻杀夺权，史称"八王之乱"。晋怀帝永嘉五年（公元 311 年），汉国主刘聪趁着晋王朝内乱，以王弥、刘曜为将率领军队攻陷了京城洛阳，烧杀抢掠，死了很多无辜的百姓，连皇帝都成了俘虏，京城混乱，百姓到处逃生。祖逖带着一家老少及亲戚乡邻渡过长江向南逃难。连晋元帝司马睿也渡江难逃，到了建康匆忙建立新的都城，史称东晋。司马睿到这时才觉得需要有才能的人挽救危局。于是他任命祖逖为军咨祭酒，祖逖驻在京口，聚集起骁勇强健的壮士，准备北伐，夺回失去的河山。但是司马睿一直没有北伐的志向，东晋王朝上上下下都贪图安逸。

后来占有中原的藩王争权夺利、互相残杀，北方的汉族百姓遭受少数民族的统治者残酷掠夺，北方一片混乱，祖逖北伐的心情更迫切了，他对司马睿说："晋朝的变乱，不是因为君主无道而使臣下怨恨叛乱，而是皇亲宗室之间争夺权力，自相残杀，这样就使戎狄之人钻了空子，祸害遍及中原。现在晋朝的百姓遭到摧残，大家都想着奋起杀敌，大王您派遣将领率兵出师，让像我一样的人统领军队来光复中原，各地的英雄豪杰，一定会有闻风响应的人！"听了祖逖这番话，司马睿不好意思拒绝，他任命祖逖为奋威将军、豫州刺史，仅仅拨给他千人的口粮，三千匹布，不供给兵器，让祖逖自己想办法募集。祖逖带领自己私家的军队一百多人渡过长江，到江心的时候，面对滚滚长江，想到国家支离破碎，自己因此背井离乡，又想到青年时期与刘琨闻鸡起舞的雄心壮志，不禁感慨万千，他用船桨敲打着船舷说："祖逖如果不能使中原光复成功，就像大江一样有去无回！"他激昂的声调和豪壮的气概，让随行的壮士非常感动，人人激奋，这就是"中流击楫"的由来。

他们到淮阴驻扎，建造熔炉冶炼浇铸兵器，又招募了两千多人然后继续前进。

北方是石勒建立的后赵所占有，控制着中原大部分地区。祖逖一路势如破竹，很快击破了依附石勒的堡、坞等割据势力。石勒屯兵戍守的地盘日渐缩小。石勒又派遣精锐骑兵来抗击祖逖，但都被祖逖一一击退。祖逖的影响力越来越大，他亲爱众人礼贤下士，即使关系疏远地位低下的人，都以礼相待。因此来投靠他的人也越来越多，连石勒手下镇守戍卫的士兵都归附于他。

祖逖青年时期就学习兵书，所以他深懂用兵的谋略，他的军队和后赵的将军桃豹争夺蓬陂城。战斗了四十天，相持不下，双方的军粮都已经快吃完了。有一天，祖逖用布袋装满了泥土，派一千多名兵士扛着，装作运粮的样子将布袋运到了晋营。最后又派了几个兵士扛着几袋米，运到半路上，故意停下来休息。赵营里早已断了粮，桃豹在赵营内看到晋兵运来那么多的米，立刻想办法要抢，趁晋兵休息之时，后赵派了大批兵士偷偷前来。晋兵将计就计丢下米袋就逃。赵兵抢到了这点米，只勉强维持了几天，看到晋营里军粮那么充足，军心就动摇了起来。桃豹赶快派人向石勒求援。过了几天，石勒派了一千头驴子运送粮食接济桃豹。祖逖早就探得情报，在路上设下伏兵，把后赵的粮食全部截夺下来。桃豹再也支持不住，连夜放弃阵地逃跑了。祖逖领导晋兵艰苦斗争，收复了黄河以南的全部领土。

晋元帝继位后，因为祖逖功劳大，封他为镇西将军。祖逖在艰苦的战斗环境中和将士们同甘共苦，自己的生活很节约，将省下的钱用于帮助部下。他还奖励耕作，招纳新归附的人。即使是跟自己关系疏远和地位低下的人，他也同样热情地对待，百姓都很拥护他。有一次，祖逖举行宴会招待当地父老，人们高兴得又是唱歌，又是跳舞。有些老人流着眼泪说："我们都老了，能够在活着的日子里看到亲人，死了也可以闭上眼睛了。"

祖逖一面操练士兵，一面扩充兵马，准备继续北伐，收复黄河以北的国土。他怎么也没有想到昏庸的晋元帝竟对自己不放心。晋元帝怕祖逖势力太大了不好控制，派了戴渊来当征西将军，统管北方六州的军事，让祖逖听他指挥。戴渊是典型的不思进取、力主偏安的人。祖逖辛辛苦苦收复失地，反而受到朝廷的牵制，心里很不舒服。不久，当祖逖听说他的好友刘琨在幽州被王敦的人害死，又听说掌握重权的大将军王敦与担任北伐重任的镇北将军刘隗是势不两立的仇人，王敦从不把北伐当成大事，一门心思争权夺利，一旦发生内乱，北伐岂不是又功亏一篑？祖逖心里又是忧虑，又是气愤，最终病逝。豫州的男女老少听到祖逖去世的消息，像自己的亲人去世了一样伤心。祖逖虽然没有完成收复中原的事业，但他那中流击楫的英雄气概，一直被后人所传诵。

祖逖病逝，大将军王敦更加肆无忌惮，在第二年便发动了叛乱。

刘渊建汉

刘渊是西汉时期匈奴首领冒顿单于的后裔。汉高祖刘邦和亲，将宗室之女作为和亲公主嫁给冒顿单于，并与冒顿单于结为兄弟，冒顿单于的子孙因此都以刘氏为姓。

刘渊，字元海，幼时就非常聪慧，是匈奴左部帅刘豹之子，汉化程度很深。刘豹死后，他代为左部帅。晋武帝又任命他为北部都尉，晋惠帝时为五部大都督。刘渊在任期间，严明刑法，禁止各种奸邪恶行，他好施舍，与人相交，推诚相见，匈奴五部的豪杰都纷纷投奔到他的门下。

在各地流民不断起义之时，内迁的少数民族上层分子也相继起兵反晋。其中，刘渊、石勒起兵最早。司马颖任命匈奴刘渊为冠军将军，总理五部匈奴的军政事务，让他在邺城统领军队。刘渊的儿子刘聪臂力过人，能拉开三百斤的大弓，博览经史典籍，很有才华，与京都名士素有交往。司马颖见他聪颖机智，就任命他为积弩将军。

晋"八王之乱"，中原混战时期，刘渊的堂祖父、右贤王刘宣眼看反叛的时机已到，对族人说："自从汉朝灭亡以来，我们的单于都是徒有虚名，不再有一寸土地。其余的王侯，地位降到与老百姓一样。现在司马氏骨肉亲人互相残杀，四海动乱如同鼎中沸腾的水，光复呼韩邪的事业，正是时候！"族人们在一起谋划，推举刘渊为大单于，派呼延攸到邺城去告诉刘渊。刘渊知道后十分高兴，他在邺城，借口北归故地会合行送葬之礼，请求丞相成都王司马颖让他回乡，司马颖没答应。刘渊让呼延攸先回去，并通知刘宣等人让他们召集五部匈奴及其他族，表面上说是要援助司马颖，实际上打算伺机叛变。

王浚和东嬴公司马腾起兵以后，刘渊趁机劝司马颖道："现在幽、并二州的

148

镇守将领，部下十多万人，人多势众，禁军和附近郡县的军队恐怕都无力抵挡，我请求为殿下回去说服五部匈奴来救国难。"司马颖说："真的能发动五部匈奴吗？即使能发动他们，鲜卑、乌桓也很难抵挡。我想侍奉皇帝回洛阳，以避开他们的锋芒，然后再向天下发布檄文，宣布他们为叛逆，来制服他们。你认为怎样？"

刘渊回答道："殿下是武帝的儿子，为王室立过大功，威武恩德远播，四海皆知，又有什么难以发动的呢？王浚是个小人物，东嬴公是皇帝远亲，怎可与殿下相提并论！殿下如果离开邺城，就是向人示弱，能不能到洛阳还未能确定。即使到了洛阳，殿下的威望权势也不会像现在这样了。我请求为殿下用两部匈奴摧毁东嬴公，三部匈奴杀王浚，悬挂两个人的头颅，计日可待。"

司马颖听完刘渊的分析很高兴，任命刘渊为北单于、参丞相军事。公元304年刘渊回到左国城。刘宣等人奉上大单于称号，用了二十天召集了五万人，并在离石县建都，封刘聪为鹿蠡王（匈奴藩王封号）。王浚与鲜卑、乌桓等族军队攻打邺城，司马颖兵败离开邺城，侍奉惠帝返回洛阳。

虽然司马颖不与刘渊商量就自行逃跑了，但刘渊仍然打算发兵攻打鲜卑、乌桓。刘宣劝谏道："我们被晋朝奴役，现在他们骨肉相残，这是上天要复兴我们呼韩邪单于的大业啊。鲜卑、乌桓是我们的同类，可以支援我们，怎么还要去攻打他们呢？"刘渊说："对！大丈夫应当像汉高祖、魏武帝那样，呼韩邪哪值得效仿呢？"

刘渊将都城迁到左国城。归附他的胡人、汉人越来越多。公元304年，刘渊自称汉王，国号为汉（史称汉赵、前赵），追尊刘禅为孝怀皇帝，建造汉高祖以下三祖五宗的神位进行祭祀，立妻呼延氏为王后。刘宣等人请求奉上皇帝尊号，刘渊说："现在天下还没有平定，暂且像汉高祖当年那样称汉王。"

公元308年，刘渊正式称帝，迁都平阳，国号为汉。宗室刘氏以亲疏远近为等级，都封郡县王，异姓以谋谟战功依次封为郡县公、侯。以刘宣为丞相，刘宏为太尉，刘和为大司马，刘欢乐为大司徒，呼延翼为大司空，呼延攸为宗正。即王位，改年号为元熙。

晋孝武帝死于妇人之手

晋孝武帝司马曜是东晋第九任皇帝，晋简文帝司马昱第六子，十一岁时，因晋简文帝驾崩而继承皇位。即位初，由大司马桓温辅政。桓温死后，由从嫂崇德太后褚蒜子临朝听政。太后归政后，朝政实权由以谢安为代表的陈郡谢氏掌握。太元八年（公元 383 年）在谢安的辅佐下，司马曜击败前秦大军，赢得淝水之战的胜利，保全了东晋王朝的国运。

司马曜主政时期，利用士族门阀的人才断层时期，致力于冲破门阀政治的格局，恢复了司马氏的皇权。他亲自处理国家的政事，权力与威望出自己手，很有君主的气度。

但不久，司马曜就沉湎酒色，将朝廷的政事推给他的弟弟会稽王司马道子代管。司马道子嗜酒，他和晋孝武帝一起耽于享乐，沉湎酒色，把高歌狂饮当成主要事情。晋孝武帝司马曜还极度奢侈挥霍，亲近三姑六婆、和尚尼姑。他左右的侍从人员也趁机争权夺利，互相勾结，公开贿赂，封官加赏又杂又滥，刑罚惩戒混乱冤错。尚书令陆纳遥望着皇宫叹息道："这么好的一个家，小孩子要把它折腾坏呀！"左卫领营将军许营呈奏章说："现在任用官吏、管辖百姓、政治与教化都没有标准，对无罪之人滥施暴行。当禁当行的法令不明确公布，抢劫、偷盗公然横行。过去，陛下也曾下令命臣属们知无不言，尽可以规劝讽谏，大家把建议提出来集中到一起呈给陛下时，却没有一个建议被采用。"奏章呈上之后，晋孝武帝也不回复。

在晋孝武帝和司马道子"酣歌为务"的外表下，兄弟之间也潜藏着深刻的矛盾，发展成"主相相持"格局，朝政也日趋昏暗。"主相相持"直接表现为外戚太原王氏内部的矛盾，即晋孝武帝皇后一系和王妃一系之间的斗争。太原王氏继陈郡谢氏而兴，但既无人才亦无事功，不足以制约皇权以维持政局的平衡，只有分别依附司马氏而贪图门户利益，这与此前的门阀政治格局大不相同。司马道子成为宰相后，权势越来越大，袁悦之劝司马道子专揽朝政，王恭请晋孝武帝杀袁悦之。晋孝武帝托以它罪杀袁悦之于市中，使朝政更加混乱。

晋孝武帝嗜酒如命，经常在内殿流连迷醉，很少也很难允许宫外的人进见。他最宠爱张贵人，后宫都非常害怕她。公元396年九月二十日，晋孝武帝和后宫的嫔妃们一起宴饮，美女和乐队在一旁侍候。晋孝武帝故意调笑张贵人说："按照年龄来说，你也应该被废黜了，我心里更喜欢年轻的。"张贵人心中气愤。晋孝武帝这天喝得大醉，晚上在清暑殿就寝。张贵人拿酒赏赐所有的宦官，打发他们出去。然后，让贴身服侍的婢女用被子蒙住晋孝武帝的脸，杀了他。再用重金贿赂左右的侍从，声称晋孝武帝是在"睡梦中惊悸窒息突然死去"。太子司马德宗愚昧懦弱，会稽王司马道子昏庸荒淫，对此事都不追究问问。中书令王国宝深夜前来，叩打禁宫的大门，打算进去为晋孝武帝撰写遗诏，侍中王爽拒绝了他的请求说："皇上去世，皇太子还没有赶到，胆敢闯入的人，格杀勿论！"次日，太子司马德宗即皇帝位，宣布大赦。

晋孝武帝司马曜是昏君，司马道子父子是乱臣。昏君乱臣当朝，朝政必然混乱。昏君死于妇人之手，也无可惋惜。

参合陂大战

参合陂之战是十六国后期，北魏大败后燕的一场重大战役。

东晋时期，中国北方各少数民族逐渐强盛起来。匈奴、羯、氐、羌、鲜卑等民族先后在黄河两岸和北部建立起十六个国家，史称"五胡十六国"。公元384年，慕容垂恢复燕国，定都中山（今河北定州），史称后燕。公元386年，慕容垂称帝。与此同时，鲜卑族的代王拓跋珪，定都盛乐（今内蒙古和林格尔），改国号为魏，史称北魏。两国为了称霸北方，互相厮杀。魏燕参合陂（今内蒙古凉城东北，另一说是今山西阳高）之战，就是在这种形势下发生的。

公元395年五月，后燕国主慕容垂派太子慕容宝、辽西王慕容农、赵王慕容麟统领八万人，从五原出发讨伐北魏。范阳王慕容德、陈留王慕容绍带领步兵、骑兵一万八千人作为后续部队。这时，后燕散骑常侍高湖劝谏燕主说："北魏与我们燕国几世以来都是姻亲，他们内部发生天灾人祸时，是燕国帮助他们渡过难关。我们对他们的恩德够深厚了，与他们的友好关系已经很久了。虽然出现过向他们要马被拒绝而扣留了拓跋觚的事情，但错误和起因是我们，怎么能突然调动军队进攻魏国呢？何况拓跋珪沉稳勇武、极富谋略，从小经历过艰难困苦，现在兵强马壮，不应该轻视。太子慕容宝年轻气壮，意志果断，势头正盛，把进攻北魏的指挥权交给他，他一定会轻视北魏而简单地对付他们。万一结果不像我们想的那样，就损伤了太子的威望，同时又坏了大事，请陛下再仔细想想这件事！"他的言辞有些激烈，慕容垂感觉不中听，十分生气，当即罢免了高湖的官职。

北魏长史张衮知道后燕大军即将到来，向魏王拓跋珪献计说："燕国受了之前的滑台、长子两次战役胜利的鼓舞，这次动员全国的兵力来进攻我们，内心会轻视我们，我们应该表现得疲惫羸弱，让他们更加轻视、骄傲，这样就可以攻克他们了。"拓跋珪听从了他的计策，命令将所有部落的牲畜和资产全部迁到黄河以西一千多里以外的地方躲避。后燕军队来到五原，收降了北魏其他部落的居民三万多户，收割杂粮一百多万斛，设置了黑城，大军开进到黄河边，打造船只，准备渡河用具。拓跋珪派遣右司马许谦去后秦求援。

八九月，魏王拓跋珪在黄河南岸整顿队伍，开拔到黄河边。后燕太子慕容宝摆开阵势，准备渡河与北魏接战，突然狂风大作，几十艘战船被刮到黄河对岸，船上三百多身着盔甲的士兵，也都成了北魏的俘虏，但北魏将他们全部释放，遣送回后燕。

慕容宝从中山出发时，慕容垂患有疾病。到五原后，拓跋珪派人埋伏在从中山来的必经之路上，劫持后燕的信使，将送信人全部抓住。慕容宝几个月没有得到慕容垂的消息。拓跋珪把劫持的后燕信使带到河边，命令他隔河告诉慕容宝："你的父亲慕容垂已经死了，你为什么还不早点回去？"慕容宝等人听后担心害怕，士兵也惊骇不安。

拓跋珪派陈留公拓跋虔带领五万骑兵驻扎在黄河东岸，东平公拓跋仪带领十万骑兵屯据在黄河北岸，略阳公拓跋遵带领七万骑兵堵在后燕国军队的南边。拓跋遵是拓跋寿鸠的儿子。这时候，后秦文桓帝姚兴也派遣杨佛嵩带军前来支援北魏军。

后燕与北魏两国互相对阵，僵持了许多天，后燕赵王慕容麟的部将慕舆嵩等人以为慕容垂死了，图谋叛乱，拥奉慕容麟为后燕国主。消息泄露后，慕舆嵩等人被处死，慕容宝与慕容麟之间产生了嫌隙，互相怀疑。十月二十五日，后燕军焚烧了自己的战船，趁着黑夜撤退回国。这时黄河上还没有结冰，慕容宝以为北魏的部队无法渡过黄河来追击，就没有派出侦察部队。十一月初三，突然狂风大作，黄河上结了很厚的冰，魏王拓跋珪挑选了两万多精锐骑兵，留下军用物资，带兵过河，火速从冰面上渡河追赶后燕部队。

后燕部队走到参合陂，突然刮起了大风，一片黑气如一道堤岸，从后燕军后面压了上来，直至覆盖了后燕军。佛教高僧支昙猛对慕容宝说："风云突变是北魏部队要追来的征兆，应该派兵准备抵抗。"慕容宝认为离开北魏军已经很远了，笑而不语。支昙猛不断请求，慕容麟大怒说："以我们殿下的神勇英明，军队的强大，足以在沙漠上横行，梳发拖辫的族人怎么敢跑这么远追击我们！支昙猛胡说八道，扰乱军心，理应斩首示众！"

支昙猛哭着说："苻坚拥有百万雄师，却在淮南淝水之战中遭到惨败，正是因为自恃兵众多而轻视敌人，不相信天道的缘故啊！"慕容德劝慕容宝听从支昙猛的话，慕容宝这才派慕容麟率领三万骑兵断后，以防万一。慕容麟认为支昙猛是胡说，成天放纵骑兵游猎，不设置任何防备。慕容宝派骑兵向西侦察北魏军队的行踪，骑兵只走出十几里地，就解下马鞍倒头睡觉。

北魏的军队昼夜兼程前进。初九黄昏，追到了参合陂西边。后燕军在陂东，扎营在蟠羊山南面的河旁。拓跋珪连夜部署，各个将领隐蔽，让士卒们含着枚（防止喧哗的器具，形如筷子），扎紧马的嘴，悄悄地接近后燕军。初十，太阳一出来，北魏军已经登上了山头，下面就是燕军大营。后燕军队正准备向东进发，回头发现北魏骑兵从天而降，后燕军惊慌失措，混乱不堪。拓跋珪趁势驱兵攻击，后燕军奔跑落水，人撞马踩，轧死淹死者数以万计。

略阳公拓跋遵的部队阻挡在逃跑的后燕军的前边，四五万后燕兵放下武器束手就擒，逃出去的也不过几千人。太子慕容宝等人单枪匹马逃出，得以幸免。北魏军队杀死了后燕右仆射陈留悼王慕容绍，活捉了鲁阳王慕容倭奴、桂林王慕容道成、济阴公慕容尹国等文武官员几千人，缴获的兵器甲胄、粮草辎重等不计其数。

魏王拓跋珪在后燕被俘大臣中选择有才能的人留下。其余的打算发放衣服粮食，放他们回家，想以此恩德博得百姓的好感。中部大人王建说："后燕国势强大，人口众多，这次倾全国之力进攻，我们侥幸获得这么大的胜利，不如把他们全杀掉，后燕就空虚了，以后再想攻打它也就容易了"。于是，北魏把所俘的后燕将士全部活埋了。

参合陂大战重伤了后燕的实力，加速了后燕的灭亡，北魏势力进入了中原，开始吞并慕容氏的领土，成为北方最强大的势力。

这场战役也奠定了北魏统一北方的基础。数十年后，北魏结束了北方的分裂局面，进入相对稳定与和平的南北朝时代。参合陂之战也成为中国从三百年的大分裂重新走向统一的转折点。

慕容熙荒淫失国

后燕昭文帝慕容熙十分宠爱皇后苻训英。皇后喜好游玩打猎，慕容熙一再取悦皇后，同皇后外出游猎，向北登上白鹿山，向东越过了青岭，向南到达了沧海边上，竟然玩了大半个国家，玩得尽兴了才返回龙城。百姓为此困苦不堪，在这个过程中，有五千多士兵被虎狼吃掉或被冻死。

适逢高句丽侵犯燕郡，杀略一百多人。慕容熙兴兵进攻高句丽，他让苻训英也跟随着。慕容熙说："不得抢先登城，等到把敌寇的墙铲成平地的时候，我和皇后乘坐辇车进去。"由此，城中高句丽得到喘息的机会。天又下起大雪，死了很多士兵，慕容熙只得率兵返回。夕阳公慕容云（本名高云，太子慕容宝收他为养子，赐姓慕容，封夕阳公）被箭射伤，又害怕慕容熙的凶残暴虐，便以有病为借口，辞官回家。

慕容熙还为皇后苻训英兴建承华殿，建筑用土需要人从北门外运来，不仅劳民伤财，还使泥土的价格上涨到与粮食的价格相同。宿军典军杜静拉着棺材赶到慕容熙的殿前拜见慕容熙，极力劝谏。慕容熙极为愤怒地杀了他。苻皇后在盛夏的时候想吃冻鱼，在隆冬季节忽然要吃生地黄，慕容熙为了满足她的要求，下令相关部门一定办到，弄不到的，就把当事人杀掉。

公元407年四月苻皇后去世，慕容熙痛哭得晕了过去，过了很长时间才苏醒。他像死了父母那样地为苻皇后举行丧礼，还为她披麻戴孝，饮食也只喝稀粥。命令满朝文武在宫内设置皇后的牌位，一起痛哭，派人检查，没有流眼泪就治罪。大臣们只好在嘴里含上辛辣的东西，刺激落泪。

高阳王慕容隆的王妃张氏既美丽又聪明，是慕容熙的嫂子，慕容熙想用她殉葬，诬陷她为死者缝制的鞋子里有坏了的毛毡，赐她自杀。右仆射韦缪等人都担心慕容熙自己去殉葬，每天洗澡更衣，等候命令。

从公卿以下的官员到普通百姓，每户都必须参加皇后陵墓的修建，以致官府的积蓄消耗殆尽。陵墓占地方圆几里，慕容熙对监工说："将它修得好好的，我也要住进去。"

慕容熙准备把符皇后埋葬在徽平陵。由于送丧的车驾太高，就把北城门拆了，这才得以出去。送葬时，慕容熙披散着头发，赤着双脚，跟着灵柩走了二十多里。

当初，中卫将军冯跋和他的弟弟侍御郎冯素弗因事获罪，慕容熙要诛杀他们，冯跋等人逃到深山中。慕容熙施政暴虐，征收、摊派繁重的赋税和徭役，百姓苦不堪言，无法忍受。冯跋、冯素弗与堂兄弟冯万泥谋划："我们不如趁着百姓怨声载道的时机，一起发动战乱，或许还可以建立一番大业。即使失败，再死也不晚。"他们乘上马车，让一个妇女驾驭着，暗中混进了龙城，藏在北部司马孙护之家里。

冯跋一直与夕阳公慕容云关系友善，想推举慕容云为盟主，慕容云以自己有病为借口辞谢。冯跋劝说道："慕容熙荒淫暴虐，百姓和上天都已怒不可遏，这是上天要他灭亡的时候。您出生在名门高氏家族，怎么能甘心做别人的养子，放弃这千载难逢的机会呢？"

慕容熙出城送葬后，冯跋等人和左卫将军张兴，以及符进的余党发动政变。冯跋的弟弟冯乳陈等人攻打弘光门，呐喊着冲了进去，禁卫军溃散逃跑。冯乳陈他们冲进宫中，分发宫中的武器盔甲，关闭城门坚守。中黄门赵洛生逃出城向慕容熙报告。慕容熙说："这几个老鼠一样的强盗，能干成什么大事？我现在就回去诛杀他们。"他把符皇后的灵柩放在南花园，穿上盔甲，飞马回奔，当夜赶回龙城，进攻北门但没有攻克，露宿在城外。

慕容熙退到龙滕苑驻守。尚方兵褚头翻越城墙投奔慕容熙，告诉他护卫营的士兵仍然一心效忠，只等大军到来。

慕容熙听了这番话后，却莫名其妙地惊恐不安，自己跑了出去，从河道边上偷偷跑走，左右的人也不敢追随。很久之后，左右将领们看他还不回来觉得很奇怪，就出去寻找，但只找到了慕容熙的衣服帽子，人却不见了。中领军慕容拔对中常侍郭仲说："大事马上就要成功了，皇上却无缘无故地惊恐，实在是太奇怪了。"眼下城中将士正盼望我们回去，回去一定能成功，我们不能在这里多耽搁。

我去攻城，你留在这里等候皇上。找到皇上，就赶快来。如果没有找到，等我按计划把都城平定安抚了之后，再慢慢寻找也不迟。"慕容拔和其他将领分别率领两千多名士兵进攻北城。

城里的官兵以为是慕容熙回来了，纷纷放下武器请求投降。然而，很长时间都没有见到慕容熙露面。慕容拔的军队又没有后续的影子，攻城的士兵们心中既怀疑又恐惧。最终，只好放弃攻城，回到龙腾苑，士兵全部溃散逃走。慕容拔被城中乱军杀死。慕容熙穿着平民百姓的衣服，藏在树林中被抓住。

慕容云即天王位，改年号正始，史称"北燕"。慕容云列数了慕容熙的罪状，杀了他，又杀死了他的几个儿子。北燕政权取代了后燕政权，慕容云恢复姓高。

慕容熙失国的根本原因是他骄奢淫逸、荒淫残暴。宠爱苻皇后达到病态的程度。性格上的缺陷导致他以色厉内荏、荒诞残暴来掩盖自己内心极不自信和胆小怕事、遇大事惊慌失措的心理。因此，在争斗白热化态势下他无心了解事态的发展，竟然抛弃军队孤身逃走，逃离掌控大局的现场。

萧宏敛财如山

公元 502 年，雍刺史萧衍取代了南齐称帝（梁武帝），建立了梁朝，定都健康（今南京），这是南北朝时期南朝的第三个朝代。梁朝初期，梁武帝励精图治，纠正前朝宋齐的弊端。国力开始上升，政权也巩固了。但是，从此时开始，梁武帝渐渐好大喜功，放任官员腐败。

梁武帝的六弟临川王萧宏生活奢侈，权力滔天、奋力敛财、贪得无厌。他身兼侍中、太尉、扬州刺史等职，既无勇无谋，也不得军心。有一次，他率军出征，赶上半夜下起暴雨，风声呼吼把萧宏吓得胆战心惊，他竟然带着几个亲随丢下大军逃跑，梁军因群龙无首而溃散了。

萧宏治军昏庸无能，却精通搜刮钱财和集攒贵重用品，从不满足。家里用来收藏财物的库房有一百间，他将窗户封闭起来，房门锁得严严实实，不让外人知道底细。这就引起有些官员的好奇与猜疑，以为萧宏有不可告人的秘密，甚至怀疑他私藏武器，有谋反的迹象，就向梁武帝告发。

梁武帝听后有些不高兴，他挺喜欢萧宏，说要去看个究竟。他派人给萧宏的小妾江氏送去丰盛的酒席，传话说"要去你家和萧宏欢聚欢聚"。这天晚上，梁武帝只带着亲信射卢校尉丘佗卿到萧宏家。萧宏带着江氏早就等在客厅里了，梁武帝与萧宏、丘佗卿喝酒。半醉的时候，梁武帝对萧宏说："我去看看你后院的房子"，他站起身就往后院走，萧宏只得一起去。梁武帝见萧宏吓得直哆嗦，不禁怀疑他真有篡位的野心。其实，萧宏是怕皇上发现了他的财物责怪他，没收他的家产。到了一百多间库房门口，梁武帝叫人提着灯笼，让萧宏打开门，挨着屋检查。萧宏无可奈何地取出钥匙打开了门。门一开，梁武帝眼都看花了：这间屋子放的全是金子，那间屋放的全是银子，放铜钱的屋子里每万钱堆成一堆，上面插个黄澄澄的牌子，标着"一百万钱"，十堆算一库，再拿个紫金牌子标明，这样的屋子有三十多间。梁武帝与丘佗卿掰着手指头计算，共有现钱三亿多。其他屋子满满的塞着布、绢、丝绸、绵等各种衣料，还有生活必需的漆料、麻布、蜂蜜、蜡烛等杂货，应有尽有，不计其数，梁武帝和丘佗卿看得眼花缭乱。

武帝见没有武兵器，便松了一口气，特别高兴。他见萧宏脸上挺不自在，对萧宏说："老六啊，你这日子盘算得太好了！不比皇宫里的库房差呀！"

萧宏见皇上没有打自己财物主意的意思，也放了心。几个人又回到宴席上，继续饮酒作乐，一直到半夜。梁武帝才尽兴而归，举着从萧宏家拿来的漂亮的蜡烛，照着路，高高兴兴地回到了皇宫。

从此，梁武帝跟萧宏兄弟俩更加亲密了，他还特别关照萧宏。梁朝官员继续奢侈腐化，梁朝的政治统治也越来越糊涂。

北魏孝文帝汉化改革

淝水之战大伤了前秦的元气，苻坚曾经统一的黄河流域很快就瓦解了，分别被鲜卑、羌、羯等族建立的政权控制着。其中，鲜卑族拓跋氏建立的北魏逐渐强大起来，雄心勃勃的北魏皇帝拓跋焘，统一了北方。

这时的少数民族同汉族相处了很长时间，受到了汉族先进文化的影响。但是由于生活方式、风俗习惯、历史发展条件等许多方面的差异，民族之间的融合还很有限。北魏统一黄河流域又为民族间进一步融合提供了有利条件，北魏孝文帝拓跋宏即位时，民族融合的趋势越加明显，以游牧为生的少数民族学会了汉族人种植庄稼的技术，促进了少数民族的农业发展；汉族人学习并掌握了游牧民族所擅长的饲养家畜的技术。彼此相互影响，相互渗透，各少数民族深受其益。北魏孝文帝认识到汉文化比鲜卑族发达先进，就决心推行汉化改革，加速北魏向中原文化转变。

孝文帝的改革先从经济上开始。按以前规定，老百姓每家每年要交纳十分沉重的布、丝绵、谷物等租税。公元484年，孝文帝颁布"租调改制"。调是布匹，数目减少到原来的一半；租是谷物，也减了不少。新法令减轻了人民负担，减少了老百姓的租调数量。孝文帝还查处了一批贪官污吏，消除了层层盘剥，每年的租赋税收直接入国库，提高了政府的实际收入。既减少了官逼民反的危机，又充实了国家财政，北魏朝廷上下为之一振。

第二年，孝文帝又发布了"均田令"。"均田"是重新分配土地。以前，土地大都被贵族大地主、大官僚霸占着，农民依附到地主家里做佃户，生产的粮食政府收不上来，都被地主占有了。只有部分官家田地勉强支撑着政府。均田令下达后，重新丈量所有耕地和可以开发的荒地，由国家统一管理。均田令规定，田地

160

交给农民耕种，并借其耕牛；十五岁以上的男子每人耕种四十亩"露田"，女子二十亩。每户还另外得到"桑田"。"露田"不许转让买卖，"桑田"属于农民，按数交出租赋，可以世代相传。孝文帝在位期间，均田制收获不小，老百姓有了自己的土地，种地积极性提高了，土地开垦得多了，收成也自然提高了，粮食吃不完可以拿到集市上卖。官府收租有了保证，农民生活也安定了。在战乱多年的北方，出现了难得一见的比较稳定的生活。

经济改革增强了国家的实力，奠定了孝文帝激进地政治改革的基础。他最大的愿望是改变鲜卑族的落后风俗，吸收中原优秀文化。为此，他采取了难度极大的迁都措施。

鲜卑族是北方的古老民族。北魏统一北方后，都城迁到了平城（今山西大同）。平城仍然比富庶的中原大城市落后，而且临近蒙古高原，气候寒冷、风沙扑面，六月时还在下雪，经常狂风大作、飞沙漫天。孝文帝羡慕繁华的古都、中原文明集中地洛阳，决心迁都于此。

但是，故土难舍，迁都是国之大事，除了为躲避战乱不得已而迁徙，很少有人愿意大搬家式的改换都城。所以，孝文帝迁都的阻力极大，遭到很多官员的反对。

孝文帝对大臣们说："我也知道，迁都不是件容易事，但是，国家在北方疆土上建立起来，迁到平城，正是因为这里开化，地理位置重要。平城是适合武力开疆拓土的地方，现在天下平定了，必须搞文治了，这里不宜治理教化。洛阳是中原的大都市，自古以来是汉族人的文化中心，要改变我们的旧风俗，就要学习先进文化，洛阳最合适不过。我知道移风易俗很难，但正因为不容易，就应该迁都洛阳，以示我们的决心与诚意。你们认为怎样呢？"任城王拓跋澄当即赞成孝文帝的迁都决定，他说："陛下打算把京都迁到中原，用以扩大疆土，征服四海，这一想法也正是以前周王朝和汉王朝兴盛不衰的原因。"孝文帝非常高兴，但他还有些担心，他说："北方人习惯留恋于旧有的生活方式，那时，他们一定会惊恐骚动起来，怎么办？"拓跋澄说："不平凡的事，原来就不是平凡的人所能做得了的。陛下的决断，是出自您圣明的内心，他们又能有什么办法呢？"这就打消了孝文帝的疑虑，坚定了他迁都的决心。孝文帝高兴地说："任城王真是我的张子房呀！"

北魏孝文帝的迁都富有戏剧性，这也表现出他有勇有谋。上朝时，孝文帝不再提迁都的事，而是坚决地提出大规模讨伐南齐的计划，大臣们只好不情愿地做准备。公元493年七月，孝文帝亲自带领三十万大军，平城宫殿里有用的东西全运上车，从平城浩浩荡荡地向南进发了。

九月，大军到了洛阳，孝文帝下令停止前进，休整队伍。天一直在下雨，没有停过，道路泥泞，行军困难。孝文帝命令继续向南进发，他身穿战服，手持马鞭，骑马出发。文武官员赶到马前劝阻孝文帝南伐。孝文帝见时机到了，故意一本正经地对劝阻的大臣们说道："我们兴师动众，如果半途而废，岂不让后人笑话！朕世世代代居住在幽朔，一直想要南迁到中原。如果我们不再向南征伐，就应该把京都迁到这里，你们认为怎么样？同意迁都的人站在左边，不同意迁都的人站在右边。"南安王拓跋桢靠近孝文帝说："干成大事业的人，并不向众人征询意见。陛下如果放弃向南征伐的计划，将京都迁到洛邑，这正是我们所希望的，也是老百姓的幸运。"文武百官都高呼万岁。当时，大臣们不想南伐的意愿更强些，虽然不太情愿向南迁移到洛阳，但是又害怕再向南征伐。二选一就都站到左边了。北魏的迁都大计，就这样确定了下来。

安顿好洛阳这边，孝文帝派拓跋澄回平城宣布："圣上已经迁都洛阳，大小官吏随同前往。"王公大臣们顽固地不同意迁都，不离开平城。孝文帝亲自到平城说服并强力贯彻迁都措施。

公元494年，北魏正式把都城迁到洛阳。孝文帝参拜祭祀了历朝历代的圣人贤臣的祠庙，十分尊重和向往中原的文化。从北方迁来的鲜卑贵族和平民百姓都被洛阳丰富的文化气氛和发达经济吸引了。人们对皇帝颁布新的改革措施不再有那么深的抵触了。

迁都洛阳后，孝文帝先从皇族开始，强力推行汉化改革。孝文帝对皇族官员们说："提倡汉族礼仪，是为了改变咱们的落后面貌。总说咱们北方民族粗俗鲁莽，不懂诗书礼乐，我心里不好受。为了子孙后代能感染上优雅的举止习俗，受先进文化的熏陶，先从自己做起吧！"他颁布禁穿胡服的命令，鲜卑贵族穿起了宽大的汉族服装。

孝文帝说："孔子说：'名不正，言不顺，则礼乐不兴'，所以现在要改说汉话。要求三十岁以上的人，习性已久，可以慢慢改。三十岁以下的鲜卑人必须尽快改，现在在朝廷做官的，一律要改说汉语，违反这条就会被降职或者撤职。"

孝文帝还把鲜卑人特别是鲜卑贵族的姓氏全改为汉姓以显示与汉族没有差别。孝文帝说："我们的祖先也是黄帝，只是我们以土为神，皇天后土，土就是拓，后就是跋，以拓跋为姓。土是黄中之色，万物之元，从今以后，拓跋应改姓元。其他所有的鲜卑旧姓都以长孙、叔孙、穆、陆、贺、刘、楼、于、尉等这些汉族人的姓氏代替，民间的姓氏也改得非常多。

以前，鲜卑贵族只能在本族贵族间通婚，为了同汉族有势力的家族保持和睦，巩固北魏的统治，孝文帝废除从前的贵族婚配制度。让北魏的亲王与洛阳当地的汉族大地主家族联姻。后来又允许民间通婚，汉族同少数民族血缘密切了，北方中原地区的民族出现大融合的局面了。

北魏孝文帝拓跋宏，巩固了北魏的统治，促进了社会经济、文化的发展，在民族关系上也作出了杰出的贡献。

宋文帝自毁长城

"自毁长城"这个词来源于宋文帝杀害檀道济后的感叹。公元 420 年，控制了朝政的东晋宋公刘裕，废除晋恭帝，自立为皇帝（武帝），建立宋朝，东晋灭亡，史称刘宋，或称南朝宋，以区别后来赵匡胤建立的宋朝。刘宋共传四世，历经九帝，享国六十年。

刘裕篡晋立宋后，加封开国功臣、名将檀道济为永修县公，赐两千户食邑。檀道济是南北朝的名将，骁勇善战，他攻无不克，战无不胜，所向披靡，战功赫赫，令敌人闻之色变。

宋文帝刘义隆继位后，派征檀道济率兵北伐。二十几天内，檀道济与北魏交战三十多次，北魏节节败退。刘宋大军乘胜前进，直抵历城。然而，在檀道济势如破竹之时，北魏将领叔孙建率领一支轻骑兵截断了宋军的粮道，烧毁了刘宋的粮草。檀道济陷入困境无法继续进攻，只得从历城撤军。撤退路上，宋军有个逃兵投奔了北魏，把檀道济因为粮草匮乏而撤军的军情告诉了魏军。北魏大军立即追击来了。远远望去，魏军来的方向烟尘滚滚，刘宋大军一片惶恐。

这天晚上，宋军大营灯火通明，檀道济带领一些士兵用升、斗量沙子，装进粮袋里，用筹码计数，大声唱念。粮袋装满沙子后，把军营里剩余的粮食拿出来，覆盖在沙子上。北魏的探子夜里听到宋军唱念筹码的声音，天亮再一看，发现刘宋营内粮食堆积如山，便回去禀报。魏军以为那个逃兵故意欺骗他们，便把他杀了。

北魏追兵不敢轻举妄动，但他们的骑兵从四面围拢过来，险情没有排除。檀道济让官兵们身披铠甲，自己穿一身白色衣服，坐在马车上，命令队伍整齐有序地缓缓后撤。檀道济足智多谋，用兵神出鬼没，是能征善战的名将，北魏军看他这副样子，疑虑重重，不敢轻举妄动，也不敢追击。檀道济缓缓退兵，安全返回。在这以后，北魏军队很长时间没敢轻易进犯刘宋。

檀道济是刘宋王朝的开国元勋。他精于谋略，善于用兵，功勋卓著，在朝中享有很高威望。他的左右心腹都是身经百战的勇将，司空参军薛彤和高进之，世人将他俩比作是关羽、张飞。檀道济的儿子们也才能出众，在朝廷内外颇有影响。这就难免有"功高震主"之危。

宋文帝刘义隆，深沉有谋略，他在位期间，推行的一系列政策使宋王朝繁华一时。但他体弱多病，好猜忌、疑心重，对檀道济又猜忌又畏惧。

公元436年，刘义隆身患重病，将军刘湛劝说司徒刘义康说："皇上一旦驾崩，檀道济将不可控制。"刘义康是刘义隆的弟弟，他劝说宋文帝征召檀道济入京朝见。檀道济的妻子向氏很害怕，对他说："功勋大臣，自古以来都会被帝王猜忌。现在没有战事却召你入京，恐怕要大祸临头了。"檀道济虽然有所顾虑，也无可奈何。来到京都后，刘义隆留了他一个多月，等病情稍微好转，就放他回去。檀道济在秦淮河上了船，还没来得及出发，刘义隆的病情突然加重。刘义康假传圣旨召回檀道济到祭祀路神的地方，声称为他设宴饯行，等檀道济来后将他逮捕。宋文帝下诏："檀道济暗中散发金银财物，招募地痞无赖。趁我病重之时，图谋不轨。"将檀道济连同他的儿子、给事黄门侍郎檀植等十一人，全部诛杀，仅仅饶恕了他年幼的孙子。接着，又杀死了檀道济的心腹爱将司空参军薛彤、高进之二人。

檀道济被逮捕时，怒不可遏，目光如炬，把头巾狠狠地摔在地上说："你们是在自毁万里长城！"檀道济被杀后，北魏的文武官员欣喜若狂，弹冠相庆，庆幸地说："檀道济死了，东吴那些竖子就没有值得我们忌惮的了。"

宋文帝杀了檀道济，削弱了刘宋的军事实力，瓦解了刘宋对北魏的防御力量。北魏军不断进攻，肆意横行，刘宋朝中能征善战的将领已亡，缺乏栋梁之材，这时，宋文帝刘义隆才后悔错杀了檀道济。

元嘉之战

南朝宋文帝刘义隆元嘉年间，在继承宋武帝刘裕推行改革政策基础上开创了一个盛世，这段时间，政治较为清明，经济有所恢复，社会较为安定，是魏晋以来最好的社会局面，也是东晋南北朝国力最为强盛的历史时期，史称"元嘉之治"。

国力强盛的同时，宋文帝想收复北方被北魏侵占的土地，北魏拓跋焘对宋也是虎视眈眈。元嘉七年（公元430年），宋文帝命令到彦之率军北伐，但次年北伐失败，损失惨重。北魏和刘宋长期处于战争状态。

但宋文帝北伐之志不曾懈怠，朝中文武官员争着出谋划策，彭城太守王玄谟最为积极。王玄谟多次给宋文帝上奏章，宋文帝看后，对身边的人说："看完王玄谟给朕呈上来的奏章后，令朕心花怒放，仿佛朕已经成为汉代的霍去病，站在高高的狼居胥山上，挥师北进了。"

上至王公贵族、公主、王妃及朝廷和各地官员，下到富足的百姓，都捐出钱财帮助朝廷备战。军队人员不足，就在青州、冀州、徐州、豫州、兖州、南兖州等地招兵，十五岁以上的青壮年都要服兵役。来自长江沿岸的五个郡的新兵们集中在广陵（今江苏扬州东北），来自淮河沿岸三个郡的士兵集中在盱眙（今江苏盱眙）。同时，朝廷又广召天下各类武艺高强的人前来应考，全部给予重赏。

有关的官员认为战备物资不太充裕，朝廷命令扬州、南徐州、兖州、江州这四个地方家产超过五十万的富户和积蓄多于二十万的和尚尼姑们，一律交出四分之一的财产，供国家备战使用，战争结束后归还。

元嘉二十七年（公元450年），北魏君主拓跋焘亲自率领十万大军，南下攻宋，悬瓠城（今河南汝南）首当其冲。悬瓠的宋军兵力单薄，不到一千人，拓跋焘认为攻克悬瓠易如反掌。出乎拓跋焘的意料，宋将陈宪率领军民顽强抵抗，拼死守城。魏兵登上云梯攀登城墙，城上滚木檑石雨点般砸下，云梯上的魏兵非死即伤，没爬上云梯的慌忙向后逃去。

十万大军居然不能一举攻克不足一千官兵驻守的悬瓠，拓跋焘焦急，命令大军日夜攻城，务必拔掉这颗硬钉子。魏军建造了许多楼车，弓弩手站在楼车上向城中发射羽箭。悬瓠城中矢如雨下，军民们身背门板行走。魏军在冲车的一头甩出大铁钩，将城墙的砖石勾住，再用冲车拖曳大铁钩，准备把城墙拖倒。

情况危急，陈宪动员军民在城墙内又筑起一道城墙，在墙外加上一层木栅栏，加强防御。魏军费了九牛二虎之力将南面的城墙扯倒，看到里面还有一层城墙，惊得目瞪口呆。拓跋焘怒不可遏，指挥大军拼命攻城。陈宪身先士卒，站在墙头猛击企图攀城的魏军。城墙下的尸体越堆越高，几乎跟新筑的城墙一般高，魏军官兵踏着尸体登上城头与宋军官兵进行肉搏。宋军以防守之利击退了魏军浪潮般的攻击，越战越勇，士气大振，魏军官兵越来越沮丧。

悬瓠固若金汤，屹立在魏军的层层包围进攻中四十二天。这时宋军的援兵已到，拓跋焘只得引兵而退。这一仗，魏军损失了七万多人，守城的宋军也阵亡了一大半。

魏军撤退以后，宋文帝调兵遣将，准备北伐。他下令兵分两路向北进攻：王玄谟率领主力进攻滑台（今河南滑县东），柳元景、薛安都领兵向西北挺进。柳元景、薛安都率领的宋军锐不可当，势如破竹，攻克了弘农（今河南三门峡西南）后一鼓作气攻向陕县。但宋军的粮草不充裕，柳元景让薛安都等人先行攻城，自己到后方去催促军粮。陕城险峻坚固，易守难攻，宋军屡次发动进攻，都未能攻克陕城。

北魏洛州刺史张是连提闻报陕城危急，率领两万人马翻过崤山前来陕城援救。北魏骑兵勇猛剽悍，宋军各路人马抵挡不住敌人的进攻。薛安都勃然大怒，扔下头盔，脱下铠甲，穿着无袖的红衫，怒喝着、单枪匹马冲入魏军阵中。薛安都连挑数将落马，吓得魏军官兵连连躲闪。主将勇猛，鼓舞了官兵士气，宋军呐喊着，向敌人冲杀过去。直打得天昏地暗，日色无光。傍晚时分，宋将鲁元保领兵从函谷关赶来，立即投入了战斗。两军正打得难分难解之时，宋军援兵杀来，魏军纷纷溃退。天色已暗，宋军也鸣锣收兵。

夜半时分，柳元景派来的两千骑兵到达城南，薛安都大喜。次日天亮以后，薛安都等人在城南列好阵，等待敌人出城厮杀。不一会儿，城门洞开，魏兵呐喊着如潮水般涌了出来。两军刚一交战，两千援兵骑着战马风驰电掣般从斜刺里冲了过来，魏军吓得魂飞魄散。张是连提连斩数名逃兵，才将阵脚稳了下来。

薛安都一马当先，直向敌人扑去，他冲向哪里，哪里的魏兵就像见了猛虎一般纷纷逃避，逃不及和硬着头皮应战的纷纷落马。奋战了半天，他身上数处受伤，鲜血顺着他的手臂往下淌，在肘部凝成一团血块，长矛也断了，换了一杆又重新进入战场搏崐斗。

这一仗从太阳出山直打到太阳落山，北魏兵支持不住，终于溃败。张是连提拍马逃走时，被薛安都一枪挑于马下。主将一死，魏兵四处逃散。宋军紧追不舍，斩杀无数，有两千多魏兵做了宋军的俘虏。宋军很快攻占了陕县，直逼潼关，潼关守将娄须弃关而逃，宋军兵不血刃地占领了。

进攻滑台的宋军却不顺利，主将王玄谟不善用兵，又刚愎自用，不肯接受部将的正确意见。初围滑台时，部将见城中茅屋很多，建议发射火弓箭展开火攻，贪图城中财物的王玄谟自信能攻克滑台，不采纳部将的建议。城中军民挖好地洞、撤除了屋顶上的茅草，用火攻没有用了。

拓跋焘闻知滑台被围，亲自领兵前来救援。他先派人潜入滑台，登上城头观察宋军的虚实，待侦察人员弄清情况后溜出滑台城。拓跋焘了解详情后，立即命令大军抢渡黄河。魏军过河后擂起战鼓猛冲。宋军抵挡不住，连连败退。拓跋焘穷追猛打，王玄谟稳不住大军的阵脚，最后全军覆没。

拓跋焘指挥大军乘胜前进，将彭城层层包围。魏军奋力攻城，遇上宋军的顽强抵抗。拓跋焘生怕重蹈攻打悬瓠失利的覆辙，领兵绕开彭城南下。在盱眙城下，又遭到宋军的奋力抵御，拓跋焘又率军绕开盱眙，直抵长江北岸的瓜步（今江苏六合）。

宋文帝命令军队封锁长江，加强江防。面对滔滔江水，拓跋焘一筹莫展，前有长江天堑阻拦，后有宋兵坚守城池，万一腹背受敌，就断了退路。思索再三后，他下令撤军返回北方。北魏军队一路南下进攻，夺下刘宋的许多州郡。宋军早作好了御敌的准备，击退了魏兵一次次的进攻。刘宋抵抗顽强，军队有实力，无法吞下它，拓跋焘只好领兵而回。

元嘉之战对江北地区造成极大破坏，江南地区也深受影响，"元嘉之治"的大好局面被战争无情地破坏了。

顽劣皇帝刘子业

刘子业是南朝宋国的皇帝，宋孝武帝刘骏长子。他从小就偏激，经常被父亲孝武帝训斥。

公元464年五月，宋孝武帝刘骏去世。太子刘子业在群臣的簇拥下举行了登基仪式。因为先帝刚去世，所以仪式就不那么隆重。吏部尚书蔡兴宗亲奉玺绶，刘子业傲慢地将玺绶接在手中，脸上毫无悲戚之色。蔡兴宗见状，心中沉重。仪式结束后，蔡兴宗不无忧虑地说："当年鲁襄公死去时，继位的昭公不知道哀伤，叔孙穆知道他不能得到善终。看今天的情形，国家的祸患也不远了。"

刘子业即位前，他的父亲刘骏经常管束他。有一次，刘子业写给父亲的信字迹有些潦草。刘骏狠狠地责备了他："你怎么连字也写不好？听说你平素懈怠，脾气也暴躁，这样怎么当太子？"刘骏一度想废掉刘子业，在大臣极力劝阻下才打消了这个念头，刘子业因此耿耿于怀。

刘子业即位后下令在太庙画诸祖考画像，他亲自前去观看。在刘裕的画像前，他驻足细细观赏，竖起拇指赞叹说："好一位大英雄！"指着宋文帝刘义隆的画像说："这位也不错，可惜末年被儿子砍了头，不得善终。"看到刘骏的画像时很不高兴地问道："为什么不给他画上酒糟鼻？"令人马上补画上去。刘子业对母亲也很不尊重，太后病重，派人请他去。刘子业居然说："我听说病人那里鬼多，我怎么能到那里去？"太后听到禀报，勃然大怒，气喘吁吁地说："快拿刀来把我的肚子剖开，看看我怎么生下这样的混账儿子！

刘子业嫔妃万人，淫乱后宫，丧失人伦。他的姑姑新蔡公主刘英媚，是宁朔将军何迈的妻子。刘子业宣她入宫与她发生关系，让她离开丈夫，留在后宫。他杀了一名宫女，送到何迈府中，用公主的礼仪殡殓埋葬，谎称刘英媚去世。何迈平素豪爽，有侠士风范，豢养了许多为他效死的人。他不能忍受这种侮辱，计划趁刘子业出游时，把他废了，拥立晋安王刘子勋为皇帝。风声走漏后何迈被杀。刘子业与亲姐姐山阴公主刘楚玉乱伦，她也是淫乐无度的人。她对刘子业说："我与陛下都是先帝的骨肉。陛下后宫美女数以万计，我只有驸马一人，这不公平。"因此刘子业赐给刘楚玉面首（男宠）三十人。

公元465十一月二十九日，刘子业召集所有妃子、公主排列在自己面前，强迫左右侍从侮辱奸淫她们。刘子业叔叔南平王刘铄的妃子江氏不从命，刘子业大怒，杀了江氏的三个儿子，抽打江氏一百鞭。

他令宫女均赤身裸体与他在宫中奔跑嬉戏，不从者马上杀死。为了防止大臣谋反，他就用美女、金钱收买了宗越、谭金、童太一、沈攸之等一批将领，做自己的爪牙。刘子业狂悖无人君之道，经常杀害大臣。他忌畏各位叔父，把叔叔们囚禁在皇宫内。每天轻则羞辱，重则鞭打，对他们百般折磨侮辱。叔父中湘东王刘彧、建安王刘休仁、山阳王刘休祐肥体壮，刘子业把他们三个人装在竹笼里称重量。刘子业称呼最重的刘彧为"猪王"，刘休仁和刘休祐分别被称为"杀王"和"贼王"。刘子业在地上挖个大坑，坑里灌满泥水，坑边放个木槽，槽里盛着拌有泔水的饭菜。他剥光刘彧的衣服，让他在泥坑里像猪一样来回爬，直接用嘴在槽里吃饭，以此来取笑他。刘休仁前前后后十几次要杀了这三位叔父，只因他们生性诙谐机智，经常用说笑的办法讨好刘子业，才使三个人得以苟延残喘。

这年十一月，廷尉刘蒙的妾临产，年仅十七岁的刘子业急于立太子，把刘蒙的妾接到后宫产下男婴，刘子业称之为皇子，并为此下令大赦。刘彧说话不慎，触怒了刘子业。刘子业令人剥光了他的衣服，捆住手脚，穿上木杠，像抬猪一样将他抬起来，吩咐今天"杀猪"！刘休仁急忙抢上一步，跪倒在地哀求说："启奏陛下，这头'猪'还不该死！"刘子业怒气冲冲地问他："为什么？"刘休仁惊慌失措地说："因为皇太子还没有出生。臣以为等皇太子出生后，再杀猪，掏出猪下水，做几道下酒菜，庆贺庆贺也不迟。"刘子业听完禁不住乐了，打消了杀刘彧的念头，第二天便将他放了。不久，刘蒙的妾生了个儿子，刘子业马上宣布这个婴儿为皇子。

刘子业日益凶残暴虐，不断杀人，上至朝中大臣，下到卫兵侍从，越来越多的人对他恨得咬牙切齿。刘彧与亲信阮佃夫、王道隆、李道儿，暗地与刘子业的亲信寿寂之、姜产之等人谋划废掉刘子业。

有一天，刘子业在华林园竹林堂游玩。他让宫女们赤身露体地相互追逐，有一个宫女不肯脱衣服，被他杀了。他夜里他梦见一个女子在竹林堂对他说："你大逆不道，活不到明年麦熟季节。"他就找出一个和梦中女子相似的宫女杀了。夜里他又梦见那女子说："我已经向上天告发你！"他从梦中吓醒，大汗淋漓。

刘子业请来巫师，巫师说是竹林堂闹鬼。当天下午他亲自到竹林堂检查巫师驱鬼的准备工作。与往常不同的是他只让刘休仁和刘休祐跟随他，把刘彧一个人留在秘书省。

当天晚上，刘子业赶走所有的侍从、卫士。他和一群巫师、宫女共数百人，在竹林堂捉鬼完毕正准备奏乐，寿寂之拔出刀，带头走进竹林堂，姜产之、淳于文祖等人紧随其后。刘子业看到他们拉开弓箭准备射他，但没有射中，转身逃走，宫女们也四下逃散。寿寂之追上杀了他，大声向卫士们宣布说："湘东王刘彧遵照太皇太后的旨意，除去暴君，现在已经平定。"几天以后，湘东王刘彧正式登基做了皇帝，即宋明帝。

刘子业的荒淫残暴，顽劣至极，历代少有。这是皇帝世袭专制制度的恶果与悲哀。

171

隋文帝统一全国

隋朝（581年—618年）建立前，中国经历了自西晋末年以来近三百年的分裂和战乱时期。隋文帝杨坚建立了隋朝后，挥师南下消灭了割据南朝的最后一个朝代——陈朝，统一了全国，结束战乱和分裂局面。

隋文帝杨坚的祖上，从汉朝到魏晋南北朝时期一直是名门望族。其父杨忠是西魏和北周的军事贵族，屡建功勋，曾帮助宇文觉建立北周政权，官至柱国，封随国公。杨坚承袭了爵位，即位后认为随字不祥，有走的意思，改为"隋"。周宣帝宇文赟继位后，杨坚为上柱国、大司马，位望日隆。杨坚十五岁时，因功勋被授为散骑常侍、车骑大将军、仪同三司，封成纪县公。十六岁，升任骠骑大将军。

齐王宇文宪曾经对周武帝宇文邕说："杨坚相貌不凡，臣每次看到他，都手足无措。恐怕他不会甘为人下，请早日铲除他。"周武帝说："他只能为将而已。"内史王轨对周武帝说："杨坚貌有反相。"周武帝说："如果天命注定此人，我们又能怎样呢？"杨坚听到这些话后很恐惧，从此便韬光养晦，深自隐匿，生怕引起别人的猜疑和注意。

北周建德年间，杨坚率三万水师在河桥（今河南孟津东北黄河上）战胜北齐军。不久转任亳州（今安徽亳州）总管。周宣帝每次外出巡幸，都委任他留守京师。

公元580年五月，周宣帝宇文赟病故。宫中对外秘而不宣。大臣刘昉、郑译假传宣帝的诏命，让杨坚总管朝野内外的军队，接受杨坚的指挥。杨坚向上仪同大将军、御正中大夫颜之仪索要皇帝的兵符玺印，颜之仪严厉地拒绝道："这是天子使用的东西，自然有人掌管，宰相凭什么索要天子的兵符印玺呢？"杨坚听了勃然大怒，命令将颜之仪拉出宫去，准备杀了他。但是考虑到颜之仪在朝廷上下都很有声望，就派他去做西部边疆的郡守。

周静帝宇文阐年幼即位，北周为宣帝发丧后，汉王宇文赞担任没有任何实际权力的上柱国、右大丞相。秦王宇文贽为上柱国。杨坚为假黄钺、任左大丞相，朝中百官都必须服从左大丞相的命令。

杨坚当上大丞相后就开始了篡夺北周大权的计划。皇室有很多有实力的藩王，杨坚害怕他们在地方发动叛乱，就以千金公主将要远嫁突厥为借口，征召赵王宇文招、陈王宇文纯、越王宇文盛、代王宇文达、滕王宇文逌五王入朝，收缴他们的兵权和印信。

相州（今河南安阳）总管尉迟迥是北周的重臣宿将，在东部举兵，反抗杨坚。十五日之内，达十多万众。宇文胄在荥州（今河南荥阳西北）、石愻在建州（今广东郁南东南）、席毗在沛郡（今江苏沛县）、席叉罗在兖州（今山东兖州）举兵响应尉迟迥。尉迟迥又送儿子为人质请陈朝援助。杨坚命上柱国、郧国公韦孝宽迎战。最后，尉迟迥兵败而死。

上柱国王谦为益州（今四川成都）总管，他见幼主在位，杨坚辅佐，就发动巴（今四川巴中）、蜀民众，以救亡扶危为借口反对杨坚。王谦进兵屯据剑阁（剑门关），攻陷始州（今四川剑阁）。杨坚命行军元帅、上柱国梁睿率军讨伐，打败王谦。巴、蜀地势险要，人好作乱，于是毁坏剑阁通路，立碑铭垂诫后人。

入京后的"五王"也阴谋反叛。赵王宇文招密谋除掉杨坚，邀请杨坚到他的府邸宴饮。杨坚胆识过人，自带酒菜赴宴，观其所为。宇文招引杨坚到自己的寝室，他的儿子宇文员、宇文贯和妻弟鲁封等人都佩刀侍奉左右，还在帷幕与座席之中暗藏兵器，寝室后面埋伏武士。不许杨坚的侍卫跟随，只有杨坚的心腹，从祖堂弟，以勇武著称的开府大将军杨弘与大将军元胄坐在门旁。

酒吃到尽兴时，宇文招不断用佩刀刺着瓜果给杨坚吃，企图伺机刺杀他。元胄警觉，上前对杨坚说："相府有事，不可久留。"宇文招呵斥说："我与丞相说话，你有什么资格插嘴？"喝令他退下。元胄双目圆睁，怒气冲冲，提刀站在杨坚身旁。宇文招赏赐元胄酒喝，并说："我难道会有恶意不成！你为何如此多疑，这么戒备。"宇文招又假装呕吐，想去后阁。元胄担心有变，扶他坐好，不让宇文招离开，如此反复了多次。宇文招又假称口渴，让元胄到厨房拿水，元胄不动。正巧滕王宇文迪迟到，杨坚下台阶迎接他。元胄乘机附耳对杨坚说："情况异常，请马上离开！"杨坚说："他没有兵马，能有什么作为？"元胄说："军队是皇室的，他如果先发制人，一切就完了。元胄并不怕死，只担心而无益。"杨坚不听元胄的劝告，重新入座。元胄听到寝室后面有士兵穿戴铠甲的声音，果断地上前对杨坚说："相府公事繁忙，您怎么能如此畅饮停留！"不容分说地把杨坚拉下座床，快步离开。宇文招追赶，元胄用身体堵住门不让宇文招出去。等杨坚出了大门，元胄才从后面赶上去。宇文招十分后悔没有及时下手，以至恨得弹指出血。

几天后，杨坚以谋反罪将宇文招与越野王宇文盛处死，并诛杀了他们的儿子。为除后患，杨坚处死了代王宇文达，消除了宗室势力，重赏了元胄。

公元581年二月，周静帝以杨坚众望所归，下诏宣布禅让。杨坚接受了册书、御玺，进入临光殿，戴上冠冕，穿上衮服，按照皇帝每年正月初一朝见百官群臣的元会礼仪登基称帝。定国号为大隋，改年号为开皇，下令大赦天下。

杨坚取代了北周最后的皇帝，建立了隋朝。隋朝建立后，又经过八年的征战，消灭割据势力。公元589年打过长江，灭掉南朝最后一个朝代——陈朝，征服各蛮夷部落，突厥可汗尊杨坚为圣人可汗，表示愿为藩属，永世归顺，琉球群岛也归降隋朝，结束了中国又一次近三百年的大分裂混乱局面。隋朝还开创了先进的选官制度——科举制，社会经济和文化事业迅速发展。

陈叔宝荒淫亡国

南北朝时期的陈朝是南朝最后一个朝代。陈朝最后一个皇帝则是陈叔宝，即陈后主。陈叔宝具有诗文骚客、风流才子的特征。他心思没放在治国理政方面，而是热衷于大兴土木，荒淫无度地享受。

公元 584 年，陈后主在光昭殿前修建临春、结绮、望仙三座楼阁。每座都有几十丈高，一连几十间，用沉香木或檀香木制做窗户、壁带、悬楣、栏杆、门槛。黄金、玉石夹杂着珍珠、翡翠做装饰，挂着珠帘，宝床、宝帐、衣物与玩物都瑰丽异常。微风吹过，香味四处飘散。楼阁外面石头堆成假山，引水为池，种植着各种奇花异草。

陈后主居住在临春阁，张贵妃居住在结绮阁，龚、孔两位贵嫔居住在望仙阁，通过各楼阁之间的复道互相往来。后宫里还有王美人、李美人、张淑媛、薛淑媛、袁昭仪、何婕妤、江修容，都受到了陈后主的宠爱，也都经常在三座楼阁上游玩宴乐。

陈后主任命宫女中有文采的袁大舍等人为女学士。尚书仆射江总担任宰相，但不亲自处理政务，每天与都官尚书孔范、散骑常侍王瑳等文士十余人，侍奉后主在后宫游宴。他们与陈后主不讲尊卑之序，人们称他们为"狎客"。陈后主每次举办酒宴，使各位妃、嫔和江总等狎客一起赋诗，互相赠答。挑选其中特别艳丽的诗作谱成新曲，再挑选宫女千余人练习歌唱，分部演出。歌曲有《玉树后庭花》《临春乐》等，大都是赞美诸位妃、嫔的美丽容貌。君臣饮酒酣歌，从夜晚到清晨，以为常事。创作的"玉树后庭花，花开不复久"成为千古引以为戒的亡国之音。

陈后主最宠爱的贵妃是张丽华，她入宫后为东宫太子的侍婢，当时陈叔宝为太子。两人一见钟情，陈叔宝封她为贵妃，视为珍宝。她得到陈后主的宠幸后，生下了皇太子陈深。这又加深了后主对张丽华的宠爱，达到无以复加的程度。陈后主临朝，百官启奏国事，后主经常让张丽华坐在腿上，抱着她共同决定天下大事。

张丽华艺貌俱佳，富有神采，一头秀发长约七尺，黑亮如漆，光可鉴人。脸若朝霞，肤如白雪，举止优雅，顾盼之间光彩夺目，照映左右。更难得的是，张丽华聪明颖慧，能言善辩，会体察陈后主的心意。

张贵妃还擅长祈祷鬼神的厌魅方术，经常在后宫中进行各种不合礼制规定的祭祀，聚集女巫伴着乐声跳舞，装神弄鬼。陈后主懒于处理政事，朝中百官大臣有所启奏，陈后主靠着松软的靠垫，让张贵妃坐在他的膝盖上，两人一起审批奏表，裁决政事。

当时，百官启奏都由宦官蔡脱儿、李善度两人初步处理后再送进来。张丽华博闻强记，蔡脱儿、李善度两人没有记住的，张贵妃都能记住，无一遗漏，逐条分析裁答，没有遗漏。她还经常了解皇宫外面发生的事情，再告诉陈后主。陈后主因此越加宠爱她，地位也远在后宫诸位妃、嫔之上。

陈后主身旁的宦官与亲信内外勾结、朋比为奸，援引宗属亲戚，横行不法、卖官鬻爵、贿赂公行。都官尚书孔范与孔贵嫔结拜为兄妹，他知道陈后主最反感向他进谏批评，他就竭力奉承陈后主。陈后主每当有过失，孔范想方设法地掩饰开脱，称颂赞美他的圣明。陈后主因此对孔范大加恩宠，言听计从。大臣敢直言进谏者，孔范都构之以罪，斥逐出朝。

陈后主为皇太子时施文庆在东宫任职，他读书多，聪明敏慧，通晓熟谙吏职政务，能心算口占，处理事情井井有条，深得陈后主的亲近和宠信。施文庆向陈后主推荐与他交好的沈客卿、阳惠朗、徐哲、暨慧景等人，陈后主都给予重用，还任命沈客卿为中书舍人。沈客卿能言善辩，懂得朝廷典章常例，兼掌中书省金帛局。按照旧制，军人、官吏都不征收入市关税。陈后主因大修豪华富丽的宫室耗费极大，府库空虚、财用枯竭，经常苦于无钱支付。沈客卿上奏提出官吏平民，都得缴纳入市关税，增加征收数额的要求。陈后主任命阳惠朗为太市令，暨慧景为尚书金、仓都令史。阳、暨二人不识大体，督责苛刻而繁碎，聚敛从不满足，弄得官吏百姓怨声载道。沈客卿总领负责，每年所得收入，超过正常数额几十倍。陈后主非常高兴，认为施文庆有知人之明，特别亲信倚重他，朝廷大小事情都交给他处理。施文庆一伙人转相荐引，成为达官显贵的多达五十人。

孔范自称文武双全，满朝大臣没有人能比得过他，他很自负地对陈后主说："外面的将军都是当兵出身，只有匹夫之勇。哪里懂得深谋远虑，运筹帷幄！"随后，陈后主问施文庆："孔范说得对不对？"施文庆惧怕孔范的权势，就随声附和说："孔范说得对极了！"从此以后，将帅只要稍有过失，陈后主立刻剥夺他们的指挥权，交给文职官吏，文武官员的矛盾也越积越深，离心离德，终至覆灭。

隋文帝杨坚建立隋朝后，准备削平四海，修造战舰，命晋王杨广、清河公杨素等为行军元帅，韩擒虎、贺若弼等为总管，率兵分道直取江南。下诏历数陈后主的二十大罪。陈后主对大臣们说："我们这里的风水好极了，带着天子的王气，齐军进攻了三次，周军进攻了两次，最后打了败仗逃跑了，隋军又能如何呢？"不去做战争准备，如同以前一样天天听乐、吟诗、喝酒。

隋兵渡江，如入无人之境。沿江守将，望风而逃。后主懦怯，不懂军事。待到隋兵百万压境，召萧摩诃、任忠等人商议军事，但为时已晚。隋朝军队很快攻进建康，陈朝灭亡，陈叔宝被俘，被带到长安，住在民宅里。

隋文帝给陈叔宝的赏赐十分丰厚，几次接见他都与三品官员同列。陈叔宝仍然天天喝酒，醉酒的时候多，清醒的时候少。五十二岁亡。

诗人杜牧在陈朝灭亡两个半世纪后的晚唐时期，曾经夜泊秦淮，听到隔江传来亡国之音《玉树后庭花》，触景生情，写下"烟笼寒水月笼沙，夜泊秦淮近酒家。商女不知亡国恨，隔江犹唱后庭花"这首著名的《泊秦淮》。发出达官贵人如同陈后主醉生梦死，将要重复陈后主亡国的警示。

隋文帝废立太子

隋文帝杨坚建立隋朝后，封长子杨勇为太子，封次子杨广为晋王。公元 588 年冬天，二十岁的杨广接受隋文帝任命，统帅隋军灭了陈朝。公元 590 年，赴江南任扬州总管，平定高智慧的叛乱。公元 600 年，又率军北上击破突厥的攻势，屡立战功。

杨广容貌俊美，举止优雅，性情聪颖机敏，性格深沉持重，好学习，擅写文章，善于结交朝中大臣，待人礼貌谦卑，声誉高于其他兄弟。但他比较阴险，处心积虑地想成为太子，以继承皇位。他与越国公杨素结成联盟，一面收买太子杨勇身边的亲信，不断地向文帝进谗言陷害太子；另一方面矫情自饰，千方百计地投隋文帝与独孤皇后所好，博得他们的欢心。太子杨勇的秉性与所作所为，也给了杨广可乘之机。

太子杨勇性情宽厚，直率任性，没有心机，我行我素，不虚伪做作，不愿虚情假意地讨父母欢心。但有三件事情引起了隋文帝与独孤皇后从不满到猜忌，直至生出废太子之心。

一是太子曾经对蜀地产的精美华丽的铠甲进行装饰，隋文帝本性崇尚节俭，看到后很不高兴，告诫说："自古以来帝王无一喜好奢侈而能长久的，你作为皇位继承人，应当以节俭为先，这样才能承继宗庙。

二是有一年的冬至，太子排列乐队，大张旗鼓地接受百官朝拜，深深地刺激了多疑的隋文帝。隋文帝知道后很不满意，对朝臣说："冬至那天朝廷内外百官都去朝见太子，这是什么礼法？"太常少卿辛亶回答："百官到东宫，是祝贺，不能说是朝见。"隋文帝说："祝贺的人应该三五十人，随意地各自去，为什么由有关部门召集，一时间百官集中同去，太子身穿礼服奏乐来接待百官，能这样吗？"隋文帝因此下诏："礼法有等级差别，君臣之间不能混杂。皇太子是皇位的继承人，礼义上也是臣子，各地方长官冬至节朝贺，进献辖地的特产，但另外给皇太子上贡，不符合典章制度，应该全部停止。"从此，隋文帝对太子有戒心了。

三是太子的妃子元氏突发心脏病后两天就死了。独孤皇后责备杨勇，认为有其他原因。元氏去世后皇后不喜欢杨勇所宠爱的姜云昭训总揽东宫事务，独孤皇后就经常派人去窥伺探查，寻找杨勇的过失和罪过。

晋王杨广狡黠，他知道隋文帝的性情喜好后，就伪装自己，装得特别朴素老实，骗得了隋文帝和独孤皇后的信任。隋文帝和独孤皇后每次派人到杨广住处，无论来人地位高低，杨广必定和萧妃一起到门口迎接，摆设盛宴接待，厚赠礼品。来往的奴婢仆人因而都称颂杨广为人仁爱贤孝。隋文帝与独孤皇后驾临杨广的府邸，杨广把美姬藏到别的房间，只留下年老貌丑身着没有文饰衣服的人来服侍伺候。房间的屏帐改用朴素的幔帐，断绝琴瑟丝弦，不让拂去上面的灰尘。隋文帝看到后，以为杨广不好声色，非常高兴，喜爱杨广逐渐超出其他儿子。

杨广任扬州总管，返回扬州前向独孤皇后辞行时跪在地上流泪，皇后也潸然泪下。杨广说："我性情见识愚笨低下，常常顾念兄弟之间的感情，不知什么地方得罪了皇太子，让他常常满怀怒气，想陷害我。我恐惧谗言出于亲人之口，害怕我的酒具食器中被投毒。"独孤皇后听后气愤地说："杨勇越发让人无法忍受了。我给他娶了元氏的女儿，他竟然不以夫妇之礼对待元氏，却特别宠爱阿云儿，生下这么多猪狗般的儿子。先前，元氏被毒害死，我不能追究。他为什么对你又生出如此念头！我活着的时候他都这样。我死后该鱼肉你们了！我经常想，东宫皇太子竟然没有正室，皇上百年之后，你们兄弟几个跪拜问候阿云儿，这是多么痛苦的事！"杨广跪在地上，呜咽不止，独孤皇后也悲伤得不能自抑。从此独孤皇后下了废杨勇立杨广为太子决心。

杨广与安州总管宇文述、总管司马张衡素来亲近。宇文述为杨广出谋划策说："皇太子失去皇帝的喜爱，他的德行不为天下人所了解。您以仁孝著称，才能盖世，几次任军队的统帅，屡建大功。皇帝与皇后非常钟爱您，四海之内的声望，实际上已为您所有。但是太子的废立是国家大事，我处在你们父子之间，实在不好谋划。能使皇帝改变主意的人只有杨素，能与杨素商量筹划的人只有他弟弟杨约。我了解杨约，请您派我去京师约见杨约，一起筹划。"杨广送给宇文述许多金银财宝，资助他入关进京，进行谋划。

　　杨约是大理寺少卿，是杨素的智囊，杨素做什么事情之前，都先和杨约商量。宇文述邀请杨约，一起畅饮和赌博。每次宇文述都输，杨广以这种方式将金银财宝送给了杨约。杨约略表谢意时宇文述说："这些金银财宝是晋王杨广的赏赐，让我与你一起玩乐的。"杨约很吃惊，接着宇文述转达了杨广的意思，劝说杨约："恪守常规固然是人臣的本分，但是，因符合道义而违反常规，也是明智之人的选择。自古以来的贤人君子，都关注世情以避免祸患。你们兄弟功名盖世，执掌大权多年，朝臣中被您家侮辱的人多的数不清。另外，皇太子想做的事往往不能做到，因此常常切齿痛恨当政的大臣。您主动结好皇上，但是，想害您的人也很多。皇上一旦弃群臣而去，您靠谁庇护呢？您也知道，现在皇太子不为皇后所喜爱，皇上有废黜皇太子的意思。请皇上立晋王杨广为太子，全凭您来游说了。这时建立大功，晋王必定铭记心中，这样您就去除了累卵之危，地位像泰山一样的安全稳固了。"杨约深以为然，把这些话转告了杨素。杨素听后高兴地拍着手说："我的智慧远远达不到这儿，全靠你启发了我。"杨约趁热打铁对杨素说："现在皇帝无不采纳皇后的建议。您应当早早结交并依靠皇后，长久地保住荣华富贵，将来传给子孙后代。若是迟疑，一旦情况发生变化，太子执掌朝政，灾祸很快就要临头了！"杨素对杨约言听计从。

　　几天后，杨素进皇宫侍奉宴会时婉转地说："晋王杨广孝悌恭俭，像他父亲。"以此来试探、揣摩独孤皇后的意向。独孤皇后流着泪说："您说得对！我儿杨广非常孝敬友爱，每次皇上和我派宫内的使者前去，他必定亲自远迎。一说到要远离我们，他没有不落泪的时候。他的妻子也令人怜爱，我派婢女去她那里，她常与婢女同寝共食，哪像太子和阿云儿面对面地对坐着，整天沉溺于酒宴，亲近小人，猜疑防备骨肉至亲！所以我愈加爱怜，常常怕太子暗害他。"杨素了解清楚了皇后的意思，就竭力地说太子杨勇如何的不成器。

　　太子杨勇知道这个阴谋后，深感忧虑恐惧，但也没有办法。他在府邸后园建造平民村，村里的房屋低矮简陋，杨勇时常身穿布衣，铺着草褥子，在里面睡觉休息，希望以此避灾。隋文帝知道杨勇的不安，派杨素观察杨勇的行为。杨素到了东宫，故意很久不进门，以激怒杨勇，杨勇在言行上就表现出对杨素的恨意。杨素因此有了借口，他回去对隋文帝说："杨勇怨恨，恐怕会发生变故。希望陛下多多防备观察。"隋文帝听后，更加猜疑杨勇。独孤皇后又派人暗中探察东宫，细碎琐事都上报给隋文帝，构陷杨勇的罪状。

隋文帝对杨勇越来越疏远、猜忌，发展到在玄武门到至德门之间的路上，派人观察杨勇的动静，事无巨细随时上报。东宫值宿警卫侍官以上的名册都令归属各个卫府管辖，勇猛矫健的人都调走。左卫率苏孝慈被调出任命为淅州刺史，杨勇愈加不高兴。

杨广又让亲信段达贿赂东宫受宠信的官吏姬威，让他暗中观察太子的动静，密报给杨素。至此，朝廷纷纷议论诽谤杨勇。段达趁机威胁姬威说："东宫的过失，皇上都知道了。我已得到密诏，一定要废黜太子。你如果能告发杨勇的过失，定会大富大贵！"姬威随即上书告发杨勇。

公元600年九月，隋文帝把太子左庶子唐令则等几个人抓起来进行审讯，准备废了太子。左卫大将军五原公元劝说隋文帝："废立太子是大事，诏书若颁布实行了，后悔就来不及了。谗言说起来没有定准，希望陛下再仔细调查这些事。"

隋文帝已经听不进去了，他命令姬威把太子的罪恶都讲出来。姬威说："太子对我讲话向来极为骄横，他说：'要是有劝我的人，就该杀掉他。杀百余人，自然就永远清静了。'太子营建楼台宫殿，一年四季不停止。苏孝慈被解除左卫率官职的时候，太子愤怒得胡子都翘起来了，他挥着胳膊说：'大丈夫终有一天，杀伐决断以求痛快！'另外，东宫内所索取的东西，尚书经常恪守制度不给，太子往往立即发怒，说：'仆射以下的人，我可以杀一两个，让你们知道怠慢我的后果。'太子常说：'皇父厌恶我有许多姬妾，北齐后主高纬、陈后主陈叔宝是庶子吗？'太子曾令女巫占卜吉凶，他对我说：'皇帝的忌期在开皇十八年，这个期限快到了。'"隋文帝立即拘禁了杨勇和他的儿子，逮捕了他的部分党羽。杨素舞文弄墨，巧言诋毁、罗织太子的罪名以构成下狱之罪。

十月初九，隋文帝身着戎装，陈列军队，在武德殿召集百官和皇室宗亲，命令内史侍郎薛道衡宣读诏书，废了太子，将杨勇和他已经封王封公主的子女全部废为庶人。杨勇跪伏在地说："我应该被斩首于闹市以为后人的借鉴，幸蒙陛下的哀怜，才得以保全性命！"他眼泪流满了衣襟说完，随即跪拜行礼后离去。杨勇的长子长宁王杨俨上表隋文帝乞求允许他担当隋文帝的宿卫，文辞哀婉凄切，隋文帝看后非常难过。杨素向隋文帝进言："希望圣上应像蝮蛇螫手一样，不应再留此意。"

十一月，隋文帝立晋王杨广为皇太子。前太子杨勇被囚禁在东宫，交给太子杨广管束。杨勇多次请求见隋文帝申明冤情，都被杨广阻拦，不让父亲知道。杨勇爬到树上大声喊叫希望能见到隋文帝，杨素则谎称杨勇情志混乱，有疯鬼附身，无法复原。隋文帝信以为真，没有见杨勇。

公元604年，隋文帝在仁寿宫患病，越来越重，尚书左仆射杨素、兵部尚书柳述、黄门侍郎元岩进入仁寿宫侍奉左右。隋文帝召皇太子杨广入宫侍奉。杨广考虑隋文帝驾崩时的防备措施，写信询问杨素。杨素罗列事项回信给太子。宫人把回信误送给隋文帝，隋文帝看了极为愤怒。

清晨，隋文帝宠爱的陈夫人出去更衣，被杨广所逼迫，陈夫人拒绝了他才得以脱身回到隋文帝的寝宫，文帝见她神色异常问其原因。陈夫人流着泪说："太子无礼！"隋文帝拍打着床大声说："这个畜生！怎么可以将国家大事交付给他！独孤（皇后）误了我！"他对柳述、元岩说："召见我的儿子！"柳述等人准备叫杨广来。文帝说："是杨勇。"柳述、元岩出了隋文帝的寝宫，起草诏书。杨素知道后将此事告诉了太子杨广。杨广立刻行动，先假传隋文帝的旨意逮捕柳述、元岩，将二人关进狱中。又迅速调来东宫的兵马宿卫仁寿宫，宫门禁止出入，让宇文述、郭衍调度指挥。命令右庶子张衡进入寝宫侍候隋文帝。后宫的人员全被赶到别的房间去。

不一会儿，隋文帝去世。因此朝廷内外议论纷纷。陈夫人与后宫们听说变故，面面相觑，战栗失色。黄昏时，杨广派人送来贴着封纸，杨广亲笔写着"封"字的小金盒，赐给陈夫人。陈夫人惊惶恐惧，以为是鸩毒，不敢打开。在来人的催促下陈夫人打开了，小金盒内有几枚同心结。宫人们都高兴了纷纷说："可以免死了！"陈夫人愤怒，不肯致谢。宫人们一起逼迫陈夫人，她才拜谢使者接受小金盒。当天夜里，太子杨广在陈夫人那里留宿。

隋文帝去世后，杨广继位，是为隋炀帝。他派人将前太子杨勇绞死。隋文帝有五个儿子，长子是被前太子杨勇杀害的，次子杨广继帝位，三子秦王杨俊被妻子毒死，四子蜀王杨秀因得罪隋文帝被贬为庶人，五子杨谅因不满杨广夺嫡即位，起兵造反兵败被囚禁而死。

隋炀帝寻欢作乐亡国

隋炀帝杨广有着极高的政治素养与治国能力。但他好大喜功，生活放纵，追求奢侈，他继位后这种秉性再也不用隐瞒了。所以，为了使江南地区的物资能够方便地运到北方，攫取东南地区的财富，加强对全国政治上的控制，满足巡游江南的愿望，他征调全国的劳动力在洛阳建造新都城——东都，同时继续开凿与疏通贯通南北的大运河。

公元 605 年，隋炀帝命令宇文恺和内史舍人封德彝等人营建东都的显仁宫，宇文恺在土木工程建造方面的造诣极高。他迎合隋炀帝追求奢侈的意愿，把工程规模搞得特别浩大。显仁宫南边连接阜涧，北边跨越洛水。建造宫殿需要用到的奇材异石，从大江以南、五岭以北地区运到洛阳，一根柱子需要上千人才能拉动。他还搜求海内的嘉木异草、珍禽奇兽，以充实皇家园苑。每月征发两百万民工，日夜不停地施工。

在洛阳的西面又专门修建了供隋炀帝玩赏的大花园，名为"西苑"。西苑方圆二百里，苑内有海，周长十余里。海内建造蓬莱、方丈、瀛洲等神山，高出水面百余尺。人造的假山，亭台阁殿，奇花异草，星罗棋布地分布在山上。苑北面有龙鳞渠，曲折蜿蜒地流入海内。沿着龙鳞渠建造了十六院，院门临渠，每院由一名四品夫人主持，院内的堂殿楼观，极端华丽，如若仙境。宫内树木秋冬季枝叶凋落后，就剪彩绸为花叶缀在枝条上，颜色旧了再换上新的，景色常如阳春。池内也剪彩绸做成荷、芰、菱、芡。炀帝来游玩时，去掉池冰布置上彩绸做成的阳春美景。十六院竞相用珍馐美食来一比高低，以求得到隋炀帝的恩宠。隋炀帝喜欢在月夜带领几千名宫女骑马在西苑游玩，他作《清夜游曲》，在马上演奏。

我国古代很早就利用自然水源、修筑人工运河、灌溉农田和运输。从先秦以后各朝各代开凿了大量地方性运河,西到河南,南达广东,北到华北大平原,都有人工运河。隋朝大运河是在地方性运河基础上开通的。公元605年三月,隋炀帝命令尚书右丞皇甫议征发河南、淮北各郡的百姓一百余万人,开凿大运河的通济渠。从西苑引谷水、洛水到黄河,又从板渚引黄河水经过荥泽进入汴水,从大梁以东引汴水进入泗水到淮河。方便了从洛阳到江南的水路交通。

他又征发淮南的百姓十余万人修邗沟。从山阳(今江苏淮安)到扬子(今江苏仪征)入长江。通济渠宽四十步,渠两旁都筑有御道,栽种柳树。从长安到江都设置离宫四十余所。派遣黄门侍郎王弘等人到江南建造龙舟和各种船只几万艘。东京的官吏监督工程严酷急迫,服役的壮丁因此累病而死去的十之四五。用车装着死去壮丁的尸体去埋葬,东到城皋,北至河阳,载尸之车连绵不断。

公元608年正月,隋炀帝下诏,开凿永济渠,引沁水,南通黄河,北通涿郡。男丁不够用就征召妇女。公元610年,隋炀帝下令开凿江南河,从京口到余杭,八百多里长,十几丈宽。最后,把通济渠、邗沟、永济渠、江南河四条运河连接起来,成为贯通南北,全长四千里的大运河。隋炀帝特别喜欢外出巡游享乐,向百姓摆威风。

从东都到江都的运河刚刚完工,隋炀帝就带着二十万人的庞大队伍到江都去巡游。隋炀帝派官员造好上万艘大船。他从显仁宫出发,乘坐小朱航,从漕渠出洛口,乘坐龙舟。龙舟上有四重建筑,高四十五尺,长二百尺。龙舟最上层是正殿、内殿、东西朝堂,中间两层共有一百二十个房间,都用金玉装饰,下层是宫内侍臣住的地方。另有浮景船九艘,船上建筑有三重,都是水上宫殿。还有漾彩、朱鸟、苍螭、白虎、玄武、飞羽、青凫、陵波、五楼、道场、玄坛、板舺、黄蔑等几千艘船,供后宫、诸王、公主、百官、僧尼、道士、蕃客乘坐,并装载朝廷内外各机构部门进献的物品。运河两岸,修筑好了柳树成荫的御道。八万多名民夫被征发来给他们拉纤,还有两队骑兵夹岸护送。其中挽漾彩级以上的有九千余人,称为殿脚,都身穿锦彩制作的袍服。又有平乘、青龙、艨艟、艛艟、八棹、艇舸等几千艘船供十二卫士兵乘坐,并装载兵器帐幕,由士兵自挽,不给民夫。舟船首尾相接二百余里,灯火照耀江河陆地,骑兵在两岸护卫行进,旌旗蔽野,鼓乐喧天。队伍所经过的州县,五百里内都命令进献食物。富足的州县要献食百车,极尽水陆珍奇。后宫都吃腻了,准备出发时,就把食物扔掉埋起来。

江都在当时是个繁华的地方。隋炀帝到了江都，尽情游玩享乐，大摆威风。为了装饰出巡时用的仪仗，就花费十多万人工，耗费的钱财无数。

从这以后，隋炀帝几乎每年都出巡。他建东都、开运河、筑长城，连年大规模的巡游，无休无止的劳役和越来越重的赋税，压得百姓喘不过气来。但是隋炀帝的骄奢淫逸的心理却越来越重了。

公元611年，隋炀帝发动对高丽的战争，他从江都乘龙船，由大运河直达涿郡，亲自指挥这场战争。他下令全国军队，不论远近，一律向涿郡集中。还派人在东莱（今山东莱州市）海口督造兵船三百艘，民工在官吏的监视下日日夜夜在海边造船，得不到休息，下半身长时间泡在海水里，腰以下都腐烂得生了蛆，许多人被折磨至死，直接倒在海水里。

隋炀帝又命令河南、淮南、江南各地督造五万辆大车送到高阳，为兵士运输衣甲、帐幕。征发江、淮南民夫和船只把黎阳（今河南浚县东南）和洛口仓的粮食运到涿郡。无数的车辆和船只不分昼夜沿着陆路和运河源源不断由南向北，形成滚滚洪流。几十万运输物资的民夫，有不少在半路上被累死饿死，沿路都是倒毙的尸体。由于死亡的民夫太多，耕牛也被征用拉车，弄得田园荒芜，民不聊生。

隋朝建国之初富庶一时，隋炀帝不恤国力营建东都洛阳，修建大运河、三次征讨高丽都失败而归，他荒淫无度，滥用民力，致使百姓苦不堪言，怨声载道，最终引发民变，造成天下大乱，隋炀帝在江都被杀，导致了隋朝的覆亡。

杨素功高位重

杨素，字处道，是隋朝的开国功臣，隋炀帝杨广的亲信重臣。他自幼胸怀磊落，志向远大，不拘小节。早年，他的才能不为人所知道，只有从祖杨宽对他有先见之明，常常对子孙们说："处道出类拔萃，是个特殊的人才。"杨素从小就酷爱学习，研讨经典精义，有所贯通和发挥。他善写文章，工于草书和隶书，十分留意占卜之术。

北周天和七年（公元 572 年）三月，周武帝宇文邕诛杀宇文护，亲掌朝政。杨素因受到过宇文护的重用，遭到株连。杨素以其父杨敷死于北齐未受朝廷追封为由再三上表申诉，周武帝大怒，下令杀了杨素。杨素高声作道："作为臣子，如果侍奉的是没有王道作风、昏庸暴戾的皇帝的话，死亡就是他人生注定的事情。"周武帝听后，对杨素刮目相看，赦其无罪。

周武帝拜杨素为车骑大将军、仪同三司。他为周武帝起草诏书常常一挥而就，文辞和内容精彩，周武帝十分赞赏，对他说："好好自我勉励，不要发愁得不到富贵。"杨素应声答道："只恐怕富贵逼我，我却无心追求富贵呀！"

平定北齐的战役中，杨素请求率领部下作为先锋，周武帝答应并赐手杖一根，对他说："我想大张旗鼓地驱赶齐军，这件东西赐给你，希望你能够替我完成。"杨素跟随齐王宇文宪与北齐军在河阴大战得胜，又与宇文宪一起攻克晋州，率军队驻扎在鸡楼原。北齐君主率大军迎战，宇文宪在夜里仓皇逃跑，齐兵追赶，他的部下四散逃走。杨素与骁勇将领十余人奋力苦战，宇文宪才幸免于难。平定北齐后，杨素被加授开府职衔，改封成安县公。

隋文帝杨坚任北周丞相时，杨素与他交情很深。杨坚很器重他，任命他为汴州刺史。尉迟迥在洛阳叛乱，道路受阻，杨素无法东进。杨坚派杨素为大将军，率军进攻。杨素将其击败，调迁为徐州总管，位至柱国，封为清河郡公。他的弟弟杨岳被封为临贞公。

隋文帝即位后封杨素为上柱国，官至御史大夫。他的妻子郑氏性情褊狭凶悍，杨素愤怒地说："我如果做了皇帝，你一定没资格做皇后。"郑氏一怒之下，将此事报告给隋文帝。隋文帝非常恼怒和震惊，免了杨素的职。

杨素谋略过人，气魄宏大，平定了多方叛乱，几乎每战必胜，隋文帝不断提拔重用他。他精于权谋韬略，治军严肃整齐，违犯军令者立即斩首，决不宽贷。他善于进攻敌人，战术变幻莫测。每次与敌人开战前，他先处死有过失的将士，多的时候一次处死百余人，少的不下数十人。面对血流成河，他谈笑自若。与敌人开战时，先命一两百人进攻敌人，如不能胜利归来，不管剩下多少人，全部斩首。再命两百人进攻，方法同前面一样。将士们个个心惊肉跳，下定必死的决心，所以战无不胜。

杨素战功赫赫，受到隋文帝的宠爱，隋文帝对他言听计从，与他一起作战的将士，立有很小的功劳也会被记录奖赏。所以，虽然严酷残忍，将士们也愿意跟随他。后来，杨素代替苏威为尚书右仆射。杨素性情粗疏又好计较，对很多朝臣都轻慢排斥，连苏威也不放在眼里。隋仁寿初年，杨素为尚书左仆射，随后又为行军元帅，进击突厥，连续击败敌军。从此，突厥人远遁而去，沙漠以南再也没有他们的踪迹。

杨素受隋文帝宠爱，他所有的儿子即使没有立下任何功劳，都位至柱国、刺史。他家里僮仆数千人，后宅妻妾歌伎穿着华丽，数以千计。府邸豪华奢侈，形制有如皇宫。朝臣违逆他，杨素就暗中中伤他。趋附他和他的亲友的人，即使没有才干，他也会加以提拔，朝臣无不因畏惧而依附他。只有兵部尚书柳述，凭借自己是隋文帝的女婿，多次在隋文帝面前抨击杨素作威作福。

隋文帝渐渐疏远并开始猜忌杨素，后来诏谕说："仆射是国家的辅政大臣，不可以亲自处理细小的事务。只需三五天到尚书省议论一下大事就行了。"表面上优待体谅，实际是在削弱杨素的权力。隋文帝又下诏为他立碑，以表彰他的丰功伟业。

隋炀帝时，又升杨素为尚书令，拜为太子太师、司徒，改封他为楚国公，食邑两千五百户。杨素有辅佐隋文帝建国立业的谋略，有辅佐杨广获太子之位，但却深为杨广所忌。

公元606年，杨素在病中将一首长达七百字的五言诗赠给番州刺史薛道衡，其意新颖警拔，风格秀雅超群，成为一时难得的佳作。诗写成不久，杨素就去世了。

隋朝猛将韩擒虎

韩擒虎，字子通，河南东垣（今河南新安东）人。少年时他以胆略雄威闻名，激昂振奋，为时人所称赞。韩擒虎容貌端正、身材魁梧，相貌不凡，很喜欢读书，经史百家等书都略知大意。北周太祖宇文泰见到他与众不同，让他与自己的儿子们交游。后来，韩擒虎因为军功升任都督、新安太守，仪同三司，承袭父亲的封爵为新义郡公。

周武帝伐齐时，齐朝大将独孤永业镇守洛阳金墉城，韩擒虎仅凭一张嘴就说服他投降了。随后韩擒虎平定了范阳，任永州刺史。陈朝军队逼近光州，韩擒虎为行军总管击败了他们，又随宇文忻平定了合州。杨坚为北周宰相时，韩擒虎升为和州刺史。陈朝将领甄庆、任蛮奴、萧摩诃相互呼应声援，多次进攻长江以北地区，先后侵入北周边界时，韩擒虎屡次出击，挫其锋芒，致使陈朝的军队锐气全丧。

隋朝开国初期，隋文帝杨坚志在吞并江南陈朝、统一中国。隋文帝升文武双全的韩擒虎为庐州总管，委以平定陈朝的重任。敌人听到后，十分忧虑恐惧。韩擒虎为大举伐陈先锋，率领五百士兵夜渡长江，迅速袭占采石（今安徽马鞍山市西南），轻易地攻取了采石，半日攻下姑孰（今安徽当涂），进驻新林（今南京西南）。江南父老久闻其威名，登军门拜访者络绎不绝。

陈朝军队十分恐慌，将领樊巡、鲁世真、田瑞等相继投降。陈后主陈叔宝派蔡征领军守朱雀航（浮桥），听说韩擒虎快到了，守军四散溃逃。韩擒虎带五百名精锐骑兵，直接冲入朱雀门。陈朝军队打算抵抗，任蛮奴挥挥手说："老夫尚且投降，诸君何必再抵抗！"陈军一哄而散。韩擒虎遂平定了金陵，擒获了陈后主陈叔宝。

隋文帝随即下诏书褒扬韩擒虎，拜韩擒虎为上柱国。此前，江南流传着歌谣说："黄斑青骢马，发自寿阳边，来时冬气末，去日春风始。"韩擒虎本名豹，在平陈之际，常常骑青骢马，往返的时节正与歌谣的含义相合。韩擒虎有震慑人的威严，突厥来朝贡，皇帝对突厥使者说："你听说江南有个陈后主吗？"使者答："听说过。"皇帝命左右侍从把突厥使者引到韩擒虎面前说："这位就是抓获陈后主的人。"韩擒虎严厉地盯着使者看，突厥使者恐慌不敢直视。

隋文帝在内殿宴请韩擒虎时感情真切，礼遇优厚。传说韩擒虎回故乡不久，邻居老大娘看到他门前仪仗队很煊赫，如同帝王家，惊异地询问是怎么回事。其中有人说："我们是来迎接大王的。"又有一人病很重，却忽然仓皇失措地走到韩擒虎家说："我想拜见大王。"左右侍从惊奇地问："什么大王？"答道："阎罗王。"韩擒虎的子弟大怒要动手打他，韩擒虎制止道："生为上柱国，死做阎罗王，我已满足了。"

公元 592 年，韩擒虎去世，时年五十五岁。

瓦岗起义军的兴亡

隋朝后期,隋炀帝多次发动战争和大规模的兴建工程消耗了大量的人财物力,人民不堪重负,引起了各地的农民起义。瓦岗军是起义军中势力最雄厚的一支队伍,领导人是翟让和李密。

公元611年,东郡韦城县(今河南滑县)翟让因畏罪逃亡到瓦岗寨(今河南滑县南),聚众起事。他的同郡人单雄信,骁勇矫健,擅长骑马用槊,召集众多年轻人前往投奔。徐世勣也来投奔,他劝翟让说:"东郡是我们的乡里,很多人都认识,侵犯抢掠他们不太好。汴水从荥阳、梁郡流过,我们抢劫行船,掠夺商旅足以自给。"翟让率领众人进入荥阳、梁郡的边境,抢掠公私船只,充实物资,归附的人也就越来越多,达一万多人。

公元616年,贵族出身的李密参加杨玄感起兵失败后,投奔瓦岗军。他出谋划策,游说力量小的盗贼归附翟让。在李密的建议下,翟让积极发展势力,扩大影响,攻取荥阳。

荥阳是中原的战略要地,荥阳向东是平原,向西是虎牢关。隋的大粮仓洛口仓在虎牢关西的巩县。取得洛口仓可以得到大量的粮食,逼近东都洛阳。

隋炀帝派名将,"威震东夏"的张须陀为荥阳通守,对抗瓦岗军。李密认为张须陀有勇无谋,建议翟让与张须陀正面接战,佯败诱敌。李密率精兵埋伏在荥阳以北的大海寺附近,张须陀追翟让十余里,到大海寺以北的林间,李密伏兵四起,张须陀措手不及,陷入重围,战败被杀。隋军"昼夜号哭,数日不止",受到沉重打击。

公元617年二月,瓦岗军攻取兴洛仓,杀赃官、诛恶吏,开仓放粮,赈济贫民,深得人民拥戴,大量农民参加起义军。越王杨侗派遣虎贲郎将刘长恭率军两万五千人前往镇压被打败,隋军死者十之五六。刘长恭逃回东都。瓦岗军得到大

190

量的辎重器甲，力量壮大，声威大振。四月，瓦岗军攻下回洛仓（今河南洛阳东北），致使东都粮食缺乏，陷入困境。九月，瓦岗军攻破黎阳仓（在今河南浚县东南），开仓济贫。瓦岗军达数十万，控制了中原广大地区，达到了鼎盛时期。

与此同时瓦岗军内部争斗也趋向白热化。随着队伍的壮大，内部分化成了两派。一派以翟让为首，主要是瓦岗军的老成员；一派以李密为首，主要是隋朝降将。

公元617年十一月，李密在行军元帅府设宴招待翟让。宴中李密下令杀死翟让，徐世勣被砍伤，单雄信吓得跪在地上求饶，在场的人都惊慌不已。李密立即安抚众人，让人扶徐世勣到床上，亲自替他上药。派单雄信去安抚翟让的部下。

隋朝分崩离析，隋朝叛将宇文化及杀死隋炀帝，率领隋朝十万残兵败将北上，指向东都。李密久攻不下在东都称帝的越王杨侗，处于进退两难的境地，士气低落。杨侗派来使者招降了李密，要求李密打退宇文化及，解东都之围，封李密为太尉，执掌文武大权。

李密接连攻击宇文化及，童山战役彻底打败宇文化及，宇文化及带领伤亡惨重的两万余兵仓皇逃窜，后来被窦建德起义军彻底消灭。

童山战役结束后，李密赶回东都，准备向杨侗请功。这时东都发生政变，王世充掌了权。王世充曾经多次被瓦岗军打败，不能容下瓦岗军，一直在伺机报复。

公元618年九月，王世充带兵进攻李密。李密骄傲轻敌，部将叛变，大将单雄信坐视不救，最后失败。李密带领剩下的两万名官兵，投降了唐朝李渊，不久被李渊所杀。

瓦岗军起义历经八年，转战中原，兵至百万，所向披靡，打击了士族地主，促成了隋朝崩溃的趋势。但最后以失败告终。

隋炀帝之死

隋朝末年，中原乱兵四起，隋炀帝仍然不顾一切巡幸在江都，醉生梦死。隋炀帝的宫里有一百多间房，每个房间都十分华丽，内住美女，每天以一房的美女做主人。江都郡丞赵元楷负责供应美酒饮食，隋炀帝与萧后及被宠幸的美女吃遍了宴会，酒杯不离口，随行的一千多美女也经常喝醉。隋炀帝知道隋朝濒临灭亡，忧虑不安，退朝后戴着幅巾，穿着短衣，拄杖步行，走遍宫里的台馆，天不黑不停止，急于欣赏每一处风景，唯恐以后看不到了。

隋炀帝会占卜相面，喜欢说吴地的方言，经常在夜里喝酒，抬头观望天象对萧后说："尽管有很多人盯上我的王位已经很久了，但我此刻仍然不失为长城公陈叔宝，你也不失为沈后，姑且一起饮酒作乐吧！"有一次，隋炀帝照镜子，回头对萧皇后说："我长了这么好的一颗脑袋，该由谁来砍掉呢？"萧皇后听后很吃惊、很伤心，问他为什么这样说，隋炀帝笑着说："贵贱苦乐，都是循环更迭的，这又有什么好伤心的呢？"

公元 618 年，隋炀帝见中原已乱，不想回北方，打算迁都丹阳，保守江东，令群臣在朝堂上议论迁都之事，内史侍郎虞世基等人认为不错。右候卫大将军李才与虞世基愤然争论，极力说明不可取，请隋炀帝御驾回长安。门下录事衡水人李桐客说："江东地势低洼，气候潮湿、环境恶劣、地域狭小，对内要奉养朝廷，对外要供奉三军，百姓承受不起，恐怕最终要起来造反。"御史弹劾李桐客诽谤朝政，公卿都曲意奉承隋炀帝之意说："江东百姓渴望陛下临幸已经很久了，陛下过江抚慰统治百姓，这是大禹那样的作为。"隋炀帝下令修建丹阳宫，准备迁都丹阳。

当时江都的粮食吃完了，跟随隋炀帝来的军队中大多是关中人，见隋炀帝不想回去，很多人因思念家乡计划叛逃回乡。郎将窦贤带领部下西逃，隋炀帝派骑兵追上处决了他。但仍然不断地有人逃跑，这令隋炀帝很头痛。虎贲郎将扶风人司马德戡一向得隋炀帝信任，隋炀帝派他统领骁果（骁卫御林军），驻扎在东城，司马德戡与平时要好的虎贲郎将元礼、裴虔通商量，说："现在骁果人人想逃跑，我怕说早了被杀头。事情真发生也逃不了灭族，怎么办？听说关内沦陷，李孝常以华阴反叛，皇上囚禁了他的两个弟弟，我们的家属都在西边，能不担心这事吗？"元、裴二人恐慌地问："有什么好办法吗？"司马德戡说："如果骁果逃亡，我们不如和他们一齐跑。"元、裴二人都同意。

他们相互联络，内史舍人元敏，虎牙郎将赵行枢，鹰扬郎将孟秉，符玺郎牛方裕，直长许弘仁、薛世良，城门郎唐奉义，医正张恺，勋侍杨士览等人都参与同谋，日夜联系，在大庭广众之下无所顾忌地公开商量逃跑。有一位宫女告诉萧后："外面人人想造反。"萧后说："你去奏报皇上吧。"宫女报告后，隋炀帝大怒，认为这不是宫女该过问的事，然后杀了这个宫女。后来又有人对萧后说起，萧后说："天下的形势已经到了这个地步，没有挽救的余地了，不用说了，免得让皇上担心！"以后，再也没人说起外面的情况。

赵行枢与将作少监宇文智及历来很要好，杨士览是宇文智及的外甥，赵、杨二人把他们的计划告诉了宇文智及，智及很高兴。司马德戡等人定于三月月圆那天结伴西逃，宇文智及说："皇上无道，可是威令还在，你们逃跑和窦贤一样是找死，现在是老天爷要隋灭亡，英雄并起，想反叛的已有数万人，趁此机会起大事，正是帝王之业。"司马德戡、赵行枢、薛世良要求由宇文智及的兄长右屯卫将军宇文化及为首领，协商好了，才告诉宇文化及。宇文化及性格怯懦，能力低下，听说后脸色大变，直冒冷汗，但也听从了众人的安排。

三月初十，司马德戡召集骁果军吏，宣布计划，大家说："我们听将军的吩咐！"傍晚，元礼、裴虔通值班，专门负责大殿内。唐奉义负责关闭城门，他们商量好，各门都不上锁。三更时，司马德戡在东城集合数万人，点起火与城外相呼应，隋炀帝看到火光，又听到宫外面的喧嚣声，询问发生了什么事。裴虔通回答："草坊失火，外面的人正在扑救。"宫城内外隔绝，隋炀帝没有怀疑。宇文智及和孟秉在宫城外面集合了一千多人，劫持了巡夜的候卫虎贲冯普乐，部署兵力分头把守街道。燕王杨倓发觉情况不对，晚上穿过芳林门边的水闸入宫，到玄武门假称："臣突然中风，请让我当面向皇上告别。"裴虔通等人直接把杨侃关了起来。

十一日凌晨，天还没亮，司马德戡交给裴虔通兵马，用来替换各门的卫士。裴虔通由宫门率领数百骑兵到成象殿，值宿卫士高喊有贼，裴虔通又返回去，关闭各门，只开东门，驱赶殿内宿卫出门，宿卫纷纷放下武器往外走。司马德戡等人率领士兵从玄武门入宫。隋炀帝听说发生叛乱，急忙换好衣服逃到西阁。裴虔通和元礼让士兵撞开左阁门，进到永巷问："陛下在哪里？"一个美人告诉他们隋炀帝藏身地方。校尉令狐行达拔出刀，直接冲进去。隋炀帝躲在窗户后面问令狐行达："你难道想杀我吗？"令狐行达回答："臣不敢，只想侍奉陛下回长安罢了。"于是扶隋炀帝下阁。

隋炀帝做晋王时宠信裴虔通，对他说："你是我的老部下，有什么仇恨，非谋反不可？"裴虔通回答："臣不敢谋反，只是将士想回家乡，想尊奉陛下回京师而已。"隋炀帝说："朕也打算去，只是长江上游的粮船还没有到，既然如此，今天就和你们回去！"裴虔通布置士兵，看守隋炀帝。天亮后，鹰扬郎将孟秉派武装骑兵迎接宇文化及。宇文化及全身发抖，说不出话。有人参见时，他低头靠在马鞍上说罪过。宇文化及来到城门，司马德戡迎接他进入朝堂，称他为丞相。

裴虔通对隋炀帝说："百官都在朝堂，陛下应该亲自出去慰劳。"送上自己随从的坐骑，逼隋炀帝上马。隋炀帝嫌马鞍笼头陈旧，换了新的才骑上去。裴虔通牵着缰绳，提着刀走出宫门。叛乱的士兵欢呼声音响彻天地。宇文化及说："让这家伙出来干什么，赶快拉回去把他结果了。"隋炀帝问："虞世基在哪里？"虞世基是内史侍郎。马文举说："已经斩首了。"他们又把隋炀帝带回寝殿，裴虔通、司马德戡等人拔出刀站在旁边。

隋炀帝叹息道："我有什么罪该当如此？"马文举说："陛下抛下宗庙不顾，不停地巡游，对外频频作战，对内极尽奢侈荒淫。致使强壮的男人死于刀兵之下，妇女弱者死于沟壑之中，民不聊生，盗贼蜂起。一味任用奸佞，文过饰非，拒不纳谏，怎么说没罪！"隋炀帝说："我确实对不起老百姓，可你们这些人，荣华富贵都到了头，为什么还这样？今天这事，谁是主谋？"司马德戡说："普天同怨，岂止一人！"宇文化及又派封德彝宣布隋炀帝的罪状。

隋炀帝的爱子赵王杨杲十二岁，在父亲身边不停地号啕大哭，裴虔通杀了赵王，血溅到隋炀帝的衣服上。这些人要杀隋炀帝，隋炀帝说："天子自有天子的死法，怎么能对天子动刀，取鸩酒来！"马文举等人不答应，让令狐行达按着隋炀帝坐下。炀帝自己解下练巾交给令狐行达，令狐行达绞死了他。当初，隋炀帝料到有这一天，经常装毒酒带在身边，对宠幸的美女说："如果贼人到了，你们先喝，然后我喝。"乱事真的来到，左右都逃掉，竟然找不到毒酒。萧后和宫女撤下漆床板，做成小棺材，把隋炀帝和赵王杨杲一起停枢在西院流珠堂。

宇文化及弑隋炀帝，准备奉蜀王杨秀为皇帝，众人以为不行，杀了杨秀和他的七个儿子。又杀齐王及其两个儿子和燕王杨倓，隋朝的宗室、外戚，无论老幼一律杀死。只有秦王杨浩平时与宇文智及有来往，宇文智及保全了他。

隋炀帝杨广是与秦始皇嬴政都是历史上著名的暴君。他很有才干，扩大了领土，畅通了丝绸之路，确定了科举选才制度，创立了三省六部制。修建了工程浩大贯穿河南、河北、江苏、浙江等省，连接海河、黄河、淮河、长江和钱塘江五大水系的大运河，加强了南北联系，维护了国家统一，促进了经济的发展。但他的失败在于自己腐化堕落，骄奢淫逸。

玄武门之变

　　隋朝的统治非常短暂，经历了两代皇帝，第二代隋炀帝杨广即位后，统治残暴，兵役、徭役繁重，爆发了遍及全国的农民起义。在农民起义的打击下，隋朝仅存十九年就灭亡了。

　　随之而起是隋朝贵族李渊建立的唐朝。李渊的长子是世子李建成、二子是秦王李世民、三子是齐王李元吉，这三个儿子都是反隋战争中的领军将领。尤其是李世民，有胆有识，立下了赫赫战功。李渊当初用了李世民的谋略，才从太原起兵反抗隋朝，最后取得政权，他也最赏识李世民。中原正统的王朝有嫡长子继承制的传统，李渊在立太子问题上一直犹豫不决，最终还是立李建成为太子。

　　太子李建成战功比不上功名日盛的李世民，总有危机感，他就千方百计地培植自己的势力，在他周围聚集着一大批的皇亲国戚。他长期留守关中，在京城长安一带有坚固的基础，宫廷的守军都在他的控制之下。

　　李建成跟野心勃勃的弟弟李元吉串通起来，共同排挤李世民，讨好李渊身边得宠的贵妃们，在李渊跟前博个好名声。李世民则秉公执法，按章办事。李世民攻下东都回长安时，贵妃们以为他在隋炀帝的西苑大大捞了一把，便向他讨取隋宫珍宝并且为亲属求官。秦王回绝她们说："宝物已经造册送进了国库，官职应该授给才智出众的有功人。"

　　李世民在宫中侍宴时常常想起亲生母亲窦氏死得早，没来得及做上皇后，不免落泪。妃嫔们就在李渊面前搬弄是非，说："秦王思念死去的母亲就是嫉恨我们，陛下百年以后秦王不会容得下我们。"久而久之，李渊开始疏远李世民了。

　　齐王李元吉为人阴险凶残，曾劝李建成除掉李世民，并说："有朝一日我一定为你亲手杀了他！"李建成毕竟顾念兄弟之情，不忍心杀死李世民，就没有同意李元吉的提议。李元吉恨恨地说："我只是替大哥考虑罢了，对我有什么好处！"后来，李建成犹豫了几次，但为了保住自己以后的地位，还是下了狠心。

有一次，李建成请李世民赴晚宴，李世民毫无戒备地去了。席间频频举杯劝酒。突然，李世民感到胸口疼痛难忍，大口吐血。幸好淮安王李神通在场，把李世民扶回秦王府，灌了许多解毒药，才保住性命。

李世民明白了，李建成还是对自己下毒手了。李渊听说李世民病了，去看望他。李渊有所察觉，又不便深问，只是责备李建成不该深更半夜拉李世民喝酒。他安抚李世民说："当初太原首次举兵的谋略和后来削平海内都是你的功劳。可你哥哥毕竟是长子，我不忍心废掉他。我知道你们兄弟俩有些合不来，总在一起闹纠纷。你去洛阳吧，洛阳是东都，不逊色于长安城。陕西以东的半个江山你做主，我答应你享受天子的礼节，去吧！"李世民听了这番话，不觉流下眼泪，他恳切地求李渊别让自己离开都城以免埋下祸端。李渊说："天下还是一家，东西两个都城，彼此也有个照应。好在长安和洛阳相距也不算远，我要是想你了，就前去看看你，不用难过"。

李建成与李元吉认为，李世民如果去了洛阳，有土地和兵源，实力更大，就更不好对付了。留在长安城里，我们想除掉他还容易些。两人就密令一些人对李渊说秦王手下将士听说要去洛阳，都兴高采烈，看来他们是不打算回来了，还让亲信大臣给李渊分析利害关系，阻止放李世民去洛阳。李渊犹豫不决，李世民去洛阳的事就搁置了起来。

李世民实力雄厚，政治影响广泛，拥有大批人才。秦王府武有尉迟敬德、秦叔宝、程咬金等赫赫有名的勇将。文有著名的十八学士，房玄龄、杜如晦多谋善断，陆德明、孔颖达是经学名家，姚恩廉精通文学，虞世南精通书法，其余的也都是一时俊秀。

李建成打算收买这些武将为己所用。他先是收买秦王府本事最大的武将尉迟敬德，派人送给他一车金银，并附上信，信里说要跟尉迟敬德交个朋友。尉迟敬德明白其用意，谢绝了礼物，对李建成的使者说："我尉迟敬德是个平常之辈，蒙秦王不嫌弃，不计较我的过去，还对我恩重如山。我只有忠心侍奉秦王，拿性命报答秦王才对。我没有为太子立功，不敢接受这么丰厚的赏赐。我是秦王的部下，如果私下同太子来往，就是有二心，循利忘忠对太子又有什么用呢？"

后来，李世民和李建成的矛盾由明争暗斗发展到兵戎相见的地步。突厥入侵的时候，李建成向李渊推荐由李元吉做统帅出征突厥，调秦王府尉迟敬德、程咬金、秦叔宝等猛将和精锐部队归李元吉指挥，唐高祖李渊也都答应了。由此，可以削夺秦王李世民的兵马。李建成计划把李世民骗到昆明池，埋伏刀斧手刺杀他，再对李渊说秦王是因落水而亡，让李元吉在军中杀掉尉迟敬德等人，斩草除根。李建成手下同情秦王的一个官员知道这个阴谋后，将此事密报给了李世民。

李世民急忙同长孙无忌、尉迟敬德等人商量对策，大家都主张立即动手，先下手为强。李世民还是不忍心，他叹了口气说："兄弟相互残杀，自古以来就是大恶行。我知道大祸临头，还是等他们真的动了手，再反击吧。"

尉迟敬德急切地对李世民说："大王您就算不在乎自己性命，难道不在乎江山社稷吗？只有您才能把天下治理好，今天您要是不同意我们的主意，我们也不愿跟随您了，我们不愿白白让他们杀死！"长孙无忌跟着说："不听从尉迟将军的话，必然失败！尉迟将军要是走我也不留！"尉迟敬德又说："处事犹豫，不明智，临难不决，非勇气！秦王府的兵将全在，大家都准备好了，就等您发话了！"其他大臣也纷纷陈述利害。又有人告诉李世民，李元吉也不是真心帮助太子，他是想先除掉李世民，再杀太子夺皇位。这样天下必然大乱，大唐江山就难保了。

唐高宗武德九年（公元 626 年）六月四日，李世民向李渊奏明了李建成和李元吉的阴谋，并说："我没有丝毫对不起兄弟的地方，他们却要杀我"。李渊很吃惊，觉得事关重大，决定第二天亲自审问。

第二天一早，李世民带领长孙无忌等人，在玄武门内设下埋伏。有人听到风声派人将消息报告给李建成。李建成对李元吉说："内有张、尹二妃照应，外有自家军队守卫玄武门，我们一起上朝看看情况再说。"两人率领卫士缓步走进玄武门。守卫玄武门的将领常何原来是李建成的心腹，后来被李世民收买过来了。他见李建成和李元吉走远了，迅速关闭玄武门。

李建成和李元吉拾级登临湖殿。李建成发现东西两边的角落里埋伏着李世民的部队。他扯了一下李元吉的衣袖，转身飞快走下石阶。有人喊道："太子、齐王，为什么不去上朝？"李建成回头一看，是李世民。

李元吉回身举起弓箭就要射李世民，他心里慌张，没有拉开弓弦。李世民眼疾手快一箭把李建成射死。尉迟敬德冲出来，七十多名卫兵乱箭齐发，把李元吉

198

也射下了马。李元吉还想往大殿里跑，被尉迟敬德一箭射死。东宫和齐王府的将士赶来同秦王府的兵士厮杀。尉迟敬德提着李建成、李元吉的首级急速奔来，东宫和齐王府的将士知道大势已去，一哄而散。

玄武门之变发生时，唐高祖李渊正在海池中乘船游玩。尉迟敬德全副披挂快速奔了过来，李渊非常吃惊，问道："将军为何入宫？"尉迟敬德回答道："太子和齐王谋反，秦王已把他们杀了，秦王怕惊动陛下，特地派我来护驾。"

高祖非常难过，对裴寂等人说："想不到发生这样的事，你们看应该怎么办？"宰相萧瑀说："太子和齐王本来没什么功劳，又图谋不轨，嫉恨秦王功高，施用奸计，秦王已经除去他们，也是好事。秦王素来深得人心，陛下把国事托付给秦王，就没事了！"

李渊无奈，只得立李世民为太子，下令国家大事都由新太子李世民处理。八月，高祖被迫让位，自称太上皇。李世民即位皇帝，第二年正月改年号为贞观。

纳谏与直谏的千古佳话

唐太宗纳谏与魏征直谏，君臣一体，互相信任，成为流传千古的佳话。唐太宗是中国历史少有的开明皇帝，他知人善任，广开言路，以农为本，休养生息，平定外患，尊重边族风俗，稳固边疆，完善科举制度。他在位期间，经济复苏，政治清明，社会稳定，百姓安居乐业，文化繁荣，呈现出大治的局面。唐太宗以"贞观"（627年—649年）为年号，史称"贞观之治"。

"贞观之治"与唐太宗重用人才，能够虚心接受大臣们的谏议有密切关系。唐太宗看待事物比较理智，他曾对大臣萧瑀说："我年轻时喜爱弓箭，收藏了十几张弓，觉得这些是最好的弓。最近，我把这些弓拿给工匠看，工匠说没有一张是上等材料制成的。他们说：'木心不正，纹理也都是斜的，虽然是强弓，但射出的箭不直。'我深受启发，看来我以前对弓的辨别不精细。我凭弓箭平定天下，对弓箭的认识还不能详尽，何况如今治理天下，怎么能够对天下事情全都了解呢？"

于是，唐太宗下旨，命令京城五品以上的官员都要轮流到中书省值班，必须多多召见百姓，询问民间疾苦和政事的得失。京城的官吏要详细记录，向唐太宗汇报民间的意见。唐太宗以此判断政令的取舍与举措。唐太宗还亲自评定官员，凡是下面反映情况属实的都不放过。

有个急性子的人上书唐太宗，请求除去善于谄媚皇上的官员。唐太宗问："你说哪些是谄媚的人？"上书人回答说："我也不知道，陛下可以跟大臣们谈话，装出生气的样子试探大臣们。坚持真理敢于顶撞您的是忠心正直，害怕您的威严顺着您的心意的是谄媚奉迎。这样就能分出忠奸善恶了。"听完这番话，唐太宗不禁想起不久前，户部尚书裴矩的劝导。因唐太宗深恶痛绝官吏贪污受贿，悄悄安排手下人装作有事相求，向各部门官员贿赂，有个管税收的官吏中计，收下了一匹绢布，唐太宗知道后打算处死他。裴矩劝阻唐太宗说："当官收贿，理当处死。但陛下这种做法是故意使人违法，加以陷害，恐怕不合乎古人所说'用道德教导人们，用礼节制约人们'的精神吧。"唐太宗恍然大悟，改变决定，把这件事当作教训记在心里。现在又有人提出类似的建议，唐太宗耐心地对提建议的人说："国君好比水源，臣下好比水流。水源混浊要求水流清澈就不可能了。国君作假，怎么能要求大臣正直呢？我只能以开诚布公的办法治理天下，以德感人。我鄙视以前用诡诈手段对付臣子的帝王。你的办法一定有效，可我不能照着做啊！"这番话传开后，有劣迹的官吏感到很惭愧，有的主动请求撤职，唐太宗对他们开导教育一番，仍旧让他们当官。由此，朝中的风气有了很大的改观。唐太宗从善如流，接受建议，不断地改善政治。在这方面，影响最大的是魏征。

魏征原来是李建成东宫的谋士，曾经为李建成提出除掉李世民的主意，他曾告诫李建成："秦王功劳大而又掌兵权，早晚是太子您的对手"。玄武门之变后，李世民质问他："你为什么在我们兄弟之间挑拨离间？"魏征有胆有识，神态安详，不慌不忙地回答："可惜太子没听我的话，不然不会发生这样的事。"李世民觉得魏征直爽有胆识，没有追究，也没有责怪魏征，反而和颜悦色地对待他，让魏征担任谏议大夫。对李建成和李元吉一派的其他官员也没有追究。从此而后，魏征忠心耿耿，尽力尽职，对唐太宗有话必说。唐太宗也特别信任他，常召他进内宫，听取他的意见。

有一次，唐太宗问魏征："帝王怎样才可以被称为贤明？怎样是糊涂？"魏征回答："多听取各方面的意见，以判断自己的言行就能贤明。偏听偏信一方的言论就会糊涂。历史上尧、舜明晰地向民众了解情况，体察民情，所以三苗作恶之事及时掌握。帝舜耳听四面，眼观八方，共、鲧、驩兜不能蒙蔽他。秦二世偏信赵高，在望夷宫被杀；梁武帝偏信朱异，在台城被软禁饿死；隋炀帝偏信虞世基，死于扬州的彭城阁兵变。人君广泛听取意见，贵族大臣不敢蒙蔽他，下情得以上达。"唐太宗点头说："确实如此啊！"

有一天，唐太宗对大臣们说："我读隋炀帝的文集，觉得它文辞深奥博大，含义深远，也称颂尧舜之道，批评夏桀、商纣的暴虐，为什么做出的事与懂得的道理相反呢？"魏征说："君主即使道德高尚、天资聪明，也应当谦虚地倾听臣子们的意见，这样才能让有智慧的人献出自己的计谋，让武将能够竭尽全力。隋炀帝自以为才智出众，骄傲自满固执己见。嘴里讲的是尧、舜的圣德政治，做事同夏桀、商纣一样昏庸无道，竟然自己还不觉察，糊里糊涂地自取灭亡。"唐太宗深有感触地说："过去的教训应当记取！"

唐太宗对大臣们说："人们都说皇帝至尊无上，无所畏惧。可我上怕皇天的监督，下怕群臣的注视和效仿，总是兢兢业业，有时还担心不符天意，不合民心。"魏征说："这正是治理国家的关键啊，希望您能始终如一，那真是天下的大幸啊！"

魏征对唐太宗可以说是知无不言，言无不尽，有时也够严厉，当着大臣们的面让唐太宗下不来台。唐太宗对魏征又赞赏，又有点儿怕，有时难免生气。魏征办事不讲情面，唐太宗有时候明知故犯，知道魏征一定会批评他，就尽量收敛，免得难堪。魏征请假祭祀祖坟回来后问唐太宗："人们说陛下打算去南山游猎，外面车马行装都准备好了，却没出发是怎么回事呀？"唐太宗笑着说："本来是有这个打算，怕你嗔怪就算了。我可不愿让你骂我贪图享乐不理朝政啊！"

唐太宗与常人一样，也喜欢玩耍，偶尔放纵一下。魏征则敢于犯颜直谏，入情入理地以仁君的品格要求他，唐太宗还真是有些打休魏征。唐太宗得到一只进贡来的好鹞鹰，架在手臂上玩，老远看见魏征走过来，急忙把鹞鹰揣在怀里藏着，怕魏征看见。其实，魏征已经发现，他装出不知道的样子，故意没完没了地奏事，时间一长，鹞鹰就憋死在唐太宗怀里了。

作为一代明君，唐太宗大度，能够容忍大臣的不同意见。但在众人面前顶撞他，不客气地与他争执，他也会出现憋气窝火的情绪，也动过报复的念头，难得的是他有位贤良的好内助长孙皇后。有一次，他与魏征争执了起来，魏征与唐太宗争得面红耳赤，半天说不出话来。唐太宗实在听不下去了，想发作又怕丢了自己肯听意见的好名声，只好忍住火儿。退朝后唐太宗憋着一肚子气回到内宫，对皇后怒气冲冲地说："早晚我要杀死这个乡巴佬！"皇后是长孙无忌的妹妹，贤惠而且知书达礼，深明大义，她问："乡巴佬是谁？"唐太宗正在气头儿上回答说："还不是那个魏征，当着大家的面侮辱我！"长孙皇后一声不吭地回到内室，换了一套只在正式场合才穿的朝服，到唐太宗面前深施一礼。唐太宗奇怪地问这是怎么了。长孙皇后认真地说："我听说君主英明，臣下就正直。魏征能够对您畅所欲言，勇于指出您的过失，这样的正直之臣，正是因为陛下是英明之主啊！

我怎么能不向陛下祝贺呢！"一席话打消了唐太宗的怒气，让他高兴了起来。

侍御史柳范，向唐太宗揭发安州都督皇子吴王李恪外出打猎毁庄稼，强令拆除围猎场周围的民房。唐太宗免了李恪的官，削减他三百户的租税收入。唐太宗认为吴王李恪的老师、长史权万纪教导不严也该治罪。大臣柳范反驳说："房玄龄辅佐陛下，尚且不能阻止您去打猎，怎么能单单处罚权万纪呢？"柳范竟然如此大胆地揭短，反驳自己，唐太宗很恼火，拂袖而去，走出了大殿。柳范原地不动地等待着。过了半天，唐太宗把柳范单独叫到身边问："为什么当着别人面指责我？"柳范不动声色地答道："陛下宽宏英明，臣不敢不恪尽职守、直言进谏。"唐太宗脸上露出了笑容。

朝中官员敢于直言的风气对地方官员也有重要影响。皇甫德参是中牟县县丞，官不及七品，见到不对的事，直接上书给唐太宗。指责朝廷抽调大批农民大兴土木，修建洛阳宫，耗费时间物力，影响农时。封疆大吏趁机加重税收，借修洛阳宫之名，多收地租，民间流行梳蓬松高大的发髻也是受了皇宫里的影响。唐太宗气呼呼地对房玄龄等人说："皇甫德参难道想让国家不调动一个劳役，不收斗租，叫宫中的女人都不留头发吗？如此诽谤，该给他治什么罪？"这时，魏征进谏："汉文帝在位时贾谊上书说：'当前的国事，有一件可令人痛哭，有两件能使人落泪。'这是讲臣子们对皇上，应该晓之以理，动之以情。自古以来给皇帝的奏章，言辞不激切，很难使君王动心。古人所谓狂妄之人的话，不是没有可取之处，圣明的君主同样会有所采纳。今天的事，请陛下认真考虑再做决定。"魏征的这一通开导，让唐太宗冷静下来，他有些后悔地说："对呀，我要是处罚了皇甫德参，以后谁还敢再说话呢？"于是下令，赏给皇甫德参二十匹上等丝绸。过了几天，魏征上朝时接着这个话题对唐太宗说："陛下，您近来不太爱听坦诚的话了，虽然对进谏的人勉强包涵宽容，可比不上从前那样豁达大度了。"唐太宗接受了魏征的批评，再给皇甫德参优厚的赏赐，调他到京城做监察御史。

唐太宗晚年，兴修了不少宫殿楼台，除了前面提到的洛阳宫，还有其他一些工程。朝中不少老臣觉得这样下去会给百姓造成负担，想劝阻唐太宗。一天，大臣房玄龄和高士廉在路上遇到了负责修建工程的少府少监窦德素，两人问道："官中最近又修建什么工程呢？"窦德素没搭理。但他把两位老臣的问话告诉了唐太宗。唐太宗怪房玄龄他们多事，上朝时责备房、高二人说："你们只管朝廷里的事务，宫里小小的修建工程与你们无关。"房玄龄和高士廉只得接受责备。魏征走上前，问唐太宗："臣不知道陛下为什么责备房玄龄等人，也不知道他俩有什么过失！二位大人总理朝廷事务，是陛下的膀臂和耳目，内外的事怎么有不该了解的呢？您修建的工程有益他们应该协助完成。做得不对，应该劝阻陛下停下来。他们理应询问主管人员，不知道您认为他们有什么过失而责备他们，他们又有什么过失而认错。"唐太宗、房玄龄和高士廉也觉得惭愧。后来，唐太宗对兴修宫殿的事有所收敛了。

魏征被封为郑国公。卧病在家时，唐太宗派使者前来慰问，带来宫廷的御用药品。唐太宗特意安排中郎将李安俨住在魏征家里以便随时向唐太宗报告病情。唐太宗还带着太子亲自登门探望，并把女儿衡山公主许配给魏征的儿子魏叔玉。魏征去世时，唐太宗非常伤心，命令九品以上官员都去吊唁，举行隆重的葬礼，恩准陪葬昭陵。

魏征的妻子裴氏婉言谢绝皇上恩宠时说："魏征一生节俭朴素，现在用一品官的仪仗举行葬礼，已经违背了死者的心愿。"所以，只用朴素的布篷车载着魏征的棺柩去安葬。唐太宗登上皇宫外面的西楼，目送着灵车渐渐地远去，不禁痛哭。唐太宗为魏征撰写碑文，亲笔书写在石碑上。后来，唐太宗往往见物生情思念魏征。他对左右大臣们说："一个人以铜作镜子，可以照见衣帽是不是穿戴得端正；用历史作镜子，可以看到国家盛衰兴亡的道理，用人作镜子，可以知道自己的对与错。魏征一死，我少了面镜子啊！"

唐太宗开创大唐盛世的局面，实现千古一帝的梦想，他让魏征时刻提醒和劝谏自己。据史料记载，魏征在为唐太宗效力十七年中，谏奏前后达二百余次，内容涉及政治经济、文化、外交等多方面，甚至包括皇帝的私生活。在很大程度上，魏征成就了唐太宗从善如流、虚心纳谏的明君盛名。与此同时，唐太宗也成就了魏征直言不讳、忠心耿耿的忠臣声望。魏征病故后的贞观十八年，不听劝谏、一意孤行的唐太宗在攻打高丽受挫后不由得发出了"魏征若在，不使我有是行也"的长叹。

唐高宗平定高丽

高句丽政权建立于西汉末年，南北朝时期及以后不断扩大势力，我国的史书称为高丽。高丽王朝在六世纪时达到鼎盛，而后走向了衰弱。隋朝曾经四次发兵征伐高丽，最后一次征伐高丽失败，成为隋朝灭亡的一个原因。唐朝建后，唐太宗李世民三次征伐高丽，也都无功而返。但疲于战争的高丽王朝，已经国残民穷了。唐高宗时期，高丽发生内乱。高宗抓住时机，主动进攻彻底打败高句丽，设立了安东都护府，统一了辽东地区。

唐高祖时期，高丽君主高建武派使者来唐朝朝贡，唐朝册封高建武为上柱国、辽东郡王、高丽王。贞观年间，高丽权臣泉盖苏文杀高建武，立高藏为王，独专国政，出兵进攻朝鲜半岛上的新罗，阻断新罗朝贡于唐朝的通道。高丽与唐朝的关系由此迅速恶化，导致唐朝与高丽的战争。

泉盖苏文去世后，长子泉男生代替他当了莫离支（官职，相当于兵部尚书兼中书令）。泉南生勤于政事，到各地视察，让他的两个弟弟泉男建、泉男产在京城处理政事，治理国家。有人离间泉家兄弟，对泉男生的两个弟弟说："你哥哥厌恶你们两个，有意除掉你们，你们做好打算吧！"泉男生的两个弟弟开始并不相信。

又有人告诉泉男生说："两个弟弟怕哥哥回去夺他们的权，打算不让哥哥回去。"泉男生半信半疑，秘密派亲信去侦察消息是否属实，结果被两个弟弟捕获。于是，弟弟以高丽王高藏的名义召泉男生返回。泉男生畏惧，不敢回去。泉男建自封莫离支，发兵讨伐他。泉男生只好出走，驻守另外的城邑不敢出动，派遣他儿子泉献诚到唐朝求救。

公元 666 年六月，唐高宗任命右骁卫大将军契苾何力为辽东道安抚大使，领兵救泉男生。又任命右金吾卫将军庞同善、营州都督高侃为行军总管，泉献诚为右武卫将军，担任向导，共同讨伐高丽。庞同善出兵大败高丽兵，泉男生率领部众与庞同善会合。唐高宗诏令泉男生为特进、辽东大都督，兼平壤道安抚大使，封玄菟郡公。

十二月，唐高宗又任命李勣为辽东道行军大总管兼安抚大使，庞同善、契苾何力为辽东道行军副大总管兼安抚大使，受李勣调遣，征伐高丽。

公元667年九月，李勣首先攻拔高丽西边要害的新城，然后趁势挥军进击，连续攻下十六座城。泉男建见唐军主力离开新城，就派兵袭击尚在新城的庞同善、高侃，但被左武卫将军薛仁贵击败。这时，高侃进军至金山失利，高丽乘胜进攻，薛仁贵领兵从侧面攻击并打败高丽军，斩首五万余级，攻下南苏、木底、苍岩三城，并与泉男生会师。

公元668年二月，薛仁贵在金山得胜后，率领三千人乘胜进攻扶馀城，诸将都认为他兵少，阻止他。薛仁贵说："兵不在多，在于如何使用。"他作为前锋部队与高丽兵交战，获得大胜利，杀死和俘虏万余人，攻下扶馀城。其中四十余城都望风请求投降。

泉男建派遣五万士兵救援扶馀城，与李勣等遭遇于薛贺水。双方交战，唐兵大胜，杀死和俘虏三万余人，乘胜攻取大行城。唐军各部从不同路线进军与他会合，推进到鸭绿栅。高丽发兵抵抗，李勣等奋力进击，把他们打败，追击二百余里，攻下辱夷城，其他各城敌人弃城逃跑和投降的接连不断。契苾何力先领兵来到平壤城下，李勣军接着到达，合围平壤一个多月后，高丽王高藏派遣泉男产率首领九十八人，打着白旗到李勣军前投降，李勣以礼相待。泉男建闭门抵抗，不断派兵出战，但都失败了。泉男建把军事委托给僧人信诚，信诚秘密派人找李勣，请求作为内应。过了五天，信诚打开城门，李勣发兵登城呐喊，焚烧城四角，泉男建自杀但没有死，后被俘虏。高丽至此全部平定。

平定高丽后，唐高宗在平壤设置安东都护府统辖全境，选拔有功的高丽族首领担任都督、刺史、县令，与华人共同治理。任命右威卫大将军薛仁贵为检校安东都护，领兵两万人镇守安抚安东。

唐高祖能够平定高丽是抓住了内外条件成熟的时机。在前方将士激战时，侍御史贾言忠奉命出使从辽东返回，唐高宗向他询问军事情况，他坚定地说："高丽必定能平定。"唐高宗问："卿何以知之？"他说："隋炀帝东征而不成功，是人心离散怨恨的缘故。先帝东征而不成功，是高丽本身没有出现破绽。现在高藏微弱，掌握朝政的大臣专权。泉盖苏文死后，泉男建兄弟相争，泉男生倾心归附唐朝，充当我军向导，他们的虚实，我们都知道。依靠陛下的明圣，国家的富强，壮士的勇猛，趁高丽内乱，必然一举取得胜利，无须等待第二次了。而且高丽连年饥荒，灾难一再出现，人心危惧，它的灭亡顷刻间即可到来。"唐高宗又问他："在辽东的诸位将领谁最称得上德才兼备？"他回答说："薛仁贵勇冠三军。庞同善虽不擅长战斗，但治军严整。高侃以勤俭要求自己，忠诚果断而有谋略。契苾何力沉着坚毅而能决断，虽很妒忌比自己强的人，但有统率指挥才能。然而日夜小心，忘记个人而忧虑国家，他们谁也比不上李勣。"唐高宗很赞成他的意见。

长期以来，高丽对中原王朝是"叛服不常"。中原王朝强大时，高丽称臣纳贡，态度恭顺。中原政局一旦不稳，就想趁机入寇侵掠，蚕食辽东地区。此战的意义重大，它结束了高丽长期以来威胁东北地区的历史，稳定了局势。

良相房玄龄

房玄龄是唐代初年著名的宰相、杰出的谋臣，"贞观之治"的主要缔造者之一。他跟随李世民十年艰辛征战，又是饱学之士，任宰相辅佐唐太宗二十载。

房玄龄自幼博览经史，工于草书、隶书。隋朝时，他跟随父亲房彦谦去京城。当时，隋朝的社会繁荣，经济快速发展，人们都认为隋朝的国运能够长久。房玄龄避开左右对父亲说："隋朝皇帝本无功德，只会迷惑黎民，不作长远打算。混淆嫡亲和庶出，互相争夺，皇太子与诸王竞相奢侈，早晚会互相残杀。依靠这些人国家将难以保全，现在天下虽然清平，但灭亡却指日可待。"其父听后很吃惊，开始对他刮目相看。

房玄龄十八岁时应进士考，及第后授羽骑尉。当时的吏部侍郎高孝基颇有知人之明，他对裴矩说："我阅人无数，还未见过这样的才子。房玄龄日后必成大器，遗憾的是我恐怕看不到他功成名就位高凌云了。"房玄龄的父亲久病百余日，房玄龄尽心侍奉，和衣而睡。

在隋末农民起义，天下大乱之时，隋朝的唐国公晋阳留守李渊与儿子李世民等趁机反隋，率兵入关，房玄龄在渭北投靠李世民的军营，跟随秦王李世民出征，典管书记，任秦王府记室参军，竭尽心力筹谋军政事务。

每当攻灭一方势力，军中诸人都竞相搜求珍玩，只有房玄龄先去网罗人才，将富有谋略和骁勇善战的人安置在幕府中，并结交猛将谋臣，感化他们，共同为李世民效力。才思敏捷的薛收，有"王陵、周勃节，可倚大事"的李大亮，"聪明识达，王佐之才"的杜如晦等都是经房玄龄举荐后，得到李世民重用，位至卿相。

房玄龄在秦王府十余年，一直掌管军谋大事，每当撰写奏章时，都是停马立成，行文简洁，道理充分，不打草稿。高祖李渊对侍臣们说："这个人深深地了解机宜，每当替秦王陈说事务，一定能了解人性心理。千里之外，好像面对面说话一样。"

唐朝建立后，太子李建成忌恨秦王李世民，李世民曾受邀到太子住所吃饭，竟中毒而归。房玄龄深刻分析了事态的严重程度，对长孙无忌说："现在怨仇已成，祸乱将发，天下人心无主，各怀异志，灾变一作，大乱必起。祸及幕府，倾覆国家，怎能不再三深思呢！"接着，他提出化险为夷的谋略，他继续说："我有一计，遵从周公诛杀兄弟的故事，对外能抚宁天下，对内安定宗族社稷。古人曾说：'治理国家的人不能顾及小节'，就是这个道理。这比家国沦亡、身败名裂不是要好得多吗？"

长孙无忌说："我也早有这种打算，只是没敢披露出来，您与我的想法不谋而合。"长孙无忌便向秦王献策。李世民召见房玄龄，对他说："现在已经有危难来临的迹象，该怎么办呢？"房玄龄回答说："国家遭逢危难，古今没什么不同，只有英明的圣人，才能平定灾难。大王功盖天地，符合君临臣民的天象预兆，自有神助，不靠人谋。"

太子李建成将要变乱时，房玄龄参与玄武门之变的策划，帮助李世民谋得帝位。李世民入主东宫成为皇太子时，提拔房玄龄为太子右庶子。贞观元年，房玄龄代替萧瑀任中书令。唐太宗李世民称赞房玄龄"筹谋帷幄，定社稷之功"，论功行赏，以房玄龄、长孙无忌、杜如晦、尉迟敬德、侯君集五人为第一。房玄龄晋爵邢国公。

贞观三年（公元 629 年），房玄龄任代理太子詹事，兼礼部尚书。后又代替长孙无忌任尚书左仆射，改封爵为魏国公，监修国史。房玄龄总管百官事务，虔诚恭谨，日夜操劳，尽量做到事事处理恰当。听到别人的长处，就像自己有长处那样高兴。他精通吏事，审定法令，意在宽平，不以求全来选取人才，不以自己的长处来衡量别人，随才录用，不拘贵贱，被当时人称为良相。有时因事被皇上谴责，就叩头请罪，恐惧不安，犹如无地自容。

贞观十三年（公元 639 年），房玄龄加封为太子太师。房玄龄再三上表请求解除尚书左仆射职务，太宗下诏书说："选用贤能的根本，在于无私，侍奉君上的道义，责在当仁不让。列圣所以能弘扬风化，在于贤臣能协力同心。公忠贞庄重、诚信贤明，为我草创王业，助成帝道。执掌尚书省，使百政通和，辅佐皇太子，实众望所归。但是公忘记了那些大事，拘于这点小节，虽然恭敬完成教谕事务，却要辞去宰相职位，这难道就是所说的辅佐朕共同安定天下吗？"房玄龄因此才就任太子太师。当时皇太子要行拜师礼，备好仪仗等待。房玄龄深加谦退，不敢进见。有见识的人都推崇他的谦让精神。房玄龄认为自己居宰相位十五年，女儿是韩王妃子，儿子房遗爱娶高阳公主，极为显贵，于是频繁上表，请求辞去官职。太宗下诏宽慰，不予批准。

贞观十六年（公元642年），房玄龄又与高士廉等人一起撰成《文思博要》，赏赐丰厚，拜官司空，仍然总掌朝政，监修国史。房玄龄上表辞官，太宗派遣使节对他说："过去留侯张良让位，窦融辞去富贵，都是惧怕功名太盛招惹祸端，知进知退，善察时势，及时止步，所以前代人加以赞美。公想追随往日贤哲，实在应当嘉奖。然而国家任用公已久，一旦失去良相，如同失去双手。公若体力不衰，就不要再辞让了。"房玄龄由此停止推让。

房玄龄协助李世民经营四方，削平群雄，夺取皇位。贞观年间辅佐太宗，总领百司，掌政务达二十年。他参与制定典章制度，主持律令、格敕的修订。他善于用人，随材授任，恪守职责，不自居功。后世评论唐代宰相无不首推房玄龄，认为他和杜如晦、唐玄宗朝的姚崇、宋璟为良相的典范，流传前有房杜、后有姚宋的美谈。

女皇武则天

武则天是中国历史上唯一的女皇帝。她的父亲原是木材商人，李渊起兵反隋，他参加了李渊的军队，唐朝建立后官至工部尚书，封应国公。武则天九岁时父亲去世。

武则天十四岁时入宫，成为唐太宗的才人，赐名"武媚娘"。唐太宗病重期间，武则天和唐太宗的儿子即后来的高宗李治相识。

唐太宗死后，武则天和部分嫔妃们入感业寺为尼。几年后的一天，唐高宗李治去感业寺进香，武则天隔帘相望垂泪，凄婉可怜，触动了李治的旧情。让她重蓄乌发，入宫侍寝，封为昭仪。

武则天心机很深，入宫以后，谦恭有礼，很快得到王皇后的宠爱。唐高宗也和武则天如胶似漆，形影不离，渐渐地疏远了王皇后。武则天野心膨胀，想除掉王皇后，夺取皇后的位子。

武则天富有才气，工于心计，阴险歹毒。她二十七岁生下长女。长女出生后才一个月，在王皇后来看过她的女儿后，武则天立即亲手杀死女儿。唐高宗来看时，她诬陷是王皇后所为，使王皇后有口难辩，唐高宗则信以为真，怒从心起，萌生了"废王立武"之意。

在废立皇后问题上，朝廷中出现了两个派别。以长孙无忌、褚遂良为首的元老重臣竭力反对。以许敬宗、李义府为首的新贵族，讨好唐高宗和武则天，支持"废王立武"。大臣意见对立，朝中元老反对，想"废王立武"的唐高宗犹豫不决了。武则天得知后，派心腹多次到长孙无忌府上求情都遭到拒绝。武则天便四处收买人心，拉拢臣僚，勾结李义府和许敬宗，共同对付元老重臣。唐高宗宠爱武则天，即有"废王立武"的本意，又有借此事打击元老、重振皇权的企图。

公元 655 年九月，褚遂良、长孙无忌等人在朝上坚决反对，褚遂良说："皇后出自名门，是先帝为陛下娶的。先帝临终拉着陛下你的手对我们这些大臣说：'朕佳儿佳妇，今天托付给各位爱卿'，这是陛下当时亲耳听见，何况皇后没听说有过失，岂可轻废？臣不敢曲从陛下，上违先帝的命令！"唐高宗听后很不高兴。

第二天上朝，唐高宗又问这事，褚遂良慷慨激昂地对高宗说："陛下如果一定要立新皇后，请在名门世族中选择，为什么一定要选武氏呢？武氏曾经是先帝的妃子，众所周知，立她做皇后，后人会怎么议论陛下呢？"唐高宗大怒，令侍从把他驱逐出去。武则天被揭了短，怒不可遏，在帘子后面大声喊道："为什么不把他打死！"长孙无忌连忙阻止说："褚遂良是先帝老臣，即使有罪也不宜加刑！"

武则天当上皇后以后，残忍地折磨王皇后和萧淑妃，将二人的手足砍掉，放在酒瓮里，凶狠地说："令二妪骨醉。"她为高宗出谋划策，利用高宗与元老重臣之间的矛盾，在短短几年内逼杀了长孙无忌，罢斥了二十多个反对她的重臣。重用拥立她的人，李义府、许敬宗当上了宰相。武则天甚至垂帘听政，当时朝臣称高宗为天皇，称武后为天后。

显庆五年（公元 660 年），高宗初患风疾，武后开始处理部分政务。武后参与朝政，处理政务挺符合高宗旨意。唐高宗病情不断加重，武则天独自处理朝政的机会就越来越多，慢慢形成了公开的势力，开始作威作福，制约高宗的旨意。唐高宗心中不满，秘密让上官仪起草废武后的诏书。武则天知道后当面质问，唐高宗则十分恐惧，结结巴巴地说："这不是我的意思，上官仪教我这么干。"武则天杀掉了上官仪等人。

唐高宗深感武氏的威胁越来越大，担心李家的天下不保，想趁自己还在世，传位给太子李弘。武则天竟用毒酒毒死了李弘，立次子李贤为太子。不久，又把李贤废为平民，改立三儿子李显为太子，唐高宗则束手无策。

永淳二年（公元 683 年），高宗去世，中宗李显即位，武则天为皇太后，她以皇太后的身份临朝执政。她不能容忍唐中宗重用韦氏家族的人，废了唐中宗，立她的四儿子李旦为帝，即唐睿宗。武则天不许唐睿宗干预朝政，一切由自己做主。唐宗室与功臣人人自危，矛盾开始激化。李唐旧臣徐敬业、唐之奇以拥戴中宗为口号，在扬州起兵反对武则天，并获得朝廷内宰相裴炎的支持。内外呼应，聚众十余万人。武则天派出三十万大军平定了徐敬业，杀了拥护徐敬业的宰相裴炎等人。

武则天为了清除异己，奖励告密。规定任何人都不得阻拦告密，外地人来京告密，官府供给驿马，沿途享受五品官的伙食待遇。如果揭发的事情属实，破格提拔，授给官职。揭发不实不追究。同时，提拔告密者，形成酷吏势力。酷吏阴毒，手段残忍，帮助武则天剿灭异己。酷吏们罗织罪名，刑法名目繁多，严刑逼供，十分残忍，犯人们每每见到刑具，已是魂飞魄散。于是随口诬供，这样辗转牵连，杀害了成千上万无辜者。

载初元年（公元690年），武则天称帝，改国号为周，定都洛阳，名为神都，上尊号曰圣神皇帝，改年号为天授，史称“武周”。武则天以六十七岁的高龄君临天下，成为中国历史上唯一一位女皇帝。

武则天掌握政权后，大肆杀害唐朝宗室，兴起“酷吏政治”。同时，她也能明察善断，多权略，能用人。又奖励农桑，改革吏治，重视选拔人才，贤才辈出。

神龙元年（公元705年），武则天病重，宰相张柬之等发动政变，拥立唐中宗复辟，迫使武则天退位。中宗恢复唐朝后，同年十一月，武则天病逝。

徐敬业讨武失败

徐敬业是唐初名将李勣的孙子，祖籍曹州离狐（今山东菏泽）。李勣本姓徐，原名徐世勣，字懋功，唐高祖李渊赐姓李。徐敬业从小善于骑射，有才智。因父早死，他直接承袭了祖父的英国公爵位。曾任眉州刺史，太仆少卿，后被贬为柳州司马。

弘道元年（公元683年）唐高宗去世，唐中宗李显即位。次年，武则天太后临朝称制。不久，武则天废唐中宗，将其贬为庐陵王，逐出长安，立豫王李旦（唐睿宗）为皇帝，武则天控制朝政。

这一年，李敬业和他弟弟令李敬猷、给事中唐之奇、长安主簿骆宾王、詹事司直杜求仁都因事获罪，李敬业被降职为柳州司马，李敬猷被免官，唐之奇被降职为括苍令，骆宾王被降职为临海丞，杜求仁被降职为黟县令。尉魏思温曾任御史，再次被罢黜。他们在扬州聚会，各自因失去官职心怀不满，阴谋作乱。

魏思温指使党羽监察御史薛仲璋请求出使江都，再让雍州人韦超到薛仲璋处报告："扬州长史陈敬之阴谋造反"。薛仲璋借此逮捕陈敬之入狱。几天后，李敬业乘驿车到达，佯称自己是扬州司马前来赴任，并说："奉太后密旨，因高州酋长冯子猷谋反，要发兵讨伐。"打开府库，命扬州士曹参军李宗臣到铸钱工场，驱赶囚徒、工匠发给他们盔甲。又杀陈敬之，录事参军孙处行因抗拒，也被斩首示众，扬州官吏都不敢反抗，由此得到了扬州的兵马。李敬业找了一个相貌很像前太子李贤（公元680年废为庶人，流放巴州，武则天废帝主政后，被逼自尽）的人，欺骗众人说："太子李贤没有死，他逃亡到城里，命令我们起兵"，来号令天下。

李敬业在扬州设置三个府署：匡复府、英公府、扬州大都督府。徐敬业自称匡复府上将，领扬州大都督。任命唐之奇、杜求仁为左、右长史，李宗臣、薛仲璋为左、右司马，魏思温为军师，骆宾王为记室，十几天就聚集十余万人士兵。

骆宾王撰写了著名的《代李敬业讨武曌檄》，传布檄文到各州县。《讨武檄文》先声夺人，立论严正，理直气壮，语言犀利明快，开篇历数武则天的累累罪恶，事昭理辨，猛烈地攻击"僭窃帝位的武氏，本性并不温顺，出身非常贫寒低贱。她从前居于太宗后宫的下列，曾找机会侍奉太宗，得到宠幸。太宗晚年，她与太子淫乱。隐瞒了同先帝的私情，暗地里谋求在后宫的宠幸，终于登上皇后的宝座，使我们的君主陷于形同禽兽的境地"。檄文揭露了武后的种种恶行，杀害姐姐，屠戮哥哥，杀死皇帝，毒死母亲，为人神所共同憎恨，为天地所不能容忍。她包藏祸心，图谋窃取帝位。君王的爱子，被幽禁于别殿；武氏的宗族亲近，都给予重任。檄文还提出讨伐武氏的正义性和必胜信念，"班声动而北风起，剑气冲而南斗平。暗呜则山岳崩颓，叱咤则风云变色。以此制敌，何敌不摧！以此攻城，何城不克。"檄文最后对王公大臣动之以情，申明了大义，"一抔之土未干，六尺之孤何托（先帝的坟土尚未干透，我们的幼主却不知被贬到哪里去了）？试看今日国家之内，究竟是谁家之天下！"《讨武檄文》具有巨大的威摄力量。

魏思温向李敬业献计："您既然以光复社稷为口号，就应当率领大军，大张旗鼓地向东都洛阳进发，天下人都知道您是为了援救天下，四方都会响应。"但薛仲璋意见不同，他说："金陵有帝王气象，又有长江天险，足以固守。不如先夺取常润二州，作为霸业的基础，然后再向北夺取中原。这样可进可退，是万全之策。"魏思温说："崤山以东地区的壮士们对武氏专制愤懑已久，听说您起兵造反，蒸了麦饭做干粮，拿着锄头当武器，等待我们的军队到达。我们不趁此顺应形势建功立业，反而退缩不前，自己修建巢穴，远近的人听到了，哪有不人心离散的？"李敬业不听魏思温的意见，派唐之奇驻守江都，自己率领军队渡过长江，进攻润州。魏思温惋惜地对杜求仁说："兵力合在一起则强大，分散则削弱，李敬业不合力渡过淮河，收拢山东的兵众以夺取洛阳，失败就在眼前了！"

李敬业叛乱之后，武则天任命左玉钤卫大将军李孝逸为扬州道大总管，领兵三十万，任命将军李知十、马敬臣为他的副职，讨伐李敬业。追削李敬业的祖父和父亲的官爵，掘开坟墓，劈开棺材，恢复他们家的本姓徐。

徐敬业攻陷润州，曲阿令尹元贞领兵救润州，兵败被杀。他在李孝逸讨伐大军到达前紧急从润州回师抵抗，在高邮的下阿溪驻扎。其弟徐敬猷进逼淮阴，别将韦超、尉迟昭驻扎都梁山。

李孝逸进军至临淮与徐敬业交战失利而畏惧，按兵不动。殿中侍御史魏元忠劝说："天下安危，在此一举。天下太平的日子已久，一旦听说疯狂凶暴的人，都全神贯注侧着耳朵等待他们的灭亡。现在大军长久停留不进，远处和近处的百姓失望，万一朝廷另外任命其他将领取代您，您有什么理由可以逃避徘徊观望的罪责呢！"李孝逸这才领军前进。马敬臣进击，在都梁山斩杀尉迟昭。但韦超拥兵占据都梁山，唐军各将都说："韦超凭险要自守，我军士卒无法施展能力，骑兵无法展足奔驰。而且穷寇死战、强攻，自己的士卒伤亡大，不如分兵围困，大军直指江都，颠覆他们的巢穴。"支度使薛克杨说："韦超虽然据有险要，但兵不多。现在多留兵则前军兵力分散，少留兵则终归是后患，不如先进攻他，只要进攻一定能攻下，攻下都梁山，则淮阴、高邮的敌人都会望风瓦解了！"

魏元忠请求先进击徐敬猷，各将领说："不如先进攻徐敬业，徐敬业一失败，徐敬猷可不战而擒。若进攻徐敬猷，则徐敬业发兵救他，我们将腹背受敌。"魏元忠则认为："敌人的精兵集中在下阿，他们仓促聚集而来，利在决战，万一我军失利，大事便无可挽回！徐敬猷出身于赌徒，不熟习军事，兵力又单薄，军心容易动摇，大军进逼，马上可以攻下。徐敬业虽想救他，从距离计算看根本来不及。我军摧毁徐敬猷，乘胜而进，虽有韩信、白起也不能抵挡。如今不先攻取弱者而急着去攻强者，不是上策。"李孝逸听从他的意见，领兵进击韦超，韦超趁黑夜逃走。进攻徐敬猷，徐敬猷只身逃跑。

徐敬业凭借下阿溪固守。唐朝后军总管苏孝祥在夜里带领五千人，用小船渡过溪水先进攻徐敬业，结果兵败身死，士卒涉水淹死过半。

李孝逸等军相继到达，数次交锋都以失败告终，准备撤退，魏元忠与行军管记刘知柔说："现在是顺风，芦荻干燥，是火攻的好机会。"请求决战。徐敬业布阵已久，士卒疲倦观望，战阵不整。李孝逸乘风纵火攻击，徐敬业大败，斩首七千级，淹死的士兵不计其数。徐敬业等轻装骑马逃入江都，带着妻子儿女投奔润州，准备从海路逃往高丽。李孝逸进兵江都，派遣各将领追击。徐敬业等人到达海陵地界，被大风阻止，他的部将王那相砍下徐敬业、徐敬猷和骆宾王的首级向官军投降。余党唐之奇、魏思温都被捕获。扬、润、楚三州平定。

武则天迅速剿灭了徐敬业的叛乱，避免了百姓遭受大规模的战争之苦。战争仅限于扬、润、楚等地，没有形成全国之势，对唐初的政治与经济及百姓的生产生活影响不大，唐代六十多年的和平局势得以保持。

名相狄仁杰

狄仁杰，字怀英，生于唐贞观五年。历任汴州判佐、并州都督府法曹、大理丞、宁州刺史、江南巡抚使、文昌右丞、豫州刺史等职。武则天称他为"国老"，两度拜相，深受器重。他是为数不多的武则天手下得以善终的重臣。

狄仁杰出任汴州判佐时被官吏诬告，工部尚书阎立本为河南道黜陟使，受理讯问。阎立本辨明真相，还以清白，发现狄仁杰德才兼备，推荐他为并州都督府法曹。任上，同僚郑崇质老母卧病，但要奉命出使偏远之地，狄仁杰知道后，主动要求代替郑崇质出使。

唐高宗仪凤年间，狄仁杰升任大理丞。他刚正廉明，兢兢业业，年中判决了大量积压案件，涉及一万七千人，无冤诉者，以至声名大振，成为朝野推崇备至的断案如神、摘奸除恶的大法官。

狄仁杰刚任大理丞时，左威卫大将权善才、左监门中郎将范怀义误砍了皇帝祖坟昭陵的柏树。唐高宗李治十分愤怒，令审理此案的狄仁杰判处权、范两人死刑，但按律规定这种罪只够免职处罚。狄仁杰如实汇报，对李治说："权、范两人够不上死罪。"李治愤怒地说："砍了皇陵上的树，分明是存心使我落个不孝的罪名，必须处斩！"狄仁杰却毫无惧色，据理力争，对唐高宗说："犯颜直谏，自古就是难事。然而微臣以为，碰到桀、纣这样的昏君确实难。遇到尧、舜这样的明君则容易得很。刑律不当判死罪，陛下一定要杀他们，将使法律不能取信于民，老百姓的行为就不会有所参照。陛下仅仅因为昭陵上的一棵柏树，就斩杀一员大将，后人会把陛下看做是什么样的君主呢？执行陛下的旨意，处死他们才是陷陛下于不义啊！"唐高宗这才被说服，消了怒气。权、范两人依法撤职，流放到岭南。唐高宗由此认为狄仁杰有胆气，有才识，很赏识，擢升他为侍御史。

侍御史是监察弹劾百官的官员。狄仁杰经常不顾个人利益和安危，与贪官斗争。武后垂拱四年（公元688年），越王李贞在豫州叛乱，宰相张光辅率兵平定了叛乱。张光辅的部将因平叛有功，十分骄横，常常向时任豫州刺史的狄仁杰提出无理要求，但都被狄仁杰婉言拒绝。

这位部将向张光辅告状，张光辅容不得狄仁杰不给面子，就气呼呼地兴师问罪于狄仁杰说："你小小一个州官，难道连我这个元帅也不放在眼里吗？"狄仁杰开导他说："为害河南者，不过越王李贞。现在一个李贞刚死，又有千万个李贞生了出来。"接着，狄仁杰严厉地说："明公带兵三十万，要杀的不过是越王一人。越王已经伏法，明公却仍然纵容部下滥杀无辜，为非作歹，你的这些部下和李贞有什么两样？像明公这样无视法度，我恨不得手中有把尚方宝剑架到明公的脖子上，即使因此而死也心甘情愿！"

欺软怕硬的张光辅，只得悻悻而归。不久，张光辅向朝廷告了狄仁杰一状，狄仁杰因而降职为复州刺史。

左司郎中王立本恃唐高宗宠爱而骄横，胡作非为，朝中官员都惧他三分。狄仁杰因他暴虐违法，奏请唐高宗处理。高宗很不高兴地说："念他是个人才，赦免他吧。"狄仁杰再次据理力争说："国家缺少英才，难道是缺少像王立本这样的'人才'么？陛下怎么能因偏爱他而无视王法的公正呢？如果陛下一定要徇私枉法赦免王立本，那就先把臣抛在无人荒郊，以作忠贞之人的鉴戒吧！"唐高宗只好下令治王立本的罪。

武则天称帝后，更加赏识狄仁杰，不断提升他的官职，最后官至宰相。狄仁杰为相宽宏大量，不计较个人恩怨。有一次武则天问他："你在豫州当刺史时，政治清明，百姓安居乐业，却有人在朝廷上弹劾你，你想知道诬告你的人是谁吗？"狄仁杰回答："臣如果有过错，就请陛下赐教！说臣坏话的人，臣不愿知道他的姓名，这样更好相处一些。"

狄仁杰非常重视人才，不遗余力地向朝廷举荐人才，很多才俊之士由此脱颖而出。武则天问狄仁杰："朕想找个得力的人，谁比较适合？"狄仁杰回答："陛下想让这个人做什么？"武则天说："想让他做宰相。"狄仁杰说了苏味道、李峤、张柬之三个人的名字。他认为苏、李二人都以文学见长（二人是著名诗人），张柬之则是具有罕见行政才能的人，虽然年纪稍大，却是宰相的材料。武则天连

219

连称赞，第二天提拔荆州长史张柬之为洛州司马。过了几天，武则天再次要狄仁杰推荐"得力的人"。狄仁杰慢悠悠地说道："上次推荐的张柬之，陛下还没用呢！"武则天说："不是已经升他官了吗？"狄仁杰说："微臣推荐的是做宰相而不是做司马的人。"武则天赶紧下令，提拔张柬之当了秋官侍郎。

狄仁杰还举荐过夏官侍郎姚元崇、监察御史桓彦范等十多人，后来都成了名臣。有人不无敬意地对狄仁杰说："天下桃李，无不出自您老的门下。"狄仁杰却毫无得意之色，很认真地答道："举荐贤良是为了国家，不是满足自己的虚荣心"。

武则天在立李氏还是立武氏为太子的问题上犹豫再三。武则天的侄儿武承嗣、武三思为谋求太子之位，多次使人劝说武则天立武氏为太子，认为古往今来，从来没有一个皇帝立异姓为太子。狄仁杰则劝说："姑侄关系和母子关系哪个亲？陛下立儿子为太子，千秋万岁之后，配享太庙，享受祭祀，承继无穷。从来没有听说过太庙中还有姑姑的地位！"狄仁杰一针见血地说到武则天的心里。有一次，武则天问狄仁杰："我昨晚梦见一个大鹦鹉，两个翅膀都断了，不知为什么？"狄仁杰趁机说："鹦鹉暗示陛下你的姓，两个翅膀象征着你的两个儿子，陛下起用你的两个儿子，两个翅膀就会飞翔了。"武则天由此有了立子之意，无立侄儿之心了。

狄仁杰举荐人才不拘一格，因此留下不少佳话。李楷固、骆务整是契丹的大将，契丹军队寇掠唐朝边境时，两人屡挫唐军。尤其李楷固，身怀绝技，每每与唐军交战，总是冲锋陷阵，所向披靡，让唐军望而生畏。后来契丹兵败，两人投降了唐朝，法司仍然准备治他们的罪。狄仁杰对身边的人说："李楷固他们两人是骁勇无比的将才，打起仗来都很卖命，以仁德感化他们，为我所用，两人定能建功立业。"他请求武则天赦免李、骆两人。亲朋好友都认为武则天不会赦免这两个杀死唐朝无数官兵的人，劝狄仁杰不要碰钉子。狄仁杰不以为然地说："只要我做的一切有利于国家，碰不碰钉子有什么关系？"武则天出人意料地采纳狄仁杰的建议，赦免了李、骆两人，还委以重任，李楷固为左钤卫将军，骆务整任右威卫将军。两人在后来的讨平契丹余部中立了大功，李楷固被赐姓武，成了武则天的亲信。

公元700年四月，武则天到三阳宫（洛阳附近）避暑，西域来的和尚邀请武则天去观赏佛教圣物舍利子，笃信佛教的武则天高兴地答应了。出发时，狄仁杰跪到马前，振振有词地说："佛不过是夷狄之神，不应凌驾天下之主之上。再说山路险狭，很不安全。陛下此行实在有所不宜。"武则天一笑置之，仍然上了路。半路上，她越想越觉得狄仁杰说得有理，就下令打道回府，还自我解嘲道："这是为了成全我这位直臣的气节。"

同一年，武则天准备塑大佛像，下令全国僧民捐款。狄仁杰上疏，指出造像劳民伤财与佛教本义相悖，既义正词严，又有理有节。武则天读后不由得感叹道："狄公教朕做善事，朕怎么能违背他的好意呢？"造像之议由此作罢。

武则天平时尊称狄仁杰为国老，不直呼其名，这是其他大臣望尘莫及的殊荣。狄仁杰晚年腿脚不便，武则天让他朝见时不必行跪拜之礼，并开玩笑说："每次见到你跪，朕的身子也会痛起来。"大臣必须在宫里宿值，武则天考虑到狄仁杰年老体弱，免除他的差使，对其他大臣说："除非军国大事，你们尽量不要去麻烦狄公。"

公元 700 年，狄仁杰逝世。武则天罢朝三日，悲痛不已，封他为梁国公。后来每有大事不能决定时，武则天就想起狄仁杰，慨叹道："天夺国老为什么要那么早呢！"

狄仁杰为官，始终保持体恤百姓、不畏权势本色，是历史上以廉洁勤政著称的清官，后人称为"唐室砥柱"。

苏无名智破盗案

　　武则天时期，湖州别驾苏无名是名满天下、侦破疑难案件的高人。他破案的特点是通盘考虑，排除干扰，能够准确地判断被盗的赃物或盗贼的行踪。

　　有一次，武则天赏赐给女儿太平公主两盒价值千镒黄金的各种珍贵宝器在家中被盗，不见踪迹。这简直是拿着皇室的威仪开玩笑。武则天知道后立即召见洛州长史，限期三日内破案。逾期三日不能逮住凶手，就以渎职、欺君问洛州长史的罪。

　　洛州长史回去，急忙招来州属两县主持治安和防盗的官员，令两日之内破案，否则处死。两县缉盗官员无法破获这个大案，招来一班吏卒、游徼，令他们一日内破案，否则也将处死。吏卒和游徼们到街上寻找机会时，碰到苏无名便诉苦。苏无名同他们一块到衙门，对缉盗官朗声大笑道："他们请我来是为了侦破公主万金被盗的御批大案！"缉盗官知道来人是湖州别驾苏无名，而且是为破案而来，非常高兴，立即向他请教破案的妙策。

　　苏无名说："我们马上去拜见洛州府长史。告诉长史，御案由我湖州别驾苏无名负责。"缉盗官和苏无名二人前去拜见洛州府长史。长史也非常高兴，屏退左右，向苏无名征询缉盗之法。苏无名平缓地说："请府君带我求见圣上。在圣上御旨之下，我自有话说！"洛州府长史急于破案交差，立即上疏朝廷荐举苏无名。武则天看过上疏后，召见苏无名。苏无名对武则天说："臣能破案！如果皇上委臣破案，臣请求三件事：一、时间上不要有限制；二、请圣上慈悲为怀宽谅两县的官员；三、请圣上将两县的吏卒、游徼交臣差使。如能答应这三个条件，臣一定在两个月内，擒获此案盗贼，将其交付陛下。"武则天答应了他的条件。

　　苏无名奉旨接办御案后一个多月没有动静。寒食节来临时，苏无名召集两县大小吏卒、游徼会于一堂。让破案人员全部改穿寻常百姓装束，分头前往洛州的东、北二门附近巡游侦查。他们发现有伙胡人身穿孝服，出门往北邙山坟场方向去了。苏无名令箭役备马，与来人赶往北邙山坟场。到达之后，吏卒禀报："这伙胡人穿着孝服，到一座新坟前奠祭，但他们的哭声没有哀痛之情。烧些纸钱之后，环绕着新坟察看，相互对视而笑。"苏无名高兴地说："此案已破！"他下令拘捕那批胡人，挖开新坟，揭棺验看。棺内尽是璀璨夺目的珠宝，检点对勘之后，证实这些正是太平公主丢失的宝物。

武则天下旨召见苏无名，问他是如何断出此案的。苏无名回答："臣在来洛阳途中，在城郊邂逅了这批出葬的胡人。臣下凭直觉断定他们是窃贼，只不过一时不清楚他们埋藏的地点。依民俗，寒食节人们要到墓地祭扫。我推测这批借下葬之名而掩埋赃物的盗贼，必定会趁机出城取赃逃走。臣下就差遣两县吏卒、游徼便装跟踪，找到他们埋宝物的地点。后听侦查的吏卒说，他们奠祭时不见悲痛之情，说明所葬不是死人，他们巡视新坟相视而笑，说明他们看到新坟未被人发觉，为宝物仍在坟中而高兴。因此我断定他们必定是盗宝的贼。"

武则天听了这一番分析，极为叹服。苏无名继续说道："如果此案依陛下三天之限，强令府县去侦破，因风声太紧，窃盗们必定狗急跳墙，轻则取宝逃亡，重则毁宝藏身。证毁贼逃再缉盗追宝，就不那么容易了。如果官府不急于缉盗，盗贼则认为事态平缓，会暂时将棺中宝物放在那里。只要宝物依然还在洛阳近郊，我破案捕盗就像探囊取物般容易了。"

太平公主专权被杀

太平公主是唐高宗李治与武则天的小女儿，唐中宗和唐睿宗的胞妹。其父为帝，母为后，夫为亲王，子为郡王，富贵无比，极受父母兄长的宠爱。武则天当政时期，大批皇亲国戚被杀或受到威胁。只有太平公主"太平"，没有卷入变乱，没有经历由荣到辱、由升到降的折磨。后期她权倾一时，成为几乎拥有"天下"的公主。

太平公主冷静沉着，聪明而有智谋。武则天觉得太平公主的长相、性格很像自己，在子女中唯独宠爱她，经常让她参与机密谋划。她畏惧武则天的威严，不敢招揽权势，比较收敛。

公元681年，太平公主约十六岁时，嫁给表哥、唐高宗的嫡亲外甥、城阳公主的二儿子薛绍。武则天认为薛绍的嫂嫂萧氏和成氏出身不够高贵，想逼薛家休妻，有人以萧氏出身并非寒门相劝，她才放弃了这个打算。后来，薛绍的兄长薛颚参与唐宗室李冲的谋反，牵连到驸马薛绍。虽然薛绍本人没有参与谋反，但是武则天下令处死薛颚的同时，还杖责薛绍，薛绍饿死狱中。当时太平公主最小的儿子刚满月。武则天为了安慰女儿，打破唐公主食封不过三百五十户的惯例，将她的封户破例加到一千二百户。

唐中宗复位后太平公主很受尊重，唐中宗下诏免她对皇太子李重俊、长宁公主等人行礼。太平公主也开始走到幕前，积极参与政治。张柬之等人诛杀张易之、张昌宗兄弟也是在太平公主的帮助下得以实现。

韦后与安乐公主乱权时期，太平公主多谋善断，联合李隆基一起诛灭了韦氏。太平公主屡立大功，权势地位更加显赫。唐睿宗经常与太平公主商议朝廷的大政方针，有时候太平公主没有上朝，唐睿宗就派宰相到她的家中征求意见。宰相每次上奏，唐睿宗就问："这件事曾经与太平公主商量过吗？曾经与三郎（皇太子李隆基）商量过吗？"在得到宰相们肯定的答复后，唐睿宗才会对宰相们的意见表示同意。唐睿宗对太平公主言听计从，朝中文武百官自宰相以下升迁或降免，全在她的一句话，经过她的举荐而平步青云担任要职的士人不可胜数。太平公主权倾一时，甚至超过了唐睿宗，对她趋炎附势的人数不胜数。

李隆基在剿灭韦后与安乐公主集团，在睿宗再次复皇帝位过程中有功，因此立李隆基为太子。太子英武，太平公主很忌惮。太平公主想废了他立懦弱而不明事理者为太子，以便于她长期专权。所以，她在太子左右安插耳目，窥探太子的小毛病汇报给唐睿宗。

公元712年，太平公主弄巧成拙。为了尽快废了太子，借彗星在西边出现这个天文现象，暗示唐睿宗太子将篡位。唐睿宗则汲取了以往宫廷政变的教训，决定让出帝位，避免灾祸。七月二十五日，唐睿宗下诏正式传位给太子。八月初三，太子李隆基即位，是为唐玄宗。唐玄宗尊唐睿宗为太上皇，三品以上官员任命，以及重大刑狱政务由太上皇决定。太平公主倚仗太上皇的势力，继续专擅朝政，朝中七位宰相五位出自她门下，超过一半的文臣武将依附于她。他们一起谋划，计划废掉唐玄宗，又与宫女元氏合谋，想毒死唐玄宗。

公元713年七月，侍中魏知古告发太平公主准备在本月四日叛乱，命令常元楷、李慈率领羽林军冲进武德殿，派窦怀贞、萧至忠、岑羲等人在南牙举兵响应。唐玄宗与岐王李范、薛王李业、郭元振，以及龙武将军王毛仲、殿中少监姜皎、太仆少卿李令问、尚乘奉御王守一、内给事高力士、果毅李守德等人商定计策，准备抢先诛杀太平公主。初三，唐玄宗让王毛仲调集闲厩中的马匹与三百多士兵，从武德殿进虔化门，召见常元楷和李慈二人，先将他们斩杀，在内客省逮捕了贾膺福和李猷，把他们带出来，又在朝堂上逮捕了萧至忠和岑羲，将他们全都斩首。

太上皇听说发生变乱，登上承天门的门楼。郭元振上奏说："皇帝奉太上皇诰命，诛杀窦怀贞等人，没有发生其他的事情。"初四，太上皇颁布诰命，军政国事、刑赏教化，都由皇帝决定。当天，太上皇便移居百福殿。太平公主逃入南山佛寺三日后返回。太上皇出面请唐玄宗免其死罪，唐玄宗拒绝。唐玄宗下诏，赐太平公主在家中自尽，其夫武攸暨的坟墓也被铲平。

　　唐玄宗一改太平公主几个哥哥软弱无能、优柔寡断的秉性，英明果断地处理朝政大事，铲除了太平公主的势力集团，中止了太平公主作威作福、擅政专权、祸乱朝政的局面，开启了开元盛世。

名相姚崇和宋璟

唐朝前期的太宗、高宗、武后、玄宗在位时出了数位名相。唐太宗的智囊房玄龄足智多谋,杜如晦一丝不苟、明察秋毫,朝廷里的事情交给杜如晦,唐太宗最放心。由此,流传"房谋杜断"的佳话,他俩都是一时的名相。武则天不拘一格选拔人才,狄仁杰、魏元忠在宰相任上恪尽职守,把朝政治理的有声有色。唐玄宗即位后的前二十几年,先后任用姚崇、宋璟为相,姚、宋二人励精图治,勤于朝政,为开元盛世的形成,唐王朝进入鼎盛时期作出贡献。

姚崇曾任三朝宰相,常兼兵部尚书。公元705年,协助张柬之清除张易之兄弟及其党羽势力,迫使武则天还位于唐中宗,受封为梁县侯。姚崇因为不肯依附太平公主,被贬为申州刺史。唐玄宗亲政后,拜兵部尚书、同平章事,迁中书令,封梁国公。

公元713年三月,山东和河南一带发生特大蝗灾,中原地区田地里蝗虫成群。蝗群遮天蔽日,所过之地庄稼全毁。很多灾民认为蝗灾是上天给的惩罚,不敢捕杀蝗虫,在受灾田地旁焚香膜拜,设祭祈福,祈求上天消灾免祸,保住收成。姚崇给唐玄宗上奏章,请求朝廷派御史到灾区督促灭蝗。当时,有人认为蝗虫数量太多,无法尽数除灭,唐玄宗也怀疑能否除掉。姚崇说:"蝗虫漫山遍野,黄河南北两岸百姓逃亡殆尽,岂可坐视蝗虫吞噬禾苗,不动手灭蝗救灾呢!即使不能杀死全部蝗虫,也比养蝗虫造成灾害强。"

同僚卢怀慎认为如果杀灭的蝗虫太多,恐怕会对天地阴阳之气的调和造成伤害。姚崇不以为然地说道:"当年楚庄王为了治病,不怕避讳,吞吃了水蛭,他的病就痊愈了;孙叔敖不迷信,杀死了两头蛇,也都安然无恙。难道不忍心看到蝗虫被杀死却忍心看着百姓被饿死!倘若杀死蝗虫会招来灾祸,我姚崇一

227

人承担！"

　　唐玄宗派姚崇负责指挥灭蝗。山东的蝗灾再次爆发时，姚崇命令各州县府郡停止祭祀祈祷，积极捕杀蝗虫。刺史倪若水不服从命令，不落实治蝗措施，抵制前去督促捕蝗的御史，他说："蝗虫是上天降下的灾祸，并非人力可以扭转，朝廷应当通过修德行善来消除蝗灾。十六国时期前赵的刘聪常捕杀埋掉蝗虫，但蝗虫所造成的灾害反而更为严重。"姚崇反驳说："刘聪乃僭越称帝，因此德不胜邪；当今乃圣朝明君，所以邪不胜德。自古郡守贤良，蝗虫不入其境。倘若修德可以免除蝗灾，岂不等于说蝗灾是因为无德而招致的吗！"并警告他如果拒不执行治蝗命令，要负责由蝗灾造成饥荒的责任。倪若水受到责问，不敢再坚持违抗捕杀蝗虫的命令，积极治蝗，效果明显。姚崇详查各州县地方官灭蝗情况，奖励积极认真灭蝗的官员，处罚斥责偷懒不尽心尽力者，并公布于众，最终平息了大蝗灾。由此，连年发生的蝗灾才没有引起严重的饥荒。

　　姚崇身为宰相，严格要求自己的子女，不让他们靠着自己混官做。姚崇提拔过地方官魏知古，后来魏知古投机钻营，没有把才能用在正道上，姚崇就把他调到东都洛阳。姚崇住在洛阳的两个儿子觉得魏知古是父亲提拔起来的，就托他弄个官做。哥俩不知道魏知古正想抓姚崇的把柄。过了几天，唐玄宗召姚崇进宫心平气和地问姚崇："宰相家公子的才学、德行一定不错吧？现在任什么职务？"姚崇暗自忖思皇帝话里有话，猜测出了一二，对皇帝说："我有三个孩子，两个儿子住在洛阳，无才无德为人处世不谨慎，总想捞个一官半职，我没答应他们。我想是这两个不争气的东西想托魏知古的关系通融他们做官吧？我没来得及问清楚。"姚崇接着说："过去魏知古当地方小官，我见他有才，提拔他进京城为陛下效力。后来魏知古不称职我把他调到洛阳了。一定是我那两个儿子认为魏知古会报答我对他的提携，找他提非分要求。"唐玄宗很赏识姚崇的头脑，又不徇私情。不久，贬了魏知古的官。

　　姚崇因儿子过世，请了十几天的假回家料理丧事。文件政务全交给卢怀慎处理，卢怀慎无法决断，十分惶恐，入朝向玄宗谢罪。唐玄宗没太责怪他，对他说："我把天下大事都交给姚崇处理，当然信得过他，现在只是想让您安坐而对雅士俗人起到镇抚作用。"

　　姚崇假满回来，很快将未决之事全部处理完毕。不禁面有得意之色，回头问紫微舍人齐瀚："我做宰相，可以与历史上哪些宰相相比？"齐瀚低头没有回答。姚崇继续问道："我与管仲、晏婴相比，谁更好些？"齐瀚回答说："管仲、晏婴所奉行的法度虽然未能传之后世，起码也做到终身实施。您所制定的法度则随时更改，似乎比不上他们。"姚崇又问道："那么到底我是什么样的宰相呢？"齐瀚回答说："您可以说是一位救时之相。"姚崇听后十分高兴，将手中的笔扔在桌案上说："一位救时宰相，也是不容易找到的呀！"卢怀慎与姚崇同时担任宰相，自认为才能不及姚崇，每次遇到事情，都要请姚崇处理，当时的人称他为"伴食宰相"。

姚崇年老病重，辞去相职，向唐玄宗推荐广州都督宋璟接替自己担任宰相。

宋璟也是前朝老臣，为人庄重，善于治理财政，也善于用人。后来的名臣：李邕、郑勉、李朝隐、陆象先都是宋璟提拔起来的。宋璟在宰相任上，秉公办事，效仿唐初魏征的风范，经常当面指出唐玄宗的错误。唐玄宗惧他，也敬佩他，能经常听从他的劝告。

宋璟做宰相后，恢复了唐太宗贞观年间行之有效的措施。唐太宗时，状告某官员有罪，必须有凭有据，当面对质。避免了皇帝独断专行，杜绝了借机诬陷他人的小人。武则天当政后，告密成风，冤案层出不穷。宋璟下令，从今往后，无论揭发检举官员还是向皇上报告情况，必须依据实情。"贞观之治"时期那种好风气又渐渐回来了。

公元718年，唐玄宗下令废除社会上流通的私铸钱币，只能使用官家所铸重二铢四分以上的正统钱币。不法之徒回炉熔化废钱币，铸成同官币一样重量、大小的伪币，在市上流通。受冲击最大的是京都长安，市场冷冷清清。宋璟当机立断，拨出两万太府钱，从老百姓手里购买大批物资存入官府。百姓手里有了法定货币，人心安定。宋璟又用购买的物资代替太府钱发给长安、洛阳两地的官吏，避免了货币泛滥引起的通货膨胀。经过几个回合，市面上的伪币被太府钱取代了，商业又恢复了往日的繁荣。

宋璟对亲戚要求很严，不许他们靠关系得到好处。宋璟的叔叔宋元超，打着宋璟的旗号，到吏部衙门想求个一官半职。宋璟听说后，给吏部发公文说："宋元超是我的叔叔，但我不能因为他是长辈而偏袒，不愿因私情妨碍公务。他不提同我的关系，当依照原则办，够资格可以录用。现在他既然有请求照顾的口风，

229

用我的名字做幌子，那就必须矫枉过正，即使够资格，也请将他打发走，不要录用。"

宋璟经常提醒唐玄宗做个开明有德的君主。有一年，发生了日食现象。古代的人们对日食有敬畏感，诚惶诚恐地祈祷。唐玄宗很隆重地举行仪式，向上天祈祷。下令救济天下的穷人，奖励农业搞得好的地方，声势挺大，诏书一道接着一道。宋璟向唐玄宗道贺说："陛下关心百姓疾苦、重视农事，这是天下人的福气。陛下还应更勤于政事，亲近贤臣，疏远奸佞之人，不要沉湎美色，应虚心听取意见，防止诌媚之言，这才是真正的有德。有德之人不会说得头头是道，天花乱坠，实际行动却一无所成。陛下能把措施贯彻下去，才是诚心诚意向上天的表白。至于诏书不必下那么多道。请陛下明鉴。"唐玄宗虚心接受了宋璟的谏议。

姚崇和宋璟相继为相，姚崇擅长随机应变圆满地完成任务，宋则擅长遵守成法坚持正道，两个人的志向操守不同，但都能同心协力辅佐唐玄宗。姚崇与宋璟觐见时，唐玄宗常常要站起来迎接，他们离开时，唐玄宗在殿前相送。

开元年间，皇帝励精图治，姚崇和宋璟竭力辅佐，社会进入了空前繁荣的阶段。全国各州县的仓库里堆满了粮食和布帛，长安、洛阳的米价和布价全部降低，此时也是唐朝的鼎盛时期。

安史之乱

唐玄宗登基后，在政治上，他改革机构、整顿吏治、重用贤臣、修订律法，改善民族关系。在经济上，打击豪门士族，减轻人民负担，发展农业，增加财政收入。经过近三十年的发展，唐朝在各方面都达到了极高的水平，国力空前强盛，社会经济空前繁荣，人口大幅度增长。进入被称为"开元盛世"的鼎盛时期。

繁荣强盛的同时，深刻的社会及政治危机也在发展。土地兼并激烈，大量农民逃亡。军事上，内轻外重，内地军备废弛，地方上节度使的军事力量不断增强。开元之治的晚期，唐玄宗励精图治的精神也懈怠了，逐渐丧失了早期那种积极向上与求治的精神。天宝（742年—756年）年间，唐朝政治越来越腐败，唐玄宗耽于享乐也日甚一日，由原来提倡节俭变为挥金如土，曾经将一年内各地的贡品全部赐予李林甫。国政先后交由宰相李林甫与杨国忠把持。李林甫仗着玄宗的信任专权用事达十九年。

李林甫是口蜜腹剑、排斥忠良的奸诈之人。他当权后，杜绝言路，排挤朝廷的文官，猜忌边境的节度使。朔方等四镇节度使王忠嗣，战功卓著，威望高；麾下哥舒翰、李光弼等是骁勇善战的名将。李林甫担心唐玄宗调王忠嗣回京城当宰相，影响他的权势，就派人向唐玄宗诬告王忠嗣想拥戴太子谋反。王忠嗣因此大祸临头，哥舒翰在唐玄宗面前苦苦为王忠嗣申冤，才免了王忠嗣的死罪，将其贬为汉阳太守，一年后抑郁以终。

当时，有些边境将领是少数民族人士。李林甫认为胡人文化水平低，不会被调到朝廷当宰相，竭力主张重用胡人，理由是胡人善战，跟朝官没联系，靠得住。唐玄宗最怕边境的将领谋反，就听从李林甫的意见，提拔了一些胡人当节度使。在胡人节度使中，唐玄宗、李林甫特别欣赏平卢（今辽宁朝阳）节度使安禄山。

安禄山当年在平卢当将官时，因为不遵守军令打了败仗。守将把他解送到长安，请朝廷处分。宰相张九龄为了严肃军纪，判安禄山死刑。唐玄宗听说安禄山挺能干，下令释放安禄山。张九龄禀报唐玄宗："安禄山违反军令，损兵折将，按军法不能不杀。我观察安禄山不是善良的人，不杀恐怕后患无穷。"唐玄宗没有听张九龄劝谏，赦免了安禄山。安禄山长于阿谀奉承，拍马屁。后来，一步一步地升官，当上了平卢节度使。不出三年，又兼任范阳（今北京市）节度使。

安禄山当了节度使后，不断地将搜罗到的珍禽异兽、珍珠宝贝献给宫廷，讨好唐玄宗。他迎合唐玄宗喜好边境将领上报战功的心理，诱骗平卢附近的少数民族首领和将士来饮宴。在酒席上，用药酒灌醉这些人，割下了他们的首级，献给朝廷报功。唐玄宗常常召安禄山到长安朝见，又封安禄山为郡王，在长安为他造了一座跟王公贵族府邸同样华丽的王府。安禄山搬进王府后，唐玄宗经常让他陪着一起喝酒作乐。杨贵妃收安禄山为干儿子，让安禄山在内宫随便进出，亲热得像一家人。安禄山不断骗取了唐玄宗和李林甫的信任，除了范阳、平卢两镇外，又兼了河东（今山西太原）节度使，控制了北方边境的大部地区。他秘密扩充兵力，提拔了史思明、蔡希德等一批猛将，任用汉族士人高尚、严庄帮他出谋划策。从边境各族的降兵中挑选了八千名壮士，组成一支精兵，囤积粮草、磨砺武器。只等唐玄宗一死，他就准备叛乱。

杨贵妃深得唐玄宗的宠幸，李林甫病死，杨贵妃的同族哥哥杨国忠凭着他的外戚地位，接任了宰相。杨国忠搜刮民财，国事日非，朝政更加腐败。杨国忠本来是个流氓，安禄山看不起他，他也看不惯安禄山，两人矛盾重重。杨国忠三番五次地在唐玄宗面前说安禄山要谋反。但是唐玄宗正宠信安禄山，不大相信。

天宝十三（公元754年）年一月，杨国忠进言说安禄山必反，并说："陛下试召他入朝，他一定不来。"玄宗派人召见安禄山，安禄山立刻来朝，在华清宫晋见玄宗，哭诉说："我本是一名胡人，受到陛下的信任才有今天的地位，却不为杨国忠所容，恐怕难以活命了！"唐玄宗听后对他十分怜爱，更加信任安禄山，重加赏赐。太子李亨也看出来安禄山要谋反，告诉唐玄宗，唐玄宗仍然听不进去。

二月，安禄山上奏说："我部下将士讨伐奚、契丹、九姓胡、同罗等地，功勋卓著，乞望陛下打破常规，越级封官赏赐，写好委任状，让我在军中授予他们。"安禄山部下因此被任命为将军的有五百多人，中郎将两千多人，他借此收买了人心。

三月，安禄山向唐玄宗告辞，回范阳。唐玄宗脱下衣服赐给他，安禄山怕杨国忠把他留在朝中，急忙出潼关。乘船沿黄河而下，命令船夫手执挽船用的绳板立在岸边，十五里一换，昼夜兼程，日行数百里，经过郡县也不下船。

公元755年二月，安禄山派副将何千年入朝奏事，请求用番人将领三十二人代替汉人将领，唐玄宗命令中书省立刻发委任状。大臣韦见素对杨国忠说："安禄山早就怀有反心，现在又请求以番将代替汉将，谋反的迹象已经很明确了。"杨国忠与韦见素入宫，韦见素极力劝说安禄山反迹已露，千万不能答应他的请求，唐玄宗不听，仍然答应了安禄山的请求。杨国忠和韦见素献计唐玄宗："任命安禄山为平章事，召他入朝，然后任命贾循为范阳节度使，吕知诲为平卢节度使，杨光为河东节度使，这样安禄山的势力就会分化瓦解。"制书写好后唐玄宗犹豫不决，留在朝中不发，派宦官辅琳拿着珍果赐给安禄山，让他暗中观察。辅琳受了安禄山的重赂，回来后极力说安禄山忠诚奉国，没有二心。唐玄宗对杨国忠等人说："我推心置腹地对待安禄山，他必不会有异心。再说东北地区的奚与契丹还要靠他镇抚。朕保证他不会谋反，你们不要担忧！"

安禄山回到范阳后，改变了以前对皇上处处讨好的态度，每当朝廷有使者来，就假装有病，不再出来迎接朝廷使者。朝廷使者裴士淹来到范阳后二十多天才见安到禄山，也不行臣下礼节。

杨国忠日夜搜集安禄山谋反的证据，包围了安禄山在京城的住宅，逮捕了安禄山的门客李超等人，秘密杀害了他们。安禄山的儿子安庆宗在京师得知后密报给了安禄山，安禄山更加恐惧。安庆宗婚配皇室女荣义郡主，唐玄宗以安庆宗成婚为由，下手诏让安禄山来京城参加婚礼，安禄山称病不来。安禄山上表请求献给朝廷三千匹马，每匹马配马夫两人，由番人将领二十二人护送。河南尹达奚怀疑其中有诈，上奏说："请告谕安禄山冬天再献车马，由朝廷供给马夫，不用烦劳他部下的军士。"这时唐玄宗才开始怀疑安禄山有反心。唐玄宗派宦官冯神威拿着手诏，按照达奚的计策，告谕安禄山，并且说："朕刚为你在华清宫造了一座温汤池，十月在那里等待你。"神威到范阳宣读了唐玄宗的诏书，安禄山不伏拜，坐在床上略微起了一下身子。

安禄山一身兼任三道节度使，阴谋作乱准备了将近十年，想等到玄宗死后反叛。杨国忠因为与安禄山不和，多次上言说他要谋反，又多次以事激怒安禄山。安禄山于是决意举兵谋反，他假造敕书，召集部将说："皇上有密诏，让我率兵入朝讨伐杨国忠，你们应该听我指挥，随军行动。"

十一月，安禄山率领所统辖的三镇军队及奚、契丹、室韦兵十五万人，在范阳起兵反叛，向南进军。精锐步骑兵浩浩荡荡，战尘千里，鼓角震地，杀向洛阳、长安。当时唐朝长治久安，几代没有经历战争，唐朝的兵力布置又外重内轻，猛然得知范阳兵起，远近惊骇。叛军长驱直入，占领了黄河以北的很多郡县。唐军一路败退，洛阳失守，只得退守潼关，坚壁不出。唐玄宗仓促部署对安禄山的防御。起用病废在家的名将哥舒翰赴潼关抗敌。

潼关地形险要，易守难攻。哥舒翰进驻潼关后，立即加固城防，深沟高垒，闭关固守。在哥舒翰的带领下，城防固若金汤，叛军主力对潼关发起一次又一次的进攻，延续半年之久，都劳而无功。安军主力被阻于潼关数月，不能西进。安禄山见强攻不行，便将老弱病残的士卒屯于陕郡（今河南三门峡市西），将精锐部队隐蔽起来，诱使哥舒翰弃险出战。唐玄宗接到叛军在陕郡兵不满四千、皆羸弱无备的假情报，命令哥舒翰出兵收复。

哥舒翰正确地判断了双方的形势，认为坚守不出才是御敌之策，再三表奏："安禄山久在军中，精通兵法，现在有备而来，利在速战。叛军暗藏精锐，以老弱病残引诱我军，肯定有诡计，如果我军轻出，必然中计。叛军远道而来，利在速战。官军据险而守，利在长期坚持。叛军残暴，失去人心，将会有内乱，到时趁势出击，大局可定。"但唐玄宗听不进哥舒翰的金玉良言。宰相杨国忠对唐玄宗说："哥舒翰按兵不动，会错失良机。"玄宗轻信谗言，严词苛责，不断地催促哥舒翰出兵。

哥舒翰在接到圣旨后知道此战必败，但慑于皇权的威严，抚胸痛哭，不得已带兵出战，结果兵败被俘，潼关失守，自己也被手下绑赴敌营。河东、华阴、冯翊、上洛等郡的唐朝防御使弃郡而逃，守兵也纷纷逃命。这是中国战争史上的典型战例，唐玄宗错误估计形势，拒绝采取据守险要、持久疲敌、伺机出击的方针，过早地出关反攻，结果造成人地两失，使平叛战争的局势急转直下。

潼关失守，长安无险可守。杨国忠又让韩国夫人与虢国夫人入宫，劝说唐玄宗到蜀中避难。唐玄宗慌忙带上杨贵妃及姐妹、皇子皇孙、皇妃公主和杨国忠等亲信大臣、宦官被迫放弃长安，逃往四川。人们都认为安禄山叛乱是杨国忠骄横放纵所致，安禄山起兵又是以讨杨国忠为名，无不对杨国忠切齿痛恨。

唐玄宗一行到了马嵬驿，随从的将士哗变，一哄而起杀死杨国忠，包围了驿站，逼唐玄宗缢死杨贵妃，而后逃到成都。太子李亨逃到了宁夏灵武自行即位，即唐肃宗，尊李隆基为太上皇。

唐肃宗调兵遣将，封郭子仪为兵部尚书、同中书门下平章事（宰相），仍兼充朔方节度使；李光弼为户部尚书、同中书门下平章事，二人奉诏讨伐叛军。建立了新的军事系统，全面部署抗击叛军，邀请回纥派来精锐骑兵助战，各路军队纷纷到达灵武，形势开始有利于唐朝。这时，叛军内讧不断，安禄山被其子安庆绪所杀，部下不服，战斗力也随之削弱，形势急转直下。后来，安禄山的部将史思明杀死了安庆绪，史思明的儿子史朝义又杀死了史思明。

公元 757 年，李隆基由成都返回长安，居兴庆宫（南内），不再过问政事。持续了七年的安史之乱，于公元 763 年才平定。

安史之乱，削弱了中央集权，沉重地打击了唐朝的统治，是唐朝由盛到衰的转折点，为封建割据创造了必要条件。

杨玉环命断马嵬驿

杨玉环，唐代蒲州永乐（今山西永济）人，出生在四川成都，自小习音律，姿色超群。她生于宦门世家，曾祖父杨汪是隋朝的上柱国、吏部尚书，唐初被李世民所杀。父亲杨玄琰是蜀州（四川崇州）司户，叔父杨玄璬曾任河南府士曹。杨玉环十岁左右，父亲去世，被寄养在洛阳的三叔杨玄璬家。十七岁时，被在洛阳为寿王选妃的武惠妃选中。杨玉环有倾城倾国之美，天生丽质，又精通音律，善歌舞，善弹琵琶。白居易的《长恨歌》描述她：天生丽质难自弃，一朝选在君王侧。

公元737年，武惠妃逝世，唐玄宗因此郁郁寡欢，后宫数千女子，他一个也看不上。有人告诉唐玄宗，寿王李瑁的妃子杨玉环的美貌倾国倾城。唐玄宗对杨玉环一见钟情，萌生纳入后宫之意。他让杨玉环称是皇帝之意，请求做女道士，号"太真"，再将她偷偷接到宫中。太真体态丰满、容貌娇艳，通晓音律，生性机警，很懂得逢迎唐玄宗的心意。不到一年，就如同武惠妃一样受唐玄宗的宠爱。

公元745年八月，唐玄宗册封杨玉环为贵妃，赐她父兄辈高官职。杨贵妃有三位绝色的姐姐，也应召入宫，封为韩国夫人、秦国夫人、虢国夫人，每月各赠脂粉费十万钱。

杨贵妃每次骑马，深得唐玄宗宠信的宦官高力士都为她拿马鞭牵辔头。朝廷内外争着进献器物、衣服和珍宝给杨贵妃，专门为杨贵妃织绣衣服的工匠多达七百人。杨贵妃喜欢吃新鲜荔枝，唐玄宗下令岭南每年用驿马飞奔送来，到了长安，荔枝颜色味道都没变。岭南经略史张九章、广陵长史王翼，因所献精美，均被升官。由此，百官竞相仿效。后人有诗："一骑红尘妃子笑，无人知是荔枝来"，荔枝因此又称为"妃子笑"。

公元 746 年，杨贵妃因恃宠骄纵、嫉妒泼悍，惹恼了唐玄宗。唐玄宗一怒之下把她送回娘家。杨贵妃走后，唐玄宗闷闷不乐，饭也吃不进去，有了悔意。高力士试探他的心意，请求把贵妃院中储备的器物送给贵妃，装了一百多车，唐玄宗把自己吃的食物赐给贵妃。高力士由此得知皇上后悔了，他跪下请求唐玄宗迎回杨贵妃，唐玄宗马上同意召杨贵妃入宫。

公元 750 年二月，杨贵妃忤逆玄宗的心意，又一次被遣送回杨家。户部郎中吉温让宦官对唐玄宗说："妇道人家见识短浅，违背圣上的心意，陛下又何必吝啬宫中一席之地，不让她死在宫里，而让她在宫外受辱呢？"唐玄宗派宦官把自己吃的饭再次赐给贵妃。杨贵妃哭着对宦官说："妾罪该万死，有幸陛下不杀我，让我回家，现在要永远离开宫阙。金玉珍宝，都是陛下赏赐的，不值得献给陛下，而头发是父母给我的，斗胆献给陛下，表达臣妾的一片真心。"随后剪下一束头发献给玄宗。唐玄宗马上派高力士把她接回宫中，从此对她更加宠爱。

李隆基和杨贵妃尽情享乐，沉迷于酒色之时，边将安禄山发动了叛乱，安史之乱爆发，叛军很快攻占了长安。唐玄宗与杨贵妃姐妹、皇子、妃子、公主、皇孙、杨国忠、韦见素、魏方进、陈玄礼，以及亲信宦官、宫人从延秋门出发，逃往四川。

唐玄宗一行到了马嵬驿（今陕西兴平市西北），随从的将士饥饿疲劳，怨恨愤怒。龙武大将军陈玄礼等人认为安禄山谋反，天下大乱都是杨国忠作乱造成的，想杀掉他。恰好吐蕃使节二十余人拦住杨国忠的马，抱怨没有食物。杨国忠还没有来得及回答，士卒们就喊道："杨国忠与胡人谋反！"用箭射中了杨国忠的马鞍。杨国忠逃至马嵬驿西门内，被愤怒的士兵追上杀死，肢解了尸体，把头颅挂在矛上示众，又杀了他的儿子户部侍郎杨暄与韩国夫人、秦国夫人。御史大夫魏方进说："你们胆大妄为，竟敢谋害宰相！"愤怒的士兵们把他也杀了。士兵们包围了驿站，玄宗听见外面的喧哗，侍从说是杨国忠谋反。唐玄宗走出驿门，慰劳军士，命令他们撤走，但军士不答应。唐玄宗又让高力士去问话，陈玄礼回答说："杨国忠谋反被诛，杨贵妃不应该再侍奉陛下，愿陛下能够割爱，处死杨贵妃。"唐玄宗说："这件事由我自行处置。"然后进入驿站，拄着拐杖侧首而立。京兆司录参军韦谔上前说道："众怒难犯，形势十分危急，安危在片刻之间，希望陛下赶快作出决断！"说着跪下不断地叩头，血流满面。唐玄宗说："杨贵妃居住在戒备森严的宫中，不与外人交结，怎么能知道杨国忠谋反呢？"高力士说："杨贵妃确实是没有罪，但将士们杀了杨国忠，杨贵妃在陛下的左右侍奉，他们怎么能安心呢！希望陛下好好地考虑一下，将士安宁陛下就会安全。"唐玄宗无奈之下，忍痛下令高力士把杨贵妃引到佛堂内，命高力士赐杨贵妃自尽，用绳子勒死了她，杨贵妃死时三十八岁。唐玄宗命人将贵妃的尸体抬到驿站的庭中，召陈玄礼等人察看。陈玄礼等人脱去甲胄，叩头谢罪，唐玄宗安慰他们，并命令告谕其他的军士。陈玄礼等人高喊万岁，拜了两拜而出，整顿军队准备继续行进。

杨贵妃天生丽质，"回眸一笑百媚生，六宫粉黛无颜色"。入宫以来，她遵循宫廷体制，不过问朝廷政治，不插手权力之争，以自己的妩媚温顺及过人的音乐才华得到唐玄宗的百般宠爱。安史之乱与杨贵妃无关，但她的族兄杨国忠祸乱国政，犯众怒被杀，杨贵妃不可能不受牵连，成为牺牲品。

功高德劭的郭子仪

郭子仪（697—781），华州郑县（今陕西渭南市华州区）人。早年参加武举，入仕从军，累迁至九原郡太守、朔方节度右厢兵马使。他武艺高强，阵法娴熟，公正无私，不畏权贵。

安史之乱时，叛军攻破常山郡（今河北正定），占领河北全境后，郭子仪率军出井陉关，与李光弼一同击破史思明数万军队，平定藁城。又南攻赵郡（今河北赵县），俘获敌军四千人，斩杀叛军伪太守郭献璆，回军常山，屡战屡胜，准备北征范阳。此时哥舒翰在潼关战败，唐玄宗入蜀，太子在灵武登基，下诏班师。郭子仪与李光弼率军队五万赶赴朔方。唐肃宗李亨任命郭子仪为兵部尚书、同中书门下平章事（宰相），兼朔方节度使。郭子仪与回纥首领葛逻支联兵进击叛军，俘虏数万，平定河曲。

公元 757 年，安禄山被儿子安庆绪弑杀。唐肃宗诏郭子仪回凤翔，进封郭子仪司空、关内河东副元帅。八月，郭子仪升任天下兵马副元帅，以兵部尚书、平章事兼朔方、陇右、河西三镇节度使，率军收复了东都洛阳。在黄河边击败叛军，擒获叛将安守忠。捕杀安庆绪的弟弟安庆和，攻克了卫州。宦官鱼朝恩一直妒忌郭子仪，在唐肃宗面前诋毁他。唐肃宗召郭子仪回京，剥夺了他的兵权。但郭子仪以大局为重，仍忠心于朝廷。

公元 761 年二月，史思明再次攻陷洛阳。朝廷起用郭子仪为朔方、河中、北庭、潞、仪、泽、沁等州节度行营，兼兴平、定国等军兵马副元帅，进封汾阳郡王，驻守绛州。

唐代宗即位后，宦官程元振自认为有拥立之功，担心老将难以制服，多次离间诬陷。郭子仪由此又被罢免副元帅之职，加实户七百，再次失去兵权。后来，吐蕃入寇，朝廷难以抵挡。朝廷再度启用郭子仪。郭子仪率军出征，打败了吐蕃，兼领邠宁庆节度使，移驻邠州。

公元 767 年十二月，郭子仪父亲的坟墓被盗贼挖掘。鱼朝恩一向嫉妒郭子仪，向皇上屡进谗言，一再阻挠皇上任用郭子仪，人们怀疑是他指使人干的。郭子仪在外领兵，从奉天入朝，朝廷害怕他因此而背叛。唐代宗提到这件事时，郭子仪痛哭流涕地说："我长久带兵，却不能禁绝暴贼的行为，许多士兵挖掘别人的坟墓也是有的。今天挖到我的头上，这是苍天在谴责我，不是人患所造成的。"满朝公卿大臣原来都很忧虑，害怕郭子仪闹出事端，听了他的回奏后，都非常钦佩他。

有一次，郭子仪妻子南阳夫人奶妈的儿子违犯军令，执法官都虞候不徇私情，虽然知道此人与主帅郭子仪的关系，还是按照军令将他杖杀。为此，儿辈们到郭子仪面前哭诉，说都虞候专横跋扈。郭子仪听完后，将他们狠狠地训斥了一顿。第二天，郭子仪跟属僚们说起了这件事，叹息道："我的儿子是些不成器的东西！他们不仅不赞赏都虞候刚正不阿，反而怜惜母亲奶妈那个犯罪的儿子，这不是不成器又是什么呢！"

升平公主嫁给郭子仪的儿子郭暧为妻。小夫妻闹别扭，郭暧气恼了说："你仗着父亲是天子吗？我父亲还不愿意做天子呢！"升平公主怨恨，乘车飞奔入宫将此事告诉了唐代宗。唐代宗劝女儿道："你哪里知道，他父亲真是这样。假如他真想做天子，天下怎么会是你家的呢！"唐代宗安慰劝说公主回去。郭子仪听说此事后，囚禁了郭暧，自己入朝请罪。唐代宗对郭子仪说："俗话说：'不痴不聋，不做家翁'，儿女闺房中的话，哪值得听呢！"郭子仪回家，惩戒儿子郭暧，打了他数十大棍。

公元 769 年正月，郭子仪入朝，鱼朝恩邀请他去章敬寺游玩。大臣元载秘密告诉郭子仪说："鱼朝恩对你图谋不利。"郭子仪的部下担心主帅安危，将士三百人请求衣内穿甲跟随护卫。郭子仪不听，只带了几名家僮前往。鱼朝恩迎接时很惊奇随从这么少。郭子仪将听到的事告诉鱼朝恩，并且说："害怕麻烦你张罗。"鱼朝恩抚胸拱手、痛哭流涕地说："您如果不是这样度量宽宏的长者，能不怀疑我吗！"

郭子仪战功卓著，德高望重，吐蕃、回纥称他为"神人"。甚至有些安史叛将也很尊重他。安庆绪的骁将田承嗣占据魏州后，蛮横无理，飞扬跋扈。郭子仪派遣自己的部将去见他。田承嗣很规矩，还向郭子仪所在的方向遥望叩拜，指着自己的膝盖对使者说："我这膝盖不向人弯屈已有好多年了！"李灵曜依凭在汴州发起叛乱，公私物品经过汴州他全部扣留，唯有郭子仪的物品，他不敢靠近，还派兵护卫，送出州境。

郭子仪常年在外领兵作战，手握重兵，程元振、鱼朝恩曾对他百般诋毁，说他拥兵自重，有所企图。但他坦然处之，朝廷每次召他入朝，他总是光明磊落，毫不犹豫地当日启程。由此，诽谤也失去了作用。

郭子仪八十五岁时寿终。他"权倾天下而朝不忌，功盖一代而主不疑"，在朝野上下享有极高的威望，他以一身维系全国安危将近二十年。他穷极奢华，尽情享受，但人们不为难他。郭子仪武功厥伟，还善于从政治角度处理问题，资兼文武，忠智俱备，在复杂的战场上立不世之功，在险恶的官场上得以全功保身。他历事玄宗、肃宗、代宗、德宗四朝，对唐王朝的安定起了重要作用。

史思明叛唐被弑杀

　　史思明，原姓阿史那，名崒干，因战功得唐玄宗赐名"思明"。他与安禄山一道发动叛乱，即安史之乱。史思明统帅安禄山叛军的精锐的部分，叛乱开始时，所向皆捷，攻城略地。公元 756 年初，他在常山被李光弼、郭子仪击败，逃至博陵。后来，史思明围攻太原被李光弼击退后，回到范阳驻守。安禄山在洛阳称帝，令史思明经略河北，封他为范阳节度使，占有十三郡，拥有兵马八万余众。

　　公元 757 年，安庆绪杀死安禄山后，他害怕史思明势力过于强大，派宰相阿史那承庆和亲王安守忠去范阳征调史思明的军队，嘱咐他们暗中消灭史思明。

　　阿史那承庆没到之时，范阳节度判官耿仁智对史思明说："史大夫您威严尊贵，身边的人都不敢说什么，我冒死请求说一句。"史思明问："你想说什么呢？"耿仁智说："大夫之所以效力安氏，是迫于他们的雄威。现在唐室兴隆，皇帝仁义贤明，大夫可以率领部下归附朝廷。"裨将乌承玼也劝史思明说："现在唐室振兴，安庆绪就像是叶片上的露珠一样。你为什么要与他一起灭亡呢？如果能够归顺朝廷，就可以洗去以前背叛的罪过。"史思明赞成他们的建议。

　　史思明率全军前去迎接阿史那承庆与安守忠带领五千名精锐骑兵，相距一里远的时候，史思明派人对阿史那承庆等人说："相公与大王不远千里而来，范阳的将士高兴不已。但是边境的士兵生性胆小，畏惧你们的军队，不敢继续前进。请你们收起武器，让他们安心。"阿史那承庆等人答应了。

　　史思明引领阿史那承庆到内厅宴饮，派人收了他们的兵器铠甲，发放粮食给士兵，遣送他们回去。愿意留下来的士兵给予丰厚的赏赐，分配到各营。第二天，史思明囚禁了阿史那承庆等人。派人上表，率领所属十三郡及八万士兵向朝廷投降。唐肃宗非常高兴，封他为归义王、范阳节度使。

公元 758 年六月，李光弼认为史思明终归要谋反，劝说唐肃宗任命史思明的亲信乌承恩为范阳节度副使，赏赐阿史那承庆铁券，让他们除掉史思明。乌承恩用自己的钱财招募士兵，多次在晚上打扮成妇人模样，夜入诸军营"策反"，但没有成功。

乌承恩到京城时，唐肃宗派宦官季思敬与他一起去范阳慰问史思明。史思明留乌承恩在馆舍留宿，用帷帐把他的床围了起来，让两个人偷偷躲在床底下伺机偷袭。史思明让乌承恩的小儿子来看父亲。半夜，乌承恩低声对他的儿子说："皇帝命令我来除掉史思明这个逆贼。"躲在床底下的两个人大叫着跳出来。史思明抓捕了乌承恩，搜查他的行装，找到铁券和李光弼的公文，搜出写满跟随史思明谋反将士姓名的册子。

史思明责问乌承恩说："我有什么地方亏待过你，你竟然做出这样的事？"乌承恩叩头说："我罪该万死，这是李光弼的计谋。"史思明用棍子打死了乌承恩父子，二百多人连坐获罪被处死。史思明上表朝廷，唐肃宗派宦官安慰史思明说："这不是朝廷与李光弼的意思，是乌承恩图谋不轨，杀了他是应该的。"

史思明反叛意志坚定，上表要求朝廷杀掉李光弼。公元 759 年，史思明在魏州城北面筑坛，自称大圣燕王。五月，改国号为大燕，称帝。史思明的长子史朝义，经常跟随史思明带兵打仗，谦恭谨慎，爱护士兵，将士们大多都归附于他。但史思明喜爱小儿子史朝清，派他镇守范阳，史思明想杀掉史朝义，立史朝清为太子。

公元 761 年，史思明打败了李光弼的军队，乘胜向西进发，他派遣史朝义为前锋，从北道袭击陕城，史思明亲率大军从南道进攻。

史朝义到达礓子岭与卫伯玉的唐军交战失败。随后的几次进攻，都被卫伯玉打败。史思明退守永宁，认为史朝义怯懦，说："终究不可以助我成就大事！"打算按军法处置史朝义与众将领。史思明命令史朝义修筑三隅城来贮存军粮，限期一天完工。史朝义修好后，还没有抹泥，史思明大骂史朝义，命令左右随从骑在马上监督抹泥，片刻完工。史思明说："攻克陕州以后，一定杀史朝义。"史朝义忧虑恐惧，不知所措。

史思明驻在鹿桥驿，命令心腹曹将军为警卫。史朝义在馆舍住宿，他的部将骆悦、蔡文景劝史朝义说："我们与将军死到临头了！废立自古有之，请将军召见曹将军商议大事。"史朝义低头不语。骆悦等人又说："如果您不答应，我们即刻归附李唐，您也无法保全。"史朝义哭着说："你们妥善处理去吧，不要惊吓我父亲。"骆悦等人叫来曹将军，曹将军知道众将十分怨恨，唯恐灾祸牵连到自己，不敢违抗众意。

当天晚上，骆悦等人率领史朝义的士兵三百人，穿戴铠甲来到驿站。闯入史思明的卧室，史思明闻讯有变乱，立刻跳出围墙跑到马厩，准备骑马逃跑。骆悦的侍从周子俊一箭射中他的手臂，史思明落马被抓，问道："是谁作乱？"骆悦说："奉怀王史朝义的命令。"史思明说："早晨我说错了话，应该得到这样的下场。但现在杀我太早了，怎么不等攻克长安以后呢？现在不能成就大事了。"骆悦等人把史思明押到柳泉驿关押起来，然后去报告史朝义说："大功告成。"史朝义说："没有惊吓到我父亲吧？"骆悦回答："没有"。

军队到达柳泉，骆悦等人担心众人心意不统一，就勒死了史思明，用毡毯裹住尸首，用骆驼运回洛阳。史朝义继帝位，改年号为显圣。之后史朝义秘密派人到范阳，命令散骑常侍张通儒等人杀了史朝清和史朝清的母亲辛氏。

安禄山与史思明是安史之乱的祸首。他俩以臣反君，各自的儿子也弑杀其父，天道固然，是其报应。

颜真卿大义凛然

颜真卿，字清臣。唐京兆万年（今陕西西安）人，唐代中期杰出的书法家。颜真卿书法精妙，擅长行书、楷书。初学褚遂良，后师从张旭。正楷端庄雄伟，行书气势遒劲，创"颜体"楷书，与赵孟頫、柳公权、欧阳询并称"楷书四大家"。又与柳公权并称"颜柳"，被称为"颜筋柳骨"，对后世影响很大。

颜真卿开元年间中进士，四次被任命为监察御史，迁殿中侍御史。受权臣杨国忠排斥，被贬黜到平原（今山东省）任太守。肃宗时至凤翔授宪部尚书，迁御史大夫。代宗时官至吏部尚书、太子太师，封鲁郡公。

天宝"安史之乱"时，颜真卿联络从兄颜杲卿起兵抵抗，附近十七郡纷纷响应。他被推为盟主，集合二十万兵，安禄山因此不敢急攻潼关。

公元782年，淮西节度使李希烈自称天下都元帅、太尉、建兴王，起兵反唐，联合已经据藩镇反叛，自称冀王朱滔、魏王田悦、赵王王武俊、齐王李纳等。

次年正月，李希烈派将攻打汝州，唐德宗向宰相卢杞询问计策。卢杞忌惮颜真卿，趁机说："李希烈骁勇善战，倚仗有功而骄傲，手下没人敢劝阻他。如果派一位朝廷重臣，奉旨宣示恩泽，陈述逆顺利害，李希烈一定会洗心革面，悔过自新，不用大军就能使他归服。颜真卿是玄宗、肃宗、代宗三朝元老，忠诚耿直，刚正果决，为天下人所信服，是最合适的人选！"德宗采纳了卢杞的建议。

正月十七，德宗命令颜真卿前往许州招抚李希烈。颜真卿乘驿车到达东都洛阳。郑叔则拦住他说："您此次前往，一定不能幸免。还是稍稍等待，看看事情有没有转机。"颜真卿说："这是皇上的命令，能躲到哪里呢？"就继续出发。李勉上表说："国家丧失一位元老，是天大的羞耻，请把颜真卿留下来。"李勉让人拦下颜真卿，但没有赶上。

颜真卿到达许州，准备宣布诏旨，李希烈的几千个养子围着他肆意谩骂，拔刀向他比画，装作吃他的肉样子。颜真卿一动不动，泰然自若。李希烈挥手命令众人退下，把颜真卿妥善安置在馆舍，以礼相待。李希烈本打算把颜真卿放回去，恰好颜真卿遇到投降的汝州别驾李元平，颜真卿把他责备得面露惭色。李元平给李希烈写了一封密信，劝他留住颜真卿。李希烈就把颜真卿留下，不让他回去。

各自称王的朱滔、王武俊、田悦、李纳四人，分别派遣使者面见李希烈，上表称臣劝他称帝。使者说："朝廷诛灭功臣，都统英明威武，功业盖世，况且已经被朝廷猜疑忌妒，不早做决断将会有韩信、白起一样的灾祸。希望都统早日称帝，让四海的臣民知道有归附的地方。"

李希烈对颜真卿说："现在冀、魏、赵、齐四王都派遣使者前来推举我。太师看这样的情形，难道我只是受朝廷猜忌，而无处容身吗？"颜真卿说："这是四凶，凭什么叫四王？你不保住自己建立的功业，努力做唐朝的忠臣，却与乱臣贼子在一起，想和他们一起覆亡吗？"李希烈很不高兴，让人把颜真卿扶出去。

颜真卿与四镇的使者一起宴饮，四镇的使者纷纷说道："久闻太师大名，都统准备称帝，太师刚好到来，是上天赐给都统的宰相啊。"颜真卿呵斥道："什么宰相！我已八十岁了，只要能守节而死也就满足了，难道还会受你们的引诱胁迫吗？"四镇使者不敢再说下去。

李希烈在庭院挖了个坑，说要活埋他。颜真卿神色安详，对李希烈说："生死自有天命！何必做那么多文章？给我一剑，岂不是更痛快？"李希烈听了，连忙向他道歉。

公元748年正月，李希烈准备称帝，派人询问颜真卿有关礼仪，颜真卿说："我虽然做过礼官，但只记得诸侯朝见天子的礼仪！"

李希烈继帝位，国号大楚，设置百官，派遣将领辛景臻对颜真卿说："你不愿意屈节服从，干脆自焚算了！"在庭院里堆起柴火，浇上油，点燃了。颜真卿快步向火堆走去，辛景臻急忙拦住他。

八月初三，唐朝军队接连获胜，李希烈担心有变，派中使到蔡州诛杀颜真卿。中使说："有敕书！"颜真卿拜了两拜。中使说："今天赐颜真卿死。"颜真卿问："老臣没有完成任务，罪当死。不知道使者是哪天从长安出发的？"中使说："我从大梁来的，不是从长安来。"颜真卿大义凛然地说："这么说，只是贼寇罢了，怎么可以说是敕书呢？"中使勒死了颜真卿。

唐朝三军将士听说颜真卿遇害，纷纷痛哭失声。半年后，李希烈被部下所杀，叛乱平定，颜真卿的灵柩才得以护送回京，厚葬于京兆万年颜氏祖茔。德宗皇帝废朝八日，举国悼念。德宗亲颁诏文，追念颜真卿"才优匡国，忠至灭身，器质天资，公忠杰出，出入四朝，坚贞一志，拘胁累岁，死而不挠，稽其盛节，实谓犹生"。

颜真卿秉性正直，笃实纯厚，有正义感，从不阿服权贵，曲意媚上，以义烈名于时。文如其人，颜真卿写出来的字，刚毅奇雄，挺然奇伟，结体严谨，法度完备，像是一个忠臣义士满脸正气地挺立在朝廷之上，大义凛然，威武不屈。

247

黄巢起义

黄巢领导的农民起义，是王仙芝起义的后续。也是唐朝历时最久、遍及范围最广、影响最深远的一场农民起义。

黄巢家世代以贩卖私盐为业，家境富足。他能言善辩，从小就有诗才，有天生的豪气。张端义《贵耳集·卷下》记载，黄巢五岁时的一天，黄巢的父亲与一位老人作联句，每人作一联，相连而成一首诗。时至秋天，菊花正在盛开，他们就以菊花为题。黄巢父亲先作了一联，那位老人一时没有接上，在旁边玩耍的黄巢脱口接了一联："堪与百花为总首，自然天赐赭黄衣。"意思是菊花可以做百花之首，是上天赐给了它们一身黄衣。他的父亲责怪他没大没小，不懂礼貌，那位老人说："您这位公子很会作诗，只是不知道轻重，可以让他再作一首。"黄巢张口应之，又作了一首："飒飒西风满院栽，蕊寒香冷蝶难来。他年我若为青帝，报与桃花一处开。"意思是秋风瑟瑟，满院里栽满了菊花，但是天已冷了，菊花开得再盛，也没有蝴蝶来采了。如果有一天我做了青帝（主掌百花开放的神仙），我一定让它和桃花一样在春天开放。黄巢还善于剑术与骑射，性格豪爽，但他数次进士科考都落榜了。

唐懿宗期间，朝廷日益腐败，征敛赋税繁重。潼关以东地区连年遭受水旱之灾，州县官吏不上报实情。百姓为生活所逼，只得聚集以盗为生，盗贼群起，发展成为农民起义。

公元 875 年，王仙芝聚集了数千人，在长垣县起事。第二年，王仙芝与尚君长率领军队攻陷了濮州、曹州，很快发展到了几万人。唐朝天平军节度使薛崇出兵讨伐，被王仙芝打败。

黄巢在冤句（今山东菏泽市西南）起兵，聚集了数千人响应王仙芝，他们一起攻打州县，横行山东，百姓因无力支付沉重的赋税，争相归附黄巢。仅仅几个月，队伍就发展到数万人。

公元876年九月初二，王仙芝攻陷汝州城，唐汝州刺史王镣被活捉。王镣是宰相王铎的堂兄弟。消息传开，轰动东都洛阳，士人百姓携家带口往城外逃离。十一日，唐僖宗颁下敕令，赦免王仙芝，招降他们。

十二月，王仙芝率领部队进攻蕲州。蕲州刺史裴偓是王铎当年主持科举考试时所选取的进士。王镣被俘后，囚禁在王仙芝军中，为王仙芝写信劝说裴偓。裴偓听从，就与王仙芝约定，收回申、光、庐、寿、舒、通等州的军队，不再交战，替王仙芝向朝廷上奏请求官爵。王镣也劝说王仙芝按裴偓的约定办。裴偓于是大开蕲州城门，请王仙芝及黄巢等三十多人入城，设宴饮酒，并献出许多财宝表示诚意。但朝廷中的宰相们大多数反对，认为："先帝懿宗就没有赦免庞勋的罪过，一年就诛杀了庞勋。现在王仙芝不过是小毛贼，不能与庞勋相比，赦免他的罪过，授予官爵，只能助长奸贼的气焰。"但王铎坚持招降王仙芝，于是僖宗任命王仙芝为左神策军押牙兼监察御史，派遣中使到蕲州，送委任状给王仙芝。

王仙芝接到委任状后，非常高兴。但参加起义的兵将们纷纷表示不愿意投降。黄巢因为朝廷没有授予自己官爵，在王镣、裴偓前来祝贺的席上，对王仙芝发怒说："你我曾经一起立下誓言，要横行天下。你却独自获得朝廷的官爵，奔赴长安担任禁军左军军官，你说我们五千多弟兄该何去何从？"

王仙芝怕触犯众怒，没有接受朝廷的任命。自此之后，黄巢觉得无法和王仙芝一起共事，就分道扬镳了。王仙芝向南渡过汉水进攻荆南，黄巢则带领两千多人马向北进发。虽然他们又再度合作，但最终还是分裂了。裴偓逃往鄂州，中使逃往襄州，王镣被起义军拘押在军中。

公元878年二月王仙芝军队在黄梅战败，死了五万余人。王仙芝被斩杀，其部下四散逃离。黄巢正在率军攻打亳州，王仙芝的部下尚君长的弟弟尚让率领王仙芝余部归附黄巢，推举黄巢为首领，号称"冲天大将军"，改年号为王霸，设置官署职位。

公元880年十一月，黄巢攻入东都洛阳。十二月初五，百官退朝时，听说乱兵已经进入长安城，宦官田令孜率神策军士兵五百人护卫唐僖宗从金光门出城，只有福王、穆王、泽王、寿王和几位嫔妃跟随，百官竟然都不知道皇帝的去向。

僖宗昼夜兼程赶路,随从官员大多都跟不上。僖宗的车驾离开后,长安城里的士兵与百姓争先恐后地闯入皇家府库盗取金银绢帛。

天色将黑时,黄巢的前锋将领柴存进入长安城,唐金吾大将军张直方率领文武官员几十人前往灞上迎接黄巢。黄巢坐着用金子装饰的轿子,他的部下全都披着头发,穿着红丝锦绣衣裳,手持兵器,铁甲骑兵行如流水,辎重车辆塞满道路,大军络绎不绝。尚让对夹道观望的长安居民宣谕说:"黄王起兵,为的就是百姓。不像唐朝李氏皇帝不爱你们,你们只管安居乐业,不要恐慌。"黄巢住宿在田令孜的家中,部下将士极为富有,看到贫穷的人,往往施舍财物。但居住几天以后,又各自出来大肆抢劫,到处杀人,使死尸满街,黄巢无法禁止。黄巢部队憎恨唐朝官吏,抓获到唐朝官吏就杀死。

十一日,黄巢杀光在长安的唐朝宗室。十二日,迁入禁宫居住。十三日,在含元殿称帝,定国号为大齐,改年号为金统。发布命令,凡唐朝三品以上官员全部停任,四品以下官员保留官位如故。

公元883年二月,李克用等人从光泰门进入京师长安,黄巢顽强抵抗而不能取胜,最后放火焚烧宫殿逃跑,战死和投降的人很多。但官军横暴抢掠与贼寇没有什么两样,长安城内的房屋和百姓所剩无几。黄巢从蓝田进入商山,在路上扔下许多珍宝,官军争抢这些东西,没有急于追击,黄巢军逃脱了。

六月,陈州被黄巢大军包围,陈州刺史赵犨被迫向相邻各道求援,武宁节度使时溥、宣武节度使朱全忠、河东节度使李克用等人先后率领大军前去救援。次年三月,黄巢围攻陈州已近三百天,赵犨与黄巢进行了大小几百次战斗。官兵的粮草近绝,但抗击敌人的决心没有动摇。李克用在陈州与各路官军会合。四月初三,各路官军一起进发,攻克黄巢的将领尚让驻守的太康。黄思邺驻守西华,各路官军又进攻西华,将黄思邺赶跑。黄巢畏惧,把人马撤到故阳里,解除了对陈州的包围。

朱全忠听说黄巢快要到了,带领军队回到大梁。五月初三,天下大雨,平地积水近三尺深,淹没了黄巢的军营。他听说李克用快要到达,带领兵马向东北方的汴州进发,想投奔屠尉氏。

尚让率五千人到达繁台,直逼大梁。宣武将军朱珍、南华人庞师古击退了尚让。朱全忠向李克用告急,请求救援。初六,李克用与忠武都监使田从异从许州出发，初八日在中牟北面的王满渡追上黄巢。李克用趁黄巢的兵马渡河一半的时候，奋力出击，打败了黄巢，斩杀了一万多人，黄巢军溃败而逃。尚让率领人马归降时溥，别将李谠、曲调人霍存、甄城人葛从周、冤句人张归霸与他的堂弟张归厚纷纷带领部众向朱全忠投降。

黄巢经过汴河向北奔逃。李克用又在封丘将黄巢打败。初十夜里，黄巢冒雨向东奔逃，李克用穷追不舍，经过胙城、匡城。黄巢收集剩余的近一千人马，向东逃奔至兖州。十一日，李克用追到冤句，率领的骑兵跟上的只有百来人，一天一夜行军二百多里，人困马乏，粮食断绝，无法打仗，就返回汴州，准备带上汴州的粮食，继续追击黄巢。李克用捉住黄巢年幼的儿子，缴获黄巢乘坐的马车和他的器具、服装、符节及印章。释放黄巢以前掠抢的男女百姓一万多人，遣送回去。二十二日，时溥派遣手下武宁将军李师悦率领士兵一万人追击黄巢。六月十五日，李师悦追到瑕丘，打败了黄巢。

黄巢人马丧失殆尽，逃到泰山东南部的狼虎谷。十七日，黄巢的外甥林言斩下黄巢与黄巢的兄弟、妻子的脑袋，准备献给时溥时碰到一支沙陀军队。沙陀军夺去黄巢等人的首级，砍下了林言的脑袋，一起献给时溥。七月四日，时溥派遣使臣进献黄巢和他家人的首级，以及他的姬妾，唐僖宗亲自驾临成都大玄楼接受进献。

黄巢从揭竿而起到失败身亡，南北转战十年，活动范围几乎遍及全国。黄巢起义是唐代历史上规模最大的农民起义，直接打击了唐朝腐朽统治，冲击了封建最高统治者，加速了唐朝的灭亡。

牛李党争

　　历史上，统治集团内部经常出现不同派别争权夺利的斗争。这种斗争又称为"朋党之争"。在唐朝后期的一段时间内"朋党之争"愈演愈烈，造成朝政的混乱。

　　唐代朋党之争，又称"牛李党争"。以牛僧孺为首的牛党，他们重科举，以李德裕为首的李党则重门第。党争的内容主要集中在科举、藩镇等几个大问题上。

　　唐宪宗当政时的一年，长安举行考试，选拔直言敢谏人才。参加考试的下级官员李宗闵和牛僧孺两个人在考卷里批评了朝政。考官认为这两个人符合选拔的条件，将其推荐给唐宪宗。士族出身的宰相李吉甫等人一直瞧不起科举出身的官员，出身低微的李宗闵、牛僧孺居然敢批评朝政，揭他的短处，这让他更加生气。他对唐宪宗说："这两人被推荐，是因为跟试官有私人关系。"唐宪宗听信李吉甫，把几个试官降了职，也没有提拔李宗闵和牛僧孺。李吉甫死后，他的儿子李德裕倚仗他父亲的地位，做了翰林学士。李德裕一直嫉恨李宗闵曾经批评他父亲这件事。

　　唐穆宗年间，由右补阙杨汝士与礼部侍郎钱徽主持的进士考试成绩出来后，大臣段文昌和李绅十分意外，他们的亲属没有一个考中。考中的人分别是宰相郑覃的弟弟郑朗、宰相裴度的儿子裴撰、中书舍人李宗闵的女婿苏巢，还有杨汝士的弟弟杨殷士。他俩极为愤怒。段文昌向唐穆宗检举说："这次科举考试中录用的人没有真才实学，都是靠关系才考上的。"唐穆宗问翰林院的学士们，科举考试考中的人究竟怎么样。因为中书舍人李宗闵曾经在奏章中批评过李德裕的父亲，李德裕耿耿于怀，痛恨李宗闵，翰林学士元稹也和李宗闵有些嫌隙，所以他们都说段文昌说得对，那些人确实没有真才实学。唐穆宗下令重考，将郑朗、裴撰、苏巢和杨殷士等人的资格取消，主考官杨汝士、钱徽和李宗闵贬官下放到地方。

李宗闵知道李德裕排挤他，牛僧孺又同情李宗闵。此后，李德裕、牛僧孺与一些科举出身的官员结成一派，李德裕与士族出身的官员结成一派，两方明争暗斗，越来越激烈。李宗闵与牛僧孺二人的地位不相上下，李宗闵死后这个派系由牛僧孺领导，成为"牛党"。

唐文宗继位以后，李宗闵当上了宰相。他向文宗推荐牛僧孺，文宗任命牛僧孺为宰相。两人合力打击排挤李德裕的"李党"党羽，逐渐把他们从朝廷中贬逐出去，李德裕调出京城，任西川（今四川成都）节度使。

当时，吐蕃维州副使悉怛谋投降，率领他的全部人马奔赴成都。李德裕派兵进入维州城防守，并奏报朝廷，文宗召集百官商议。宰相牛僧孺说："吐蕃疆域广阔，失去一个维州，无损于它的国力。近年来唐与吐蕃和好，双方约定共同罢减边防的戍守兵力。朝廷一贯以信义为上。如果批准李德裕的建议，吐蕃国就会出兵直上平凉原，一万骑兵布置在回中，不到三天就会抵达咸阳桥头。这时，京城危急，即使在西川收复一百个维州，又有什么用呢！李德裕是丢弃诚信，有百害而无一利。"文宗认为牛僧孺言之有理，下诏命令李德裕将维州归还吐蕃国，把悉怛谋和随同他一起降唐的人员全部逮捕送还。吐蕃国在边境上把降唐的人员全部斩首，极为惨烈。李德裕由此更加憎恨牛僧孺。后来，有人多次上言说："朝廷这样做，以后无人再敢来降。这种处置办法实在有害。"文宗也感到后悔，埋怨牛僧孺失策。依附李德裕的官员趁机上言说："牛僧孺和李德裕有矛盾，他故意阻碍李德裕立功。"文宗就更加疏远牛僧孺。

唐文宗本人受宦官控制，没有一定的主见。一会儿用李德裕，一会儿用牛僧孺。一派掌了权，另一派就没好日子过。两派势力如同走马灯似的转悠着，朝政十分混乱。

朝廷外有河北地区地方割据势力反叛，内有朋党之争。唐文宗很苦恼，认为朋党之争比河北的反叛更难对付。他常说："消灭叛贼很容易，要想根除朝廷中的朋党就太难了。"

牛、李两派为了争权夺利，都讨好宦官。李德裕做淮南节度使的时候，监军的宦官杨钦义被召回京城，大家传说杨钦义回去一定掌权。临走的时候，李德裕就办酒席请杨钦义，还送给他一份厚礼。杨钦义回去以后，就在唐武宗面前竭力推荐李德裕。唐武宗即位后，李德裕果然当了宰相。他竭力排斥牛僧孺、李宗闵，把他们都贬谪到南方。

李德裕得到了武宗信任，当了几年宰相，因处事专断，遭到不少朝臣的怨恨。

公元 846 年，唐武宗病死。宦官们立武宗的叔父李忱即位，即唐宣宗。唐宣宗排斥武宗时期的大臣，即位第一天，就撤了李德裕的宰相职务。一年后，将李德裕贬谪到崖州（今海南省），又召牛僧孺、李宗闵等人回朝廷。李宗闵死在被贬官的地方，牛僧孺回到朝廷后很快也去世了。李德裕一直没有被调回朝廷，最后死在了海南岛。

唐代朋党之争始于宪宗朝，历穆、敬、文、武四朝为最盛期，至宣宗时结束，闹了四十余年。宪宗朝党争虽然萌芽，但未成燎原之势，党争都是与国家大政方针有关，基本上没有影响政局的稳定与运行。在穆、敬、文、武四朝，穆宗、敬宗荒淫无度不理政事，文宗孱弱，武宗佞道，在位时间均不长。宣宗朝，李德裕被贬死，牛僧孺没有得到重用。至此朝廷才制住党争，结束了四十余年的党争。

朱全忠灭唐

朱温是宋州砀山（今安徽砀山县）人，小名朱三。他出身贫苦，从小游手好闲，是十足的泼皮无赖。黄巢起义军经过他家乡，他参加了起义队伍，成为黄巢的得力大将。起义军占领长安，建立了大齐政权，他任黄巢的同州（今陕西大荔）防御使。唐王朝攻打长安，起义军不断失利，他看到形势危急，向朝廷投降。唐僖宗马上封朱温为宣武节度使，让他坐镇大梁，赐名"全忠"，命他领兵镇压起义军。从此，他改名为"朱全忠"。

公元883年，朱全忠任宣武军节度使，随后击败黄巢。公元889年，朱全忠剿灭黄巢余部秦宗权，被封为东平王。公元901年封为梁王。

黄巢起义失败后，唐帝朝也进入了末期，已经名存实亡，地方上各节度使拥兵自重，形成割据的局面。节度使中宣武节度使朱全忠、河东节度使李克用、凤翔节度使李茂贞、卢龙节度使刘仁恭、镇海节度使钱镠、淮南节度副使杨行密等人势力最大。其中，又以朱全忠割据势力中最强大，与朱全忠势力相当的是河东节度使李克用。

朱全忠与李克用矛盾很深，早在镇压黄巢起义军时，就想除掉李克用。当时，黄巢兵撤到河南的时候，朱全忠受到起义军的围攻，形势危急，他向李克用求救。李克用领兵打败了起义军，救了朱全忠。朱全忠为李克用置办酒席招待，有精彩的歌舞音乐和丰盛的美食，朱全忠十分恭谦。李克用趁着酒兴大发脾气，恶语伤人，朱全忠愤愤不平。酒宴结束，李克用和随从都喝得酩酊大醉。朱全忠派兵围住了李克用住的驿馆，想趁机杀死李克用。李克用属下亲兵拼命反抗，才得以逃脱。从次，李克用与朱全忠结下了仇恨，双方经常互相攻击。只保住河东地区，朱全忠的势力范围越来越大，打败了很多军阀，吞并了他们的兵马和地盘，成为拥有强大军队，占据广阔地区的军阀。

唐僖宗病死后，弟弟李晔即皇帝位，即唐昭宗。唐昭宗想摆脱宦官的控制，一再利用朝中大臣来制衡宦官，企图削弱宦官的力量，但都失败了。掌握权势的宦官软禁了唐昭宗，想另立皇帝。朱全忠知道后，派亲信到长安，秘密联络宰相崔胤。崔胤有朱全忠的支持，就发兵杀了宦官头目刘季述，让唐昭宗复位。唐昭宗重新上台后与崔胤一道，想消灭所有的宦官。一些宦官抢先下手，劫持唐昭宗到凤翔，投靠了凤翔节度使李茂贞。

崔胤见状向朱全忠求救，朱全忠立即发兵进攻凤翔，将凤翔紧紧围住，断绝了粮草来源，理直气壮地要李茂贞交出唐昭宗。不久城内没粮，又连日大雪，饿死、冻死的人不计其数。困在孤城里的李茂贞兵微将少，只好束手就擒。

朱全忠把唐昭宗抢到手，耀武扬威回到长安。回到长安之后，朱全忠把宦官全杀了，又杀了宰相崔胤。从此，他完全控制了皇室，后被封为梁王。

天祐元年（公元904年），朱全忠逼迫唐昭宗迁都洛阳。迁都时，朱全忠把长安的百姓全部赶到去洛阳的路上。长安的宫室、官府和百姓的住房全部拆光，长安城变成了一座废墟。拆下的材料，顺着渭水、黄河流放到洛阳。整整一个多月，从长安到洛阳的路上挤满了被迫迁移的长安百姓。

公元904年八月，朱全忠指使朱友恭、氏叔琮等人杀害唐昭宗，立唐昭宗第九子李柷为帝，时年十三岁，史称唐哀帝。朱温认为唐朝的朝臣中还有不少人忠于李唐皇室，是自己建立新王朝的障碍，就下决心彻底铲除。朱温的谋士李振因早年屡试进士不中，非常痛恨衣冠大族，痛恨科举出身的朝士，极力主张将这些人全部杀掉。

公元905年六月，朱全忠在滑州白马驿（今河南滑县境）屠杀以裴枢为首的朝臣三十多人，李振意犹未尽，对朱温说："此辈常自称是清流，应当投入黄河，使之变为浊流！"朱温大笑，命人把这些尸体投入滚滚黄河。史称这次事变为"白马之祸"。唐王朝经此一变，完全失去了统治基础，唐哀帝虽然在位，实际与亡国无异。

公元907年三月，在朱全忠的授意下，唐哀帝亲笔写下"御札"，向朱全忠"禅位"。朱全忠正式即位称帝，改国号为梁，定都大梁（今河南开封），史称"后梁"。唐王朝至此结束，历史进入五代十国时期。

朱友珪弑父篡位

后梁太祖朱温篡夺了唐朝的政权，在开封建立了梁国以来，不断征战，战潞州，征河北，讨伐其他割据势力。

朱温的张皇后严肃端庄，贤明有礼，聪明睿智，朱温对她恭敬而畏惧。张皇后病死后，朱温开始纵情于歌舞女色。朱温的儿子们常年在外统兵，他常常召自己的儿媳们入宫侍奉，和她们淫乱。朱温养子朱友文的妻子王氏长相很美，朱温特别宠爱她。朱温的长子郴王朱友裕早死，朱温特别喜爱朱友文，虽然没有立朱友文为太子，但把他视为继承人，经常让他留守东都大梁（开封），兼建昌宫使。次子朱友珪担任左右控鹤都指挥使，均王朱友贞担任东都马步都指挥使。朱友珪为此愤愤不平。有一次，朱友珪犯错，朱温用鞭子打他，朱友珪心里对他更加怨恨。

公元912年五月，朱温在西都洛阳生病，而且病情越发严重，性格变得喜怒无常，经常无故赐死大臣。他命王氏到东都大梁召朱友文来西都洛阳，想要与他诀别，并且托付后事。朱友珪的妻子张氏日夜侍奉在朱温身边，知道这件事后，她将此事秘密告知朱友珪说："皇上把传国宝玺交给王氏带往东都，我们活不了几天了。"夫妇二人相对流泪。左右有人劝解他们说："事急生计，何不另外设法，时机不可错过！"

朱温看出朱友珪有野心，六月初一，命令调朱友珪出任莱州刺史，让他立即赴任。虽已传旨，但没有颁行敕书。在当时，贬官者大多被追命赐死，朱友珪非常恐惧，决心谋反。

初二，朱友珪改换服装隐藏身份进入左龙虎军营，求见左龙虎统军韩勍，告诉他实情。韩勍看到功臣老将常常由于小过错被杀，担心自己也不能保全，就与朱友珪共同策划谋反，详细地制订了计划。

韩勍带领五百牙兵跟随朱友珪混杂在控鹤士兵中进入皇宫，埋伏在宫内，半夜砍断门闩进入，径直进入寝殿，伺候朱温的人吓得逃散了。朱温受惊起身问："谋反的是谁？"朱友珪说："不是别人。"朱温说："我原来就怀疑你这贼子，只后悔没有早点把你杀死。你如此叛逆，天地难道能容你吗！"朱友珪说："把老贼碎尸万段！"朱友珪的马夫冯廷谔猛刺朱温的肚子，刀尖从背后穿出。朱友珪亲自用破毡子裹住尸首，埋在寝殿里，封锁消息，秘不发丧。派遣供奉官丁昭溥驰往东都大梁，命令均王朱友贞杀死朱友文。

　　初三，朱友珪假造诏令称："博王朱友文谋反，派兵冲入殿中。朕依赖郢王朱友珪忠诚孝敬，率领军队把朱友文杀死，保全朕的性命。但朕的病体因为震动惊恐，更加危险，令朱友珪暂时主持军队国家事务。"韩勍替朱友珪谋划，取出府库内大量的金帛赐给各军及百官，来收买人心。

　　初五，供奉官丁昭溥返回，朱友珪听说朱友文已死，这才发丧，宣布先帝遗留的制书，继皇帝位。

　　朱友珪篡夺帝位后，众位老将大怒，朱友珪极力增加恩赏礼遇，也无济于事。护国节度使冀王朱友谦流着泪说："先帝数十年开创的根基事业，日前变起皇宫掖廷，名声很坏，我充数藩镇，内心感到耻辱。"朱友珪诏令朱友谦加官为侍中、中书令，用诏书为自己辩解，召他到东都。朱友谦对使者说："所立的人是谁？先帝去世不理丧事，我将要到洛阳去问他的罪，要他征召做什么！"

　　朱友珪得志以后，马上变得荒淫无度，引起朝廷内外一片愤怒，朱友珪虽用金帛引诱，但始终没有人依附他。第二年二月，朱友贞鼓动禁军和龙骧军士兵造反。十七日，禁军发动兵变，数千人冲入宫中。朱友珪与妻子张氏来不及逃跑，他命令冯廷谔先把妻子张氏杀死，随后冯廷谔也自杀了。朱友贞即帝位，追废朱友珪为平民，恢复博王朱友文的官爵。几年后，后梁被后唐所灭。

张承业尽忠唐朝

张承业，字继元，原来姓康，同州（今陕西大荔）人，唐朝末年净身入宫做了宦官，被内常侍张泰收为养子，改名张承业。

公元896年，凤翔节度使李茂贞攻打长安，唐昭宗欲到太原避难。张承业因与李克用交好，被任命为河东监军，前往太原安排迎驾事宜。但唐昭宗逃往华州（今陕西华县），未去太原。张承业被李克用劝说留在了河东，任左监门卫将军。

张承业识大体，懂谋略。宰相崔胤在朝中大肆诛杀宦官，命令各镇节度使诛杀当地监军宦官。李克用不忍杀张承业，将他藏在斛律寺中，杀死一个罪囚，以应对朝廷诏令。张承业因此得以幸免。

后梁开平元年（公元907年），朱温篡唐称帝，建立后梁，定都汴州（今河南开封）。但李克用仍沿用唐朝年号，以复兴唐朝为名与后梁相对抗，并重新任命张承业为河东监军。从此，张承业对李克用竭力效忠，一心辅佐李克用，把复兴唐朝的希望寄托于李克用及其儿子李存勖的身上。李克用对他也极为信任，他临终时拉着张承业的手托付后事："我儿李存勖还小，没有什么经验，群臣又骄横难制，我死之后，一切就全靠你来照顾了。"张承业奉李克用遗命，立李存勖继承晋王之位。

李存勖连年征战，所有军务都委托监军张承业处理。张承业督促农桑，储备钱粮，购养兵马，收税执法公正，从不纵容权贵亲戚，晋阳城内百姓生活安宁，军队粮饷不缺。

李存勖回来看望母亲的时候，因赏赐伶人、赌钱等需要钱。张承业一心为公，给钱很少。李存勖在钱库中设酒宴招待张承业，借机要钱，席间让儿子为张承业起舞助兴。舞罢，张承业拿出自己的宝带、宝马和钱献给李存勖的儿子。李存勖很高兴，他指着堆积的钱说："和哥（李存勖的儿子）没有钱花，七哥就给他这一堆吧。宝马不是值钱的东西。"张承业道歉说："郎君为我歌舞，承业已经拿出自己的俸禄钱还报了。这些是大王国库之物，是支援军队作战用的，不敢用公物当私人礼物随便送人。"李存勖趁着酒劲儿责怪张承业。张承业说："臣本来就是唐帝派来的使者，从不为子孙谋财，省钱是为了大王的基业，大王如果赏赐别人，对老夫也没什么，不过财尽兵散就一事无成了。"李存勖听了大怒，对侍从说："给我去取宝剑来！"张承业拉住李存勖的衣角，流着泪说："老奴受先王托孤之命，发誓为本朝效力诛杀梁贼，如果今天大王因为我节省国库财物而斩承业之首，我死也无愧于先王了，请你杀我吧！"阎宝从旁拉开张承业的手，让他退下，张承业把阎宝打倒在地，骂他说："阎宝，你是朱温的同党，深受晋王的大恩，你不尽忠图报，却想用谄媚求得安稳吗？"

曹太夫人听说这件事后，马上让人去召李存勖。李存勖向张承业道歉，说："我喝多了酒冒犯了七哥，也必然得罪了太夫人，请七哥分担我的过错而痛饮几杯。"李存勖连饮四杯，张承业一杯也不肯喝。李存勖走后，曹太夫人又派人去向张承业道歉说："小儿冒犯了您，刚才我已经打了他了。"

第二天，曹太夫人和李存勖一起到张承业的府邸向他道歉。不久又按制度授予张承业开府仪同三司、左卫上将军、燕国公。张承业坚决推辞不受，直到死都只称自己是唐朝的官。

掌书记卢质嗜酒而且轻狂，曾经称呼晋王的几个弟弟为猪狗，晋王记恨在心。张承业担心他会招来杀身之祸，借机对晋王说："卢质多次无礼，请让我为大王杀掉他。"晋王说："我正在招纳贤士，以完成我的大业，七哥为什么要说这样的话？"张承业站起来高兴地说："大王能够做到这样，还怕得不到天下吗？"

张承业对唐王朝忠心耿耿，也很敬业。但是，在唐朝没落，走向灭亡的不归之路时，这样的愚忠也只能是悲剧了。

李存勖灭后梁

李存勖出身于西突厥沙陀部，本姓朱邪，世为沙陀酋长。祖父朱邪赤心因镇压庞勋兵变有功，唐朝皇帝赐为李姓，编入宗室谱籍。父亲李克用，唐末任河东节度使，封晋王，驻太原，建立河东割据势力（晋国）。唐末梁王朱温盘踞宣武镇（今河南开封），控制中原地区。李克用与朱温进行了二十余年的梁晋争霸战争。

公元908年，李克用病逝。李存勖继任河东节度使，袭封晋王，时年二十四岁。

公元923年三月，李存勖称帝，国号定为大唐，史称"后唐"。他任命百官，大赦天下，尊母亲晋国太夫人曹氏为皇太后，尊父亲的正妻秦国夫人刘氏为皇太妃。

后唐建立时，面临着严峻的形势。契丹不断侵扰幽州，兵锋直逼河北。潞州守将李继韬叛附后梁，梁将董璋急攻泽州（今山西晋城），意图吞并昭义镇，直接威胁后唐西都太原的安全。

为了扭转战局，李存勖接受枢密使郭崇韬的建议，趁后梁后方空虚，冒险深入敌境，直接袭击大梁。十月初一，李存勖派人送魏国夫人刘氏、皇子继岌回兴唐府，与他们诀别说："事情成败，在此一举。如果失败，就把我们全家老小聚集到魏宫自焚。"然后率领军队渡过黄河。

李存勖命李嗣源率五千步骑，连夜冒雨渡河，一举袭破郓州。朱友贞听闻郓州失守，命王彦章率军阻止唐军西进。李存勖命朱守殷严守德胜，自率亲军进军澶州。李存勖自杨刘渡河，进抵郓州，攻破中都，俘杀王彦章。后唐军到达曹州，后梁将领投降了后唐。后梁逃兵报告后梁末帝朱友贞说："王彦章已经被后唐军俘虏，后唐军马上就要到都城了。"朱友贞集合大臣询问对策，大臣们都默不作声。朱友贞对敬翔说："我平时忽视你的话，才到了今天这个地步。现在情况紧急，过去的事就不要计较了，我现在应该怎么办呢？"敬翔也无计可施，和朱友

261

贞相对痛哭。宰相郑珏请求皇上让自己带着传国之宝假装投降,以缓解国难。朱友贞说:"我不是舍不得国宝,只是按你说的去做,真能解救国难吗?"郑珏低下头,过了好久才说:"可能也不能。"左右大臣都窃笑不已。朱友贞寝食难安,束手无策。

一天,朱友贞把传国之宝放在卧室里,忽然不见了。他以为是身边的人偷去迎接后唐军了。过了几天,有人报告后唐军已经过了曹州,车马扬起的尘土遮蔽了半边天。朱友贞听后更加恐慌,对侍臣皇甫麟说:"李家与我家世代为仇,从情理上说决不能投降他们,也不能等着被他们杀死。我下不了手自杀,你可以把我的头砍下来。"皇甫麟听后哭着说:"我为陛下战斗,可以死在后唐军的手上,但不敢接受这个命令。"朱友贞接着说:"你打算出卖我吗?"皇甫麟见圣意难违,又不愿杀死朱友贞,就想自杀。朱友贞拉住他说:"我和你一起死。"皇甫麟先杀了梁末帝朱友贞,随后自杀。朱友贞性情温和,谦恭简朴,但宠信奸臣,疏远贤臣,不采纳他们的意见,最终导致了灭亡。

李嗣源的军队到达大梁城,进攻封丘门,开封尹王瓒请降。李嗣源进入城内,安抚城内军民。同日,李存勖从梁门入城。后梁的大臣们跪拜请罪。李存勖安慰他们,让他们回到各自的岗位上。李嗣源出来迎接并表示祝贺,李存勖非常高兴,对李嗣源说:"我取得天下,是你父子二人的功劳,我和你共享天下。"

当年李存勖的父亲李克用与朱全忠长期争雄,临终他嘱托儿子:"你要替我消灭朱全忠。"李存勖灭了后梁,为父报仇后,他志得意满,认为中原安定,天下无忧了,开始贪图享受。

几年后,后唐发生变乱。大将郭崇韬被害,接着灭后梁的功臣李嗣源受到猜忌。公元926年,魏博指挥使杨仁政的部下皇甫晖发动叛乱,李存勖派成德节度使李嗣源率领军队讨伐。李嗣源不满李存勖宠信伶人诛杀功臣的行为,平日又受到将士们的拥戴,他乘机起兵。

李存勖听说后,亲自带领部队前去招讨。到达荥泽时,龙镇指挥使姚彦温率领三千骑兵背叛了李存勖,归顺了李嗣源。李存勖到达万胜镇后,听说李嗣源已经占据了汴京,各地军队纷纷背叛自己,支持李嗣源。他登上高处叹息说:"我没法成功了。"下令回师,留下秦州都指挥使张唐率领步兵、骑兵共三千人把守关口。士兵纷纷逃亡,等出发时,随从的部队已经少了一万多人。李存勖路过罂子谷，道路狭窄，每逢遇到拿着兵器的士兵，他就安抚他们说："刚才有人报告，魏王又进贡西川金银五十万两，等到了京师就全部分给你们。"士兵们回答说："陛下的赏赐已经晚了，人们也不感激圣恩了。"李存勖听了，只是哭泣。为安抚随从官员，李存勖决定用袍带赏赐，太监报告说可以颁赐的东西已经用完了。

过了几天，李存勖到达石桥，摆开酒宴，哭泣着对李绍荣等将领说："你们侍奉我以来，有难同当，有福同享。今天我到了这个地步，你们难道就想不出办法来救我吗？"一百多位将领将割断的头发放在地上，发誓以死报答，君臣放声大哭。李存勖回到洛阳后，打算抵抗李嗣源，重新集合军队去扼守汜水。准备出发时，传来指挥使郭从谦叛乱的消息。郭从谦是大将郭崇韬的义子，郭崇韬被害后，他对李存勖怀恨在心，趁这个机会发动兵变。

李存勖正在吃饭，听说有兵变，连忙率领禁卫兵出击。但为时已晚，士兵焚烧皇宫大门，蜂拥而入，李存勖身边的大臣和禁卫兵纷纷丢盔弃甲，仓皇而逃，只剩下散员都指挥使李彦卿及宿卫军校何福进、王全斌等十来个人奋力作战。李存勖被流箭射中，不久就死去了。

李嗣源进入洛阳，接替李存勖做了后唐皇帝，是为后唐明宗。

"儿皇帝"石敬瑭

石敬瑭是名副其实的"儿皇帝"，他原来是五代十国时期后唐的将军，后晋的开国皇帝。

石敬瑭为人沉默寡言，立过很多战功，打过不少胜仗，后唐明宗李嗣源非常赏识他，将女儿嫁给了他。朝中大臣也都敬畏石敬瑭，但他与李嗣源的养子李从珂关系紧张。李从珂也是武将出身，能征善战，他一直排挤石敬瑭。后唐明宗在世时，两个人只是暗斗，还没有公开反目。后唐明宗李嗣源死后，石敬瑭的日子不好过了，特别是李从珂继位成为后唐皇帝后，互相提防猜忌更甚。

李从珂继位以后，把石敬瑭当成最大的威胁，千方百计地防范。先是改任石敬瑭太原节度使为郓州节度使，接着降诏催促石敬瑭前往郓州就任，企图将石敬瑭调离其控制的军事力量范围。

石敬瑭很是疑惧，便和他的将佐计议说："主上曾当面答应我终身不再派别人来替换我，现在忽然下达这样的命令"，"我如果不造反，朝廷就要先发制人，怎么能束手就擒，死于道路之间呢！""今天我上表说有病，观察朝廷的意向，他对我宽容，我就臣事他。他对我用兵，我就另作打算。"掌书记桑维翰怂恿他说："您是明宗的爱婿，现在主上把您当作叛逆看待，这不是表示低头服从所能取得宽免的，您只能为保全自己想别的办法了。契丹向来同明宗协约做兄弟之邦，他们的部落近在云州、应州，您如果推心置腹地曲意讨好他们，万一有了急变之事，早上叫晚上他们就能到，您还担心什么呢？"于是石敬瑭坚定了造反的决心。

石敬瑭先是装病不走，又上表指责李从珂是唐明宗养子，不应承祀，要求让位于许王李从益（唐明宗四子），否认其皇位的合法性，从而激怒了李从珂。李从珂罢免石敬瑭的所有官职，以建雄节度使张敬达为四面兵马都部署，将兵三万筑长围，攻太原。石敬瑭的兵力不足以抵挡后唐的进攻，他采纳了掌书记桑维翰求助于契丹兵的建议。

契丹是我国古代北方的少数民族。唐朝末期，契丹趁着唐王朝衰落，战乱不已，无力顾及北方的时机，快速扩张势力，发展到蒙古高原、东北、甘肃一带，逐渐占据了河北和山西的北部，逼近中原。契丹皇帝耶律阿保机一直寻求南下进占中原的时机。阿保机死后，儿子耶律德光即位，仍然野心勃勃，觊觎中原。

石敬瑭让桑维翰起草求援信，向契丹皇帝称臣，请求用对待父亲的礼节来侍奉他，许诺契丹出兵打退后唐军队，即把雁门关以北跟契丹接壤的燕云地区共十六个州献给契丹。都押牙刘知远劝谏他说："称臣就可以了，用父亲的礼节对待他就太过分了。用丰厚的金银财宝贿赂他，足以促使他发兵，不必许诺割给他土地，恐怕以后会成为隐患，到那时再后悔就来不及了。"石敬瑭不接受。表章送到契丹，契丹国主耶律德光看后非常高兴，亲率五万精兵，号称三十万，向晋阳扑来。

晋阳城外的后唐军队以为晋阳早晚能攻下来了，守备不很严密。他们更没料到石敬瑭会搬来契丹兵，被耶律德光打了个措手不及。晋阳城内的石敬瑭见契丹援军到来，就打开城门，从城里杀出来，同契丹兵内外夹击，杀得后唐军大败而逃。

耶律德光来到晋阳，石敬瑭亲自出城迎接。耶律德光刚刚即位，只有三十四岁，此时石敬瑭已经四十五岁了，他居然奴颜婢膝地称耶律德光为父亲。

耶律德光见石敬瑭死心塌地投靠自己，心中很是得意。他对石敬瑭说："我从三千里以外来帮助你解决危难，必然会成功。观察你的气宇容貌和见识气量，真的是中原的国主啊。我想扶立你做天子。"契丹主制作册封文书，命令石敬瑭为大晋皇帝，解下自己的衣服冠冕亲授给他。石敬瑭立即即位皇帝，割让了幽、蓟、瀛、鄚、涿、檀、顺、新、妫、儒、武、云、应、寰、朔、蔚十六个州给予契丹，答应每年运帛三十万匹给他们。

石敬瑭依靠强悍的契丹骑兵的协助，带着军队直打到后唐的都城洛阳。李从珂在皇宫里放了把火，带着全家投火自杀，后唐至此灭亡。石敬瑭正式成为中原的皇帝，国号"晋"，即后晋。石敬瑭是后晋的高祖，是契丹名副其实的"儿皇帝"。石敬瑭在给耶律德光的奏表中，称呼耶律德光"父皇帝"，自己叫"儿皇帝"。

除了割让燕云十六州的土地外，石敬瑭每年给契丹送去大批金银布帛，进贡的帛达三十万匹，死心塌地向契丹称臣。后晋朝臣都觉得丢尽了脸，但石敬瑭并不在乎。

石敬瑭死后，侄子石重贵即位。他不甘心向契丹低三下四，接受大臣们的提议，不向契丹称臣，勉勉强强向耶律德光自称孙儿。耶律德光认为后晋不称臣是对契丹不敬，派使臣来责问，被后晋的大臣骂了回去。之后，契丹就进犯中原，后晋军队两次打退契丹。最后，后晋战败灭亡。

石敬瑭不顾个人人格和国家尊严，厚颜无耻地认耶律德光为父，成为我国历史上臭名昭著的"儿皇帝"。

石敬瑭割燕云十六州给契丹，具有深远的历史影响。在后来的宋、辽、金对峙中，辽国的疆域扩展到长城沿线，中原失去了天然（燕山和太行山）防线和人工（长城）防线，使中原暴露在北方少数民族的铁蹄下。辽、金凭借燕云十六州的地利优势，频繁地进攻，消耗了宋朝大量的人力和物力，宋朝一直处于被动防御的态势，持续的战争对北方经济文化方面的破坏十分巨大。